国际非遗文典

Classics of International ICH Protection

第一至十届国际（上海）非物质文化遗产保护论坛文选

Selected Articles from the 1st to 10th International (Shanghai) Intangible Cultural Heritage Protection Forums

胡木清　唐廷强　主编

Chief Editor: Hu Muqing　Tang Tingqiang

上海艺术品博物馆
上海工艺美术职业学院　编

Shanghai Art Collection Museum
Shanghai Art & Design Academy

上海辞书出版社

Shanghai Lexicographical Publishing House

目 录

韩国

伊朗

斯洛伐克

阿根廷

埃及

匈牙利

乌克兰

奥地利

哥伦比亚

Table of Contents

Chapter One: A Glance at ICH in China

Chapter Two: ICH Overseas

Japan

编辑说明

本书是第一至十届国际（上海）非物质文化遗产保护论坛演讲文稿的选编，也是迄今为止国内首部较为全面地总结包括中国在内的世界各国在非物质文化遗产保护领域取得的成果、经验、方法的书籍。

本书在编选过程中遵循以下原则：

第一，注重学术性，兼顾政策性、经验性、实用性。

第二，选文范围尽可能覆盖亚洲、欧洲、非洲、美洲等不同地域，以呈现世界非遗保护的多样性；但由于国际非遗论坛系由中、日、韩非遗论坛升格而成，故文集的作者前期以中、日、韩三国居多。

第三，由于十届论坛时间跨度大，部分作者（演讲者）的身份已发生变化，为尊重历史，文章所涉作者的单位、职务、职称原则上一仍其旧。

第四，同一作者多次参加论坛的，编选时好中选优，其他文章或取其摘要，或见于索引。

第五，部分演讲嘉宾虽没有提供书面文本，但考虑其内容对行业有借鉴意义，故仍以摘要形式保留其演讲内容。

第六，非遗保护既涉及相关政策、法规，也包括匠心传承的技法，还涉及各国的风俗文化，故有些文章虽非专题探讨非遗，亦酌情少量摘录。

第七，由于本书所涉国家众多，为方便阅读，国名首次出现时使用全称，其余均用简称。

第八，为确保翻译质量，本书特邀部分外国专家进行英文审校。

由于此类书籍出版在国内尚无先例，加之编者水平有限，如有错误或欠妥之处，敬请各方专家指正。

国际非遗文典编辑委员会

2022年5月

Editing Instruction

This book is a compilation of speeches from the 1st to 10th International (Shanghai) Intangible Cultural Heritage Protection Forums, which is also the first book in China that comprehensively summarizes the achievements, experiences and methods of intangible cultural heritage protection around the world.

The following principles are followed in the editing:
First, the attempts have been made to keep the balance between the academic, policy-making, empirical and practical value of the book;
Second, the selection of articles covers as many as possible different regions from Asia, Europe, Africa, to America, so as to present the diversity of intangible cultural heritage protection in the world; due to the early history of the forum, the speakers (writers) were mostly from China, Japan and Korea;
Third, because of the long time span of the forums, the job titles of some writers (speakers) have changed. In order to be faithful to history, the personal information including institutions which they belong to, positions and titles remain unchanged;
Fourth, if one person has participated in the forum for several times, the best work will be selected, and other articles may be abstracted or seen in the index;
Fifth, although some speakers did not provide written texts, but considering the value of their works in the field, they are still kept in the book in the form of abstracts;
Sixth, the protection of intangible cultural heritage is not only about relevant policies or regulations, but also inheritance of artisanship, as well as the customs and culture of different countries. In this case, some articles, though not directly related to the intangible cultural heritage, remain as excerpts;
Seventh, for the convenience of reading, the full name of each country will only be applied the first time it appears;
Eighth, to ensure the quality of translation, foreign experts were invited to conduct English proofreading;

As there is no precedent for the publication of such books in China, and the editors' level is limited, please let us know if there are editorial errors or inappropriateness.

Editorial Committee
May 2022

历届论坛题辞、贺信、贺辞选编及嘉宾名录

Selected congratulatory letters, calligraphy and other guest list

贺 信

苏埃·阿克索伊
国际博物馆协会主席

女士们、先生们、亲爱的同仁们：

我很高兴在此能与各位尊敬的与会者进行交流，并祝贺第八届国际（上海）非物质文化遗产保护论坛组织委员会举办这次重要活动。

正如《道德守则》所阐述的那样，国际博物馆协会（ICOM）认可博物馆在维护和保护“人类有形和无形遗产”方面的作用。博物馆可以利用其授权、基础设施和资源来制定创造性举措，为保护非物质文化遗产作出重大贡献。

2004年，在首尔举行的国际博物馆协会第二十届全体大会的主题是“博物馆和非物质文化遗产”。这次会议致力于提高人们关于文化和生物多样性这一非物质文化遗产重要性的认识，而国际博物馆协会也将继续推进这一目标。

我认可这一论坛的价值，并与你们一起致力于宣传非物质遗产保护的重要性，尤其是作为文化多样性和社会凝聚力的一种手段。

国际博物馆协会（ICOM）成立于第二次世界大战之后的1946年。我们组织的创始成员深信，如果世界上每个国家的文化都能更加广为人知，那么相互理解的基础就会更加广泛。他们乐观地认为，文化交流是实现国家之间和平的最有效途径之一，这就是“一带一路”项目如此重要的原因。

保护世界文化遗产是一项共同责任。通过提供像本次论坛这种区域性和国际化的对话平台，一个地方组织的绝妙想法就可以启发全世界。

在此祝愿本次论坛取得圆满成功，且成效显著，能够为世界各地的博物馆和遗产机构带来丰硕的成果。

2020年6月

Congratulatory letter

Suay Aksoy
President of International Council of Museums (ICOM)

Ladies and gentlemen, dear colleagues,

It is my pleasure to address the distinguished participants and to congratulate the Organizing Committee of the 8th International Intangible Cultural Heritage Protection Forum of Shanghai for this important event.

The International Council of Museums (ICOM) recognizes the role of museums in the preservation and protection of both "the tangible and intangible heritage of humanity" as it is stated in its Code of Ethics. Museums can contribute significantly to the safeguarding of intangible heritage, using their mandate, infrastructures and resources to develop creative initiatives.

Already in 2004 the theme of ICOM's 20th General Conference that took place in Seoul was "Museums and Intangible Heritage". This conference aimed at raising awareness about the importance of intangible heritage for culture and biodiversity, a goal that ICOM continues to advance.

I recognize the value of this Forum and share your commitment to its success in promoting the significance of intangible heritage protection especially as a means of cultural diversity and social cohesion.

The International Council of Museums, ICOM, was founded in 1946, right after the Second World War. The founding members of our organization were convinced that if the culture of every nation in the world was more widely known, there would be a broader ground of mutual understanding. They were positive that cultural exchange is one of the most effective ways leading to peace among nations. This is why the Belt and the Road project is so relevant.

The protection of the world's cultural heritage is a shared responsibility. By providing regional and international platforms of dialogue, like this Forum, a single local organization's brilliant idea can inspire the world.

I wish you a very successful and fruitful convention with enriching results for museums and heritage institutions all over the world.

June 2020

题辞
Calligraphy work

村山富市
日本国原首相

Tomiichi Murayama
Former Prime Minister of Japan

贺信

厉无畏
第十一届全国政协副主席

欣闻“第六届中、日、韩艺术邀请展”及相关文化交流活动今年6月将在上海举行，特表衷心祝贺！

已成功举办了五届的“中、日、韩艺术邀请展”及相关论坛、推介会，为推进三国间民众的文化交流、经济合作、友好互信做出了特殊的贡献。

作为庆贺第十一个中国文化遗产日和第四十个国际博物馆日的大型纪念活动，“第六届中、日、韩艺术邀请展”秉承“坚持精品、突出特色”的办展理念，坚持不懈地凝积各方力量，通过政府主管部门、艺术家、专家学者、社会名流等全面推动，形成了立体交流的发展模式。

在总结经验的基础上，“中、日、韩艺术邀请展”已建构起一套健康有序的运作系统，并正逐步得到提升和完善。与本届展览相配套的主题论坛，也已升格为“第四届国际（上海）非物质文化遗产保护论坛”。

坚持和用心是“中、日、韩艺术邀请展”永葆活力的源泉，也是本届活动主题的最好诠释。作为具有良好社会效应的高端文化交流平台，我期盼着此次展览能够为中、日、韩三国间的友好互利添砖加瓦、再创佳绩。

预祝展会取得圆满成功！

2016年5月

Congratulatory letter

Wuwei LI
Vice-chairman of the 11th National Committee of the CPPCC

I am glad to hear that the 6th Chinese-Japanese-South Korean Arts Exhibition and related cultural exchange activities will be held in May this year in Shanghai, hereby I express my sincere congratulations to the events!

The past 5 Chinese-Japanese-South Korean Arts Exhibition, as well as related forums and promotion seminars, have made special contribution to promoting the public cultural exchange, economic cooperation, friendship and mutual trust among the people of the three countries.

As the large commemoration to celebrate the 11th Chinese Cultural Heritage Day and the 40th International Museum Day, the 6th Chinese-Japanese-South Korean Arts Exhibition sticks to the ideas of 'Adhering to Quality & Highlighting Features', persistently attracts social power from all directions. Propelled by government authorities, artists, experts and scholars, celebrities and so on, the exhibition has formed a development model of comprehensive exchanges.

Based on the past experience, 'Chinese-Japanese-South Korean Arts Exhibition' has established a healthy & orderly operation, and is being enhanced and perfected gradually. The supporting theme forum of this exhibition has also been upgraded to the '4th International (Shanghai) Protection of Intangible Cultural Heritage Forum'.

Persistence and diligence are not only the sources for 'Chinese-Japanese-South Korean Arts Exhibition' to keep vibrant, but also the best interpretation of the theme of this event. As the high-end cultural exchange platform with sounding social effects, I anticipate this exhibition would contribute and bring further accomplishments to the friendships and mutual benefits of China, Japan and South Korean.

I wish the exhibition a great success!

May 2016

贺 信

蒂姆·科提斯
联合国教科文组织非物质文化遗产部干事长
联合国教科文组织《保护非物质文化遗产公约》秘书处秘书长

尊敬的胡木清先生：

值此“同途异彩——第十届国际（上海）非物质文化遗产保护论坛”召开之际，我谨向论坛的举办表示热烈的祝贺！

由上海艺术品博物馆、上海工艺美术职业学院、上海市非物质文化遗产保护中心主办、全球非遗代表广泛参与的国际（上海）非物质文化遗产保护论坛，为加强非物质文化遗产保护经验的国际交流作出了巨大努力。本次论坛以“同途异彩——非物质文化遗产保护与当代生活形态”为主题，相信将有助于各国相关政府部门领导和非遗研究领域专家交流非物质文化遗产保护经验、深化非遗保护领域的国际合作，共同为促进世界非遗保护事业作出贡献。

我衷心祝愿论坛主办方和所有参与人员都有满意的收获，并感谢大家对联合国教科文组织《保护非物质文化遗产公约》的支持。预祝论坛取得圆满成功！

2022 年 5 月

Congratulatory letter

unesco
Intangible Cultural Heritage

Mr Hu Muqing
Operation Director of the Organizing
Committee of the 10th International
(Shanghai) Intangible Cultural
Heritage Protection Forum
Shanghai Art Collection Museum
No.1731,West Yan`an, Shanghai
People's Republic of China

18 May 2022

Ref.: CLT/LHE/22/135

Dear Mr Hu,

Further to your message of 29 April last, I wish to express my sincere congratulations to you for the organization of the Tenth International (Shanghai) Intangible Cultural Heritage Protection Forum, which will be held in Shanghai, China on 9 June 2022, under the theme of 'ArTdiversity—ICH Protection in our life'.

I note with great interest the efforts put forward by the Shanghai Art Collection Museum, the Shanghai Art and Design Academy and the Shanghai Intangible Cultural Heritage Protection Center in organizing this event aiming to strengthen international exchange for the safeguarding of intangible cultural heritage. I am thus confident that the forum will bring together government leaders from different countries and representatives from academic and research institutions to exchange knowledge and promote cooperation in the field of intangible cultural heritage.

I wish the organizers and the forum participants all the success, and I thank you for your interest in the Convention for the Safeguarding of the Intangible Cultural Heritage.

Yours sincerely,

Tim Curtis
Secretary, Convention for the Safeguarding of
the Intangible Cultural Heritage

United Nations Educational, Scientific and Cultural Organization
7, Place de Fontenoy 75352 Paris 07 SP France
T: +33 (0)1 45 68 11 12

附：历届论坛题辞、贺信、贺辞的其他嘉宾名录

王仲伟　（国务院新闻办公室副主任）
沙海林　（第十五届上海市人大常委会副主任、上海市人民对外友好协会会长）
周汉民　（上海市政协副主席）
王荣华　（第十届上海市政协副主席）
徐逸波　（第十二届上海市政协副主席）
陈佩秋　（著名书画家）

驰　浩　（日本文部科学大臣、众议院议员）
山田启二　（日本京都府知事）
谷本正宪　（日本石川县知事）
达增拓也　（日本岩手县知事）
中村法道　（日本长崎县知事）
玉城丹尼　（日本冲绳县知事）
林　文子　（日本横滨市市长）
门川大作　（日本京都市市长）
山野之义　（日本石川县金泽市市长）
吉田　基　（日本广岛县竹原市市长）
小原雅博　（日本驻上海总领事馆总领事）
片山和之　（日本驻上海总领事馆总领事）
矶俣秋男　（日本驻上海总领事馆总领事）
池田大作　（日本创价学会名誉会长）
有马赖底　（日本京都佛教协会理事长，金阁寺、银阁寺住持）
十代大樋长左卫门　（日本艺术院会员、最高文化勋章受章者）
今井政之　（日本艺术院会员、最高文化勋章受章者）
谷内正立　（日本北陆银行常务董事）

朴元淳　（大韩民国首尔特别市市长）
金在原　（韩国国会议员）
金承洙　（韩国全州市市长）
韩凡德　（韩国忠清北道清州市市长）
赵炳敦　（韩国京畿道利川市市长）
韩硕熙　（韩国驻上海总领事馆总领事）
朴善源　（韩国驻上海总领事馆总领事）
李相钧　（韩国工艺设计文化振兴院代院长）
朴　贤　（韩国文化精品馆馆长）
朴相润　（上海韩国商会会长）

默罕默德·苏丹　（阿拉伯埃及共和国亚历山大省省长）
莫斯塔法·穆罕默德·阿勒姆　（埃及卢克索省长）
哈立德·优素福　（埃及驻上海总领事馆总领事）

莫哈麦德·埃迪　（伊朗伊斯兰共和国文化部副部长）
阿里瑞·伊瓦什　（伊朗驻上海总领事馆总领事）

拉洛斯维兹　（匈牙利共和国外交和贸易部文化司司长）
博　岚　（匈牙利驻上海总领事馆总领事）

胡安·法鲁　（阿根廷共和国外交部文化司司长）
巴勃罗·奥布雷贡（阿根廷驻上海总领事馆总领事）

海茨·沙登　（奥地利共和国萨尔茨堡市市长）

盖伊·索特　（大不列颠及北爱尔兰联合王国皇家官佐勋爵、伦敦国际手工艺协会主席）

罗　鹏　（乌克兰共和国驻上海总领事馆总领事）

伊凡娜·瓦拉·玛格托娃　（斯洛伐克共和国驻上海总领事馆总领事）

戴　宁　（印度尼西亚共和国驻上海总领事馆总领事）

卡雷尔·史诺　（捷克共和国驻上海总领事馆总领事）

（编者注：上述题辞、贺信、贺辞作者职务为时任职务，因篇幅所限，题辞、贺信、贺辞内容从略）

上编 Chapter One

中国非遗概览

A Glance at ICH in China

中国非遗保护20年

马盛德
（文化部非物质文化遗产司原巡视员、国家非物质文化遗产保护工作专家委员会委员）

2001年，昆曲入选“人类口头和非物质遗产代表作名录”，成为中国“非物质文化遗产”概念下保护工作推进的重要时间节点，至2021年恰逢20周年。2011年，《中华人民共和国非物质文化遗产法》的出台，成为中国非物质文化遗产保护工作进程中具有里程碑意义的重大事件，至2021年恰逢10周年。2006年设立文化和自然遗产日，至2021年恰逢15周年。

中国的文化遗产保护有三大领域：一是以“物”为主要载体的物质文化遗产——文物（国家文物局）；二是物质与非物质并存，自然生态与文化生态相融合的传统村落、古村落（住建部）；三是以“人”为主要载体，以活态保护为主要方式的非物质文化遗产（文旅部）。这构成了中国文化遗产保护的三大格局。

21世纪伊始，国家层面在文化建设领域开展了一项意义重大的工作，就是非物质文化遗产保护。这是一项关乎人类的共同利益和中华民族文脉传承的大事。非物质文化遗产是世界爱好和平国家和人们的共同要求，它关系到国际交往中的相互平等、相互尊重、和平共处、共同发展的前景。这一项工作在政府的主导下，得到了专家学者的学术支持，社会民众的广泛参与，经过20年的不懈努力，取得了举世瞩目的成就。非物质文化遗产保护工作成为中国文化建设事业的一个重要事件，一大亮点。

一、非物质文化遗产的概念

非物质文化遗产是外来词汇，来自于英文的Intangible Cultural Heritage，曾被翻译为“无形文化遗产”“民间传统文化”“民间创作”“口头和非物质遗产”等名称。非物质文化遗产在中国对应的叫法：民族民间文化、民族民间传统文化，中国民族民间文化保护工程，后改为非物质文化遗产保护工作。2011年出台的《中华人民共和国非物质文化遗产法》，在起草时期名称为《中华人民共和国民族民间传统文化保护法》。2004年，中国正式加入《保护非物质文化遗产公约》（Convention for the Safeguarding of Intangible Cultural Heritage）后，“非物质文化遗产”概念逐渐取代了“民族民间文化”的传统概念。

2003年联合国教科文组织第32届大会通过《保护非物质文化遗产公约》（简称“《非遗公约》”），正式确定了“非物质文化遗产”的概念及内涵。非物质文化遗产英文全称“Intangible Cultural Heritage”，简称“ICH”；中文全称“非物质文化遗产”，简称“非遗”，没有“非遗文化”这个概念。“公约”对其定义为：非物质文化遗产，指被各社区、群体，有时是个人，视为其文化遗产组成部分的各种社会实践、观念表述、表现形式、知识、技能以及相关的工具、实物、手工艺品和文化场所。

这种非物质文化遗产世代相传，在各社区和群体适应周围环境以及与自然和历史的互动中，被不断地再创造，为这些社区和群体提供认同感和持续感，从而增强对文化多样性和人类创造力的尊重。本公约只考虑那些符合现有的国际人权文件，符合社区、群体和个人之间相互尊重的要求，符合可持续发展要求的非物质文化遗产。

中国真正意义上的非遗保护深入开展，是以 2001 年昆曲成为“人类代表作”为开端，以 2003 年文化部、财政部、国家民委和文联联合启动实施的“中国民族民间文化保护工程”(后来改名为非物质文化遗产保护）为标志，中国的非遗保护逐步走上全面性的、整体性的、法制化的活态保护阶段。

二、非物质文化遗产的十大类别

1. 民间文学。是人民大众口头创作、世代口耳相传的语言艺术。如史诗、故事、神话、传说、谚语等。最具代表性的中国少数民族的三大史诗《格萨（斯）尔》《玛纳斯》《江格尔》，还有在汉民族中广泛流传的《梁山伯与祝英台》的故事等。

2. 传统音乐。是各族人民在长期社会生活过程中，集体创造出来的一种广泛流传于民间和上层社会、深受人们喜爱的传统的音乐艺术表现形式。

3. 传统舞蹈。是以人的肢体语言为载体来表达中华各民族的生存方式、历史文化心态、风俗习惯和民族性格。如朝鲜族农乐舞、藏族锅庄舞、傣族孔雀舞、维吾尔族刀郎舞等。

4. 传统戏剧。是中国各族人民共同创造的综合性表演艺术。中国的戏曲剧种丰富，历史悠久。如京剧、昆曲、藏戏、川剧、皮影戏、木偶戏等。

5. 曲艺。是以口头语言进行“说唱”叙述的表演艺术形式。如苏州评弹、山东琴书等。

6. 传统体育、游艺与杂技。是数千年来中华民族健体强身，玩物适情文化生活不可或缺的部分，具有广泛的社会基础。如少林功夫、太极拳、摔跤、抖空竹等。

7. 传统美术。是指民间社会与人们日常生活紧密相关的传统造型技艺。如唐卡艺术、剪纸、木雕、年画、刺绣等。

8. 传统技艺。中国人素以心灵手巧著称于世，诸如制瓷器的方法、制茶的方法、织丝绸的方法及种类丰富的饮食文化等，都是中华民族在长期劳作实践中，不断探索、总结、提高而形成的具有鲜明特色的手工技艺。我们把这一类非物质文化遗产称为传统技艺。

9. 传统医药。是中国重要的非物质文化遗产之一，它在维系人们的生命当中发挥着重要的作用。不仅包括汉民族的医学药学，还包括藏、蒙古、苗、土家、瑶等少数民族的传统医学药学。如藏医、中药炮制、中医针灸等。

10. 民俗。即民间风俗，指一个国家或民族中为广大民众所创造、享用和传承的生活文化。包括信仰习俗、传统节日、服饰习俗、饮食习俗、居住习俗等。如春节、端午节、彝族火把节、傣族泼水节、藏族雪顿节、妈祖信俗等。

三、20 年来的主要工作

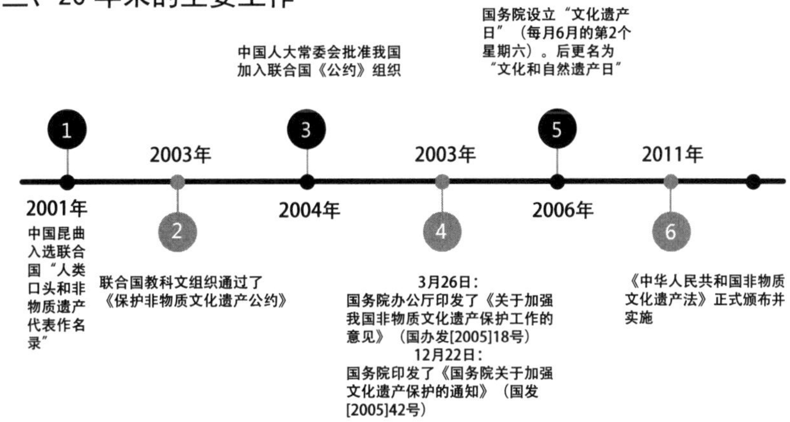

图 1. 2001—2011 年非遗保护主要工作一览

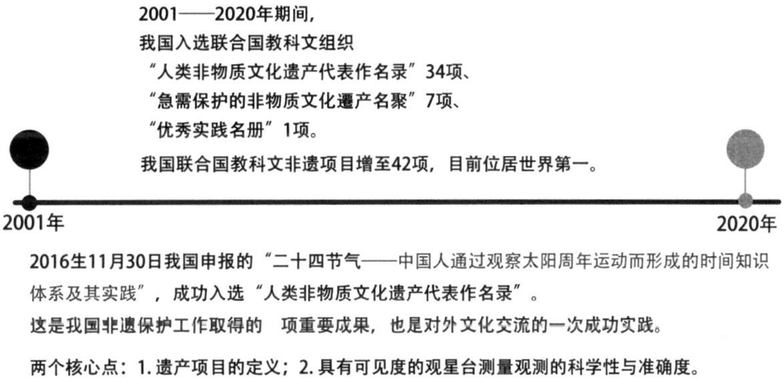

图 2. 2001—2020 年中国入选联合国教科文组织非遗项目

“二十四节气”入选“人类非物质文化遗产代表作名录”后，在国内和海外华人世界引起了强烈反响。中国各大新闻媒体纷纷予以密集报道，一时间成为了网络热词，各类新闻快讯、专题报道、科普文章、专家解读、精美图片在网络和社交媒体中广泛传播。“二十四节气”申遗也激起了广大网友的文化自豪感和爱国情怀，成为热议话题。由于二十四节气涉及语文、地理、历史、政治等多个学科，申遗成功后，相关内容也成为当年的公务员考试、高考、中考等考试中的热门考点，激发了许多艺术家们的创造热情和灵感，尝试着以影视、舞台艺术等形式表现二十四节气。“二十四节气”申遗成功，在国内掀起了一股学习、热爱中华传统文化的热潮，这股热潮至今还在持续。这一情景与 2001 年昆曲申报成功时社会反映冷清状态，形成强烈反差。以此足以证明，短短十余年间，中国社会和国民的文化自觉意识的进步与觉醒，发生了巨大变化。

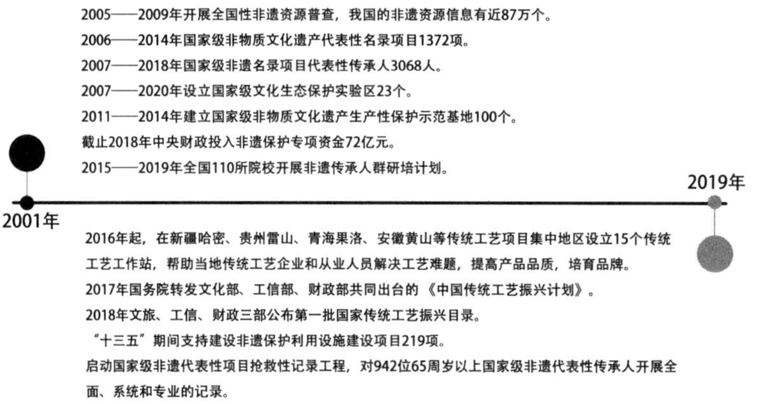

图 3. 2001—2019 年中国非遗保护工作一览

1. 非物质文化遗产保护方针

2005 年 3 月 26 日国务院办公厅发布《关于加强我国非物质文化遗产保护工作的意见》，全面部署非遗保护工作，首次提出“保护为主、抢救第一、合理利用、传承发展”的保护方针，被人们称为“十六字方针”(大政方针)。它们之间有着一定的逻辑关系，是层层递进式的。

首先，在经济全球化和现代化进程大的背景下，我们的非遗受到巨大的威胁和挑战。遗产面临的现状从总体而言都应受到保护，提出非遗要“保护为主”，把保护作为首要任务，这是我们对整个遗产形势和遗产生存现状的一个总体性的判断。在全社会需要营造人人关注遗产，人人保护遗产的意识和氛围，是一项十分紧迫的任务。

其次，在全面推进保护的同时，把对一些具有重要价值，又处于濒危、传承链条断层状态的非遗项目，施行紧急抢救。采取一切有效手段，进行全力以赴的抢救保护，最大程度地避免“人亡艺绝，人亡歌息”现象发生。所以“抢救第一”的表述，在行为上是有轻重缓急的，显示了对遗产保护的紧迫性和重要性意识的强化。

再次，作为一个在遗产保护中的核心问题，“合理利用”引起广泛关注。保护遗产是我们义不容辞的责任，但遗产不能成为我们的负担、包袱，它应当是我们的财富。有句话说，传统顶在头上是包袱，踩在脚下是财富。遗产在保护的同时，也要为当代人的社会生活发挥作用，为社区、群体和个人所享用。这是遗产持有者的基本权利，这也是符合公约精神、符合遗产保护规律和可持续发展的道路。

这里存在着合理利用的问题。利用、使用需要有个“度”，要遵循遗产的规律和特性，因为我们使用或利用的不是普通的物质，而是祖先创造、历史遗留下来的珍贵遗产。合理利用的关键问题是：“什么是合理利用？怎样做才是合理的？如何界定？”这在操作层面难于把握，需要制定符合遗产规律和特性的方式方法，来指导具体的实践。生产性保护理念和相关政策由此而生。

最后，非遗是我们祖先创造的历史遗留下来、留给我们的珍贵遗产，是陪伴了我们数千年、数百年的文脉。这些非遗最终成为一个民族、族群、群体能够认同的文化符号、文化标识、文化身份的象征。所以我们无论从民族文脉的传承，还是从人类可持续发展需要，首要任务是传承，要延续它的生命力。要千方百计地做好传承，这是我们的根本任务。

我们要认识到非遗的活态性和动态性，它与我们的社会生活是紧密相连的。非遗是社区群体在适应周围环境，和自然、历史互动的过程中被再创造的。人类社会是不断地发展变化的，不是一成不变的，这是不以人的意志为转移的。人们为了生存，为了生活的需求，将祖先传下来的遗产在新的环境下进行一种新的创造，新的发展，这是因为生活的需要，也是活着的人、遗产的持有者、传承者的基本权利。所以遗产在传承的基础上，不断地进行再创造、创新发展，是符合人类社会的发展和文化传承的规律的。这些行为本身实际上就是一种对遗产生命力的延续。

2. 保护原则

保护原则总结归纳起来有 32 个字，即“政府主导、社会参与，明确职责、形成合力；长远规划、分步实施，点面结合、讲求实效”。这一工作原则，一步步扎实地实现了当时制定的工作目标：“通过全社会的努力，逐步建立起比较完备的、有中国特色的非物质文化遗产保护制度，使我国珍贵、濒危并具有历史、文化和科学价值的非物质文化遗产得到有效保护，并得以传承和发扬。”中国用了 20 年的时间所取得的成果超越了一些国家半个世纪的保护历程。

3. 四级（国家、省、地市、县）名录保护制度基本形式

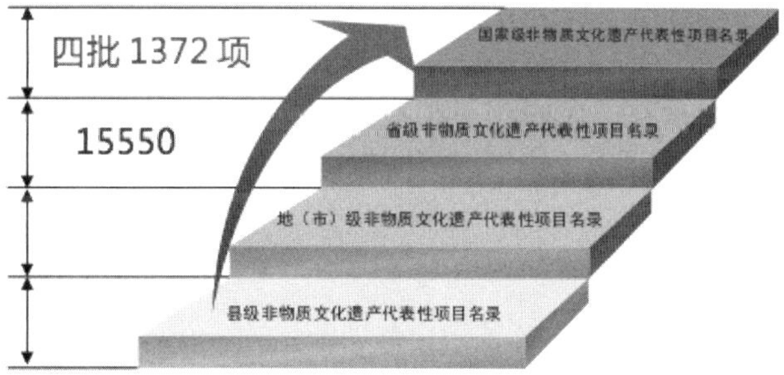

到 2021 年，中国已经建立了具有中国特色的国家、省、市、县四级名录体系，四级名录共认定非遗代表性项目 10 万余项，其中国家级项目共有 5 批 1557 个。在世界非遗保护方面，中国走在了前面。

4. 日臻完善的项目代表性传承人的认定制度

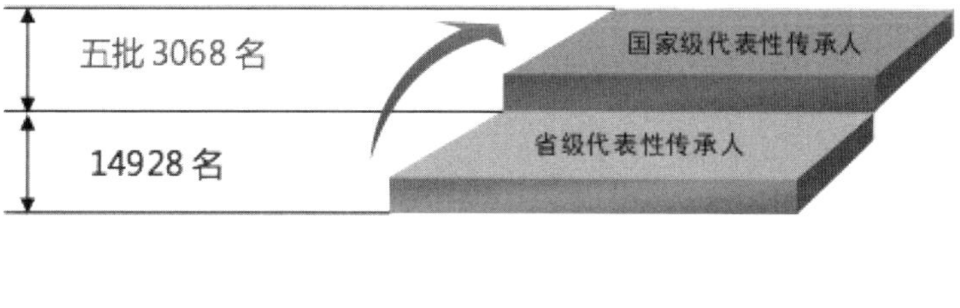

从 2008 年起，在中央转移地方非遗保护经费中，先后按每人每年 8000、1 万、2 万元的标准予以资助，鼓励和资助国家级非遗项目代表性传承人开展传承活动。

5. 非遗保护的四种方式在实践中广泛运用

非遗保护在实践中一般有四种方式被广泛运用。下面将分别进行介绍。

第一种为抢救性保护。抢救性保护和抢救性记录，是非遗保护的基础性工程，是对非遗项目濒危状态采取的一种紧急的、急迫性的保护行为。具体的方法是将非遗转变为有形的形式。通过收集、记录、分类、建档、录音、录像、数字化媒体等手段，对对象进行全面、系统、真实的记录，并积极搜集有关实物资料，予以妥善保存，最大程度地去避免人亡艺绝、人亡歌息现象发生。制定了保护规范、体例、要求和记录规则等标准，对国家级非遗代表性项目和代表性传承人开展了抢救性记录。

第二种为生产性保护。2010 年文化部出台了《关于加强非物质文化遗产生产性保护的指导意见》。非物质文化遗产生产性保护是指：在具有生产性质的实践过程中，以保持非物质文化遗产的真实性、整体性和传承性为核心，以有效传承非物质文化遗产技艺为前提，借助生产、流通、销售等手段，将非物质文化遗产及其资源转化为文化产品的保护方式。这一保护方式主要是在传统技艺、传统美术和传统医药药物炮制类非物质文化遗产领域开展。2011 年起先后命名了两批国家级非物质文化遗产生产性保护示范基地 100 个，进一步规范和强化保护工作。

第三种为整体性保护。随着非遗保护工作的全面推进和非遗理论研究的不断深入，我们逐渐认识到，保护非物质文化遗产仅仅以单一的项目性保护是不够的，也是不完整的，保护工作还要关注到这些遗产项目所孕育和依存发展的文化生态，因为这是遗产项目所赖以生存和发展的土壤，是与遗产相关联的重要因素。任何一项遗产项目决不是孤立存在的，它的生存和发展与周边整体的生态有着一种内在的关联性，只有关注到遗产项目的这些重要因素和特点，才能使得遗产保护见成效，遗产项目才有可能健康地存活，所以，在非遗保护工作中建立一种整体性保护理念，是一项十分紧迫而重要的任务。

第四种为立法保护。为了非遗保护事业的长远大计，使非遗保护工作能够得到延续性和可持续发展，提出了立法保护的目标，使中国的非遗保护事业最终进入一个法制化的轨道，受到法律的有效保护。2011 年 6 月 1 日《中华人民共和国非物质文化遗产法》(简称“《非遗法》”) 正式施行。截至 2019 年底，全国已有 30 个地方人大出台非遗保护条例，非遗保护成为制度化。以此，中国的非遗保护工作全面走上了有法可依、依法保护的法制化轨道，是全面落实《非遗公约》对缔约国的相关要求的具体实践。《非遗法》的颁布实施对中国的非遗保护具有里程碑意义。

6. 非遗学术研究成果不断涌现

“十一五”期间，文化部组织了全国首次非遗普查。据不完全统计，参与普查的工作人员有 70 万人次，走访民间艺人 115 万次，投入经费 8 亿元，收集珍贵实物和资料 29 万件，普查的文字记录量达 20 亿字，录音记录 23 万小时，拍摄图片 477 万张，汇编普查资料 14 万册，普查出非物质文化遗产资源总量近 87 万个。

7. 非遗保护工作机构和队伍基本建立

2009 年国务院批准在文化部专门成立了非物质文化遗产司，主要职责是：统筹全国的非遗保护工作（国家在机构精减大的背景下批准设立）。在中国艺术研究院成立中国非物质文化遗产保护中心（中编办批准正局级机构，加挂在中国艺术研究院）。此外，30 个省（区、市）文化厅（局）成立了非物质文化遗产处，全国 31 个省（区、市）均成立了省级非物质文化遗产保护中心。

8. 建立相关重要机制

首先，在资金层面，中央财政设立了非遗保护专项资金。

其次，在组织机构建设层面建立了由文旅部为牵头单位，发改委、财政部、国家民委、教育部、商务部、住建部、国家宗教局、国家文物局、中国社科院等 15 个国务院相关部门共同参与的非遗保护工作部际联席会议制度；成立了由多个学科权威专家组成的国家非物质文化遗产保护工作专家委员会，肩负起中国非遗保护工作中的学术指导和政策咨询的重任。

最后，非遗保护的传播机制建设层面形成了“西边一个节，东边一个会”的重要展览展示交流平台。“中国成都国际非物质文化遗产节”由文旅部、四川省人民政府、联合国教科文组织共同主办，每两年一届。在非遗展览、展示、交流、学术研讨会、国际合作等方面提供了一个国际平台，同时宣传中国非遗保护的探索实践和保护成果。“中国非物质文化遗产博览会”（山东济南）主要以国内非遗的展览、展示、展演、学术研讨和交易为主。

9. 传统节日纳入国家假日体系

将春节、中秋节、清明节、端午节和少数民族传统节日纳入国家法定假日，体现了国家意志。并积极推动“重阳节”纳入假日体系工作。

10. 积极开展国际交流与合作

2003 年 10 月，联合国教科文组织第 32 届大会通过了《保护非物质文化遗产公约》。2004 年 8 月，中国第十届全国人大常委会第十一次会议审议批准，同意中国正式加入《保护非物质文化遗产公约》，并先后三次当选政府间委员会委员国。2011 年 4 月中国向教科文组织提交了首份履约报告。《非遗公约》的诞生，是人类历史上非物质文化遗产保护事业的重要里程碑。中国加入《非遗公约》，既顺应了中国特色社会主义文化发展道路的需要，也向国际社会宣告了我们保护非物质文化遗产庄严的承诺。同时，中国非物质文化遗产保护事业进入了一个新的机遇期，也对我们履行《非遗公约》提出了更高的要求。

11. 少数民族非遗保护情况

对于少数民族非遗的保护采取的主要措施有：根据《非遗法》第六条“国家扶持民族地区、边远地区、贫困地区的非物质文化遗产保护、保存工作”及相关条款，我们始终重视西部地区和少数民族非物质文化遗产保护工作，在项目保护、代表性传承人申报和保护、文化生态保护区建设、振兴传统工艺、传承人群研修研习培训、国家非遗保护专项资金分配、非物质文化遗产保护利用设施建设等工作中，都将对少数民族地区予以重点支持和倾斜。

通过积极推进民族地区非物质文化遗产保护法规建设，以及通过全国非遗普查工作，基本摸清了少数民族非遗的种类、数量、分布状况、生存环境、保护现状和存在问题等情况，并进行了详尽记录、保存，使得少数民族非遗项目代表性传承人得到有效保护。此外，在其他方面也逐渐取得了实效，具体表现在：（1）少数民族地区文化生态保护区建设逐步推进，共建有11个，均为少数民族文化生态保护实验区；（2）推进生产性保护，促进少数民族非物质文化遗产项目的合理利用；（3）加大资金投入。截至2016年，中央财政已累计投入非遗保护专项经费48.78亿元；（4）进一步加强我国民族地区非遗基础设施建设；（5）加强少数民族人才队伍建设；（6）加强少数民族地区非遗传承人群培训；（7）推动少数民族传统工艺振兴；（8）少数民族非遗保护的宣传交流活动得到加强。

四、20年来非遗保护的主要成果

政府主导下20年来的非遗保护实践，建立了符合中国国情和非遗特点的保护制度与机制，探索出非遗保护的方式方法，被人们称为非遗保护的“中国实践与中国经验”。

首先，非遗保护中国实践的成果包括：保护工作全面进入法制化轨道、四级名录保护制度、代表性传承人的认定保护制度、四种保护方式的探索实践、创造性地提出非遗整体性保护和文化生态保护区建设举措等。制订了传统工艺振兴计划，开展了中国非遗传承人群研修研陪计划，非遗保护体制机制的建设完善。这些成就是以举国之力、全面全方位推动保护工作的结果。

其次，全民文化自觉意识觉醒，兴起了保护遗产的热潮，非遗概念深入人心，保护工作深得人心，是一次重大意义的“文化自觉”。非遗从鲜为人知到家喻户晓、老少皆知，改变了中国社会的文化风貌。

五、保护非物质文化遗产的意义与价值

非遗的保护具有强烈的现实意义，是世界爱好和平国家和人们的共同要求，它关系到国际交往中的相互平等、相互尊重、和平共处、共同发展的前景。《非遗公约》认为，非物质文化遗产是密切人与人之间的关系以及他们之间进行交流和了解的要素，它的作用是不可估量的。

同时，非遗是历史遗留下来的、并且值得持续发展的创造性产物，保护它的

目的，首先是保存人类的创造能量，寻求人类与其既往的联系，使人类加深对自身的认识，仰视自身已经达到的创造高峰，以便激励今天的创造，见证人类的创造力。公约反复强调要尊重和见证人类文化创造力，就是认识到了只有文化创造力才能达到人类文化的高峰，才能创造出人类优秀的文化！人的创造力是最珍贵的。我们今天说的保护，就是保护代表人类文化发展的高峰、让人仰视的天才创造与智慧结晶，体现主体价值与积极意义、代表民族“优秀”的传统文化。代表性的非遗就是我们祖先创造的传统文化的高峰。

非遗具有历史、文学、艺术、科学四大价值。它的价值在于它对文化的认定作用，也就是它与某一种文化的联系带有标志性，保护它，就是保护了人类文化的多样性，是民族文化身份的象征。如：我们从一个舞步、体态、造型等可以判断出一种舞蹈的民族属性，成为这个民族的文化标志和符号；从一种乐器、音乐的形象、节奏、旋律等也可以判断出这个音乐的民族属性。

这些物质和非物质文化，在人类漫长的历史进程中，经过大浪淘沙，不断地进行传承、发展、再创造，最终成为一种世代相传、活态传承的共同遗产，成为一个民族能够认同的文化标识和文化符号。

六、未来非遗保护工作应强化的三个意识

在未来的非遗保护工作中，我们认为“以人为本的意识”“可持续发展的意识”“走进现代生活的意识”这三个意识有待加强。

首先是以人为本的意识。非遗保护我们提出要以人为本，关注与人的生存关系，遗产保护不能以牺牲人民大众追求美好生活的权利为代价。这是因为非遗是人创造的，也是为人服务的，要关注人的生存和发展需求。若脱离了生活需求，无异于把非遗当作目的，把人当作实现手段，使文化凌驾于人之上，这样不可能走得太远，也是违背公约精神的。

其次是可持续发展的意识。关注文化遗产的长远和持久性，从人才培养到使用材料，尤其是对不可再生的原材料更要关注。要关注人类长远的发展利益。中国是非遗资源大国，同时又是人口大国，需求量大，自然资源相对匮乏是我们的国情，所以对遗产资源的保护和后续人才的培养都需要有长远性和持久性，这是非常重要的。

最后是走进现代生活的意识。非遗保护关注与“现代”生活的关系，非遗只有成为我们的生活方式方可存活、得以传承，以创新型发展与创造性转换的方式融入生活中去。我们要认识到，非遗因人的生活需求而产生，也因人的生活的发展变化而变化。纵观历史的演进发展历程，凡是不能融入新的生活方式的非遗，必然走向消亡之路。非物质文化遗产是不断变化的，并且不断地被再创造。

中国在非遗保护工作中取得的成就是十分显著的。在非遗保护工作中探索实践和积累的“中国经验”，也得到了包括联合国教科文组织在内的国际社会的

积极评价。这是一个非常不容易的成就。因为非遗保护工作涉及面广，内容非常复杂，是一项政策性、专业性和学术性很强的工作；是一个知识体系和系统工程。中国历史悠久，地域差异大，民族众多，文化资源丰富而复杂，与一些单一民族的国家相比，中国的非遗保护难度更大。纵观20年来的中国非遗保护实践，最有感触的是，我们没有在非遗保护的方向和理念上出现大的偏差和问题，中国的非遗保护工作保持着平稳有序、健康发展的态势，始终得到了广大民众的积极支持和拥护。

作为一个20年来中国非遗保护工作的亲历者和参与者，深感欣慰和自豪。尽管如此，我们应该清醒地认识到，非遗保护是一项十分复杂而艰巨的工作，还有许多问题我们依然需要不懈地去努力探索和研究。在此提出几点看法。

第一，中国的非物质文化遗产如何能够在当代人的社会生活中更好地延续它的生命力，这是保护的根本性问题；所有人都要围绕这个根本性问题和任务去研究思考，这是使命。

第二，面对类型众多、风格迥异、生存状况差异较大的非遗项目，如何制定正确、科学、合理的分类保护措施来加以保护。

第三，代表性传承人认定制度如何更加完善，一些群体性的遗产项目可否认定团体传承？需要深入研究。

第四，政府的角色如何由初期的主导地位逐渐转变为引导作用，减少政府大包大揽的官办现象，改变干涉过多、过细的做法。尤其是对民间自发性的民俗活动，要尊重民间传统的习俗和规制，政府应该提供更多的平台和服务工作，以最大程度地发挥社会群体和广大民众在遗产保护中的积极作用。这些问题都是在非遗的保护工作中需要认真思考和深入研究解决的。

培育全社会、国民的整体保护意识，营造一种人人尊重祖先的文化遗产这样一个良好的社会文化生态和风气，是非遗保护走向可持续的关键所在。中国的非遗保护工作任务艰巨，使命光荣，任重道远，前景光明，充满信心！

（编者注：作者工作单位“文化部”，现为“文化和旅游部”，下同）

中国少数民族非物质文化遗产保护现状

马盛德
（文化部非物质文化遗产司原巡视员、国家非物质文化遗产保护工作专家委员会委员）

中国地域辽阔、历史悠久，为人口大国，民族众多。56 个民族中有 55 个是少数民族，人口约 1.2 亿，生活地域占国土面积的 64%，呈现出“大分散，小集中”的居住特点。各族人民在不同的自然生态环境和民族历史进程中，创造出了地域特色鲜明、风格独特的民族文化，体现了“一方水土养育一方人，一方人造就了一方文化”的特点，构成了多姿多彩的中华文化。

根据《中华人民共和国非物质文化遗产法》第六条“国家扶持民族地区、边远地区、贫困地区的非物质文化遗产保护、保存工作”及相关条款，中国始终重视西部地区和少数民族非物质文化遗产保护工作，在项目保护、代表性传承人申报和保护、文化生态保护区建设、振兴传统工艺、传承人群研修研习培训、国家非遗保护专项资金分配、非物质文化遗产保护利用设施建设等工作中，都将对少数民族地区予以重点支持和倾斜。

一、积极推进民族地区非物质文化遗产保护法规建设

在《非遗法》颁布实施前后，云南、贵州、广西、宁夏、新疆、青海、西藏、内蒙古等少数民族省区通过制定地方法规，有效地保护了当地的少数民族非物质文化遗产。民族地区的一些自治州、自治县也出台了相应的非遗保护条例。

二、抢救保护了一批濒危的少数民族非遗项目

通过全国非遗普查工作，基本摸清了少数民族非遗的种类、数量、分布状况、生存环境、保护现状和存在问题等情况，并进行了详尽记录、保存。如苗族史诗《亚鲁王》，就是非遗普查时被发现的，被列入国家级非遗名录。

截至 2020 年 12 月，中国列入联合国教科文组织非遗名录（名册）42 个项目中，有 20 余项涉及少数民族，占 50% 以上。55 个少数民族包括一些只有几千人的人口较少民族均有项目入选到国家级非遗名录。2020 年末在国务院公布的 1372 项国家级非遗名录中，少数民族项目有 492 个，占 35% 以上。新疆维吾尔木卡姆艺术、蒙古族长调民歌、侗族大歌、格萨（斯）尔、热贡艺术、藏戏、玛纳斯、中国朝鲜族农乐舞、花儿、蒙古族呼麦等项目先后列入联合国教科文组织“人类非物质文化遗产代表作名录”。而羌年、黎族传统纺染织绣技艺、麦西热甫、赫哲族伊玛堪列入联合国教科文组织“急需保护的非物质文化遗产名录”。

三、少数民族非遗项目代表性传承人得到有效保护

文旅部以部长令的形式公布了《国家级非物质文化遗产项目代表性传承人认定与管理暂行办法》。已命名的五批国家级非遗项目代表性传承人 3068 名，其中少数民族传承人有 862 名，约占 28%。

从 2008 年起，中央财政专门资助国家级非遗项目代表性传承人每人每年

8000 元，2010 年增至每人每年 1 万元，2016 年增至每人每年 2 万元，鼓励和支持他们开展传习活动。

四、少数民族地区文化生态保护区建设逐步推进

自 2007 年起，文化和旅游部设立了 21 个国家级文化生态保护实验区，其中热贡文化、羌族文化、武陵山区（湘西、鄂西南、渝东南）土家族苗族文化、迪庆民族文化、大理文化、铜鼓文化（河池）、黔东南民族文化、格萨尔文化（果洛）、玉树藏文化生态保护区共计 11 个均为少数民族文化生态保护实验区，对区域性少数民族非物质文化遗产的整体性保护起到了重要作用。截至 2017 年底，文化和旅游部通过中央财政共支持国家级文化生态保护实验区建设经费 6.9 亿元。

五、推进生产性保护，促进少数民族非遗项目的合理利用

2011 年和 2014 年，文化部公布命名了两批 100 个国家级非物质文化遗产生产性保护示范基地，其中少数民族纺染织绣、造纸、陶器制作等一批少数民族非遗项目得到了很好的保护，将少数民族文化遗产资源转化为产业资源，实现了非物质文化遗产保护与经济社会协调发展的良性互动。

以国家级非遗生产性保护示范基地——白族扎染为例，在基地建立了扎染历史博物馆、扎染制作工艺流程作坊、产品展示区、游客体验区和互动区、产品销售区等，提供一条龙服务。游客来到这里，首先要了解扎染的历史，亲眼目睹扎染制作工艺流程，知晓产品品质，然后还可以参与体验制作，交流合作，最后在产品购物区里选购自己最满意、最适合的扎染产品。这样的做法取得了很好的社会效益与经济效益，受到游客的欢迎。

六、推动少数民族传统工艺振兴

2015 年起，文化和旅游部联合教育部启动实施“中国非物质文化遗产传承人群研修研习培训计划”。为边疆少数民族非遗的传承发展，做出了积极贡献，受到广大民众的欢迎。

截至 2018 年 12 月，全国各所参与院校共计举办各类研修、研习、培训 628 期，培训学员 2.7 万余人次，涉及织染刺绣、服饰制作、陶瓷烧造、编织扎制、金属加工、漆器髹饰等项目，加上各地延伸培训，覆盖总人数近 9.5 万人次。一批研培学员成为当地“非遗 + 扶贫”工作的带头人。

截至 2018 年底，贵州省黔东南苗族侗族自治州参与学员先后创办企业、合作社 350 余家，产品总产值超过 15 亿元，带动约 1.6 万余人就业，人均年收入 2.5 万元以上，其中贫困人口占就业总人数的 61%。

2016 年起，文化和旅游部支持拥有较强设计能力的企业、高校、机构，先后在新疆哈密、湖南湘西、贵州雷山、青海果洛、安徽黄山、广东潮州、浙江东阳、湖北荆州、山西忻州、云南大理、重庆荣昌设立了 11 个传统工艺工作站，其中有 5 个是在少数民族地区。

2018 年 5 月，文化和旅游部、工业和信息化部印发《文化和旅游部、工业和信息化部关于发布第一批国家传统工艺振兴目录的通知》，全国共计 14 个门类的 383 个传统工艺项目入选，有 124 项涉及少数民族。

2016 年 3 月，“雅昌文化集团、清华大学美术学院驻新疆哈密市传统工艺工作站”在哈密市成立。这是文化部支持企业、高校和地方联合设立的首个传统工艺工作站。雅昌集团选派“密扇”团队、山西“灌木”团队、上海秦旭团队 3 个设计团队进驻哈密，调研、整理哈密刺绣文化资源，建立长期合作机制。通过在传统刺绣中应用新颖的设计，增加现代时尚元素，帮助哈密刺绣合作社、专业户等争取到订单。至 2018 年底，新疆哈密工作站已组织 5000 余名绣娘参与了不同层级的培训，参与团队设计出 798 款运用哈密元素的刺绣新产品，下达绣片订单 3.2 万份，绣娘人均增收 1500 元，技术熟练的绣娘增收超过 3500 元。

2016 年 3 月，北京木真了时装有限公司驻湖南湘西土家族苗族自治州传统工艺工作站成立。近年来，湖南湘西工作站驻站企业与当地政府和妇联组织一起发起了“让妈妈回家”行动，吸引在外打工妇女返回家乡参与刺绣，在本地解决就业，在传承发展传统文化的同时，帮助未成年人健康成长，促进了乡村治理。

2016 年 5 月，苏州工艺美术职业技术学院驻贵州雷山传统工艺工作站成立，引进多家品牌服装企业，利用企业成熟的现代管理和产销机制迅速有效地实现工作成果转化，提高产品品质。企业也通过参与工作站，更便捷地汲取传统工艺的养分，以滋养和提升品牌价值。

2016 年 7 月，上海大学驻青海果洛藏族自治州传统工艺工作站成立，旨在借助上海大学高校资源帮助果洛州传统工艺企业及从业者提升研创能力，解决工艺难题，提高产品品质，培育品牌，拓展市场。

传统工艺工作站的建站模式在实践中不断丰富和完善，既帮助当地提高传统工艺发展水平，又促进了就业增收、精准扶贫，在乡村振兴、民族团结等方面都发挥了积极作用。

国家也鼓励研培计划参与高校主动到民族地区设立工作站，参与传统工艺振兴。帮助传统工艺企业和从业者改进设计、改善材料、改良制作、提高品质、策划品牌，开发体现精湛手工、面向大众的传统工艺品及运用非遗元素的各种衍生品。帮助当地传统工艺企业和从业者弘扬传统工艺，发展富有民族和地域特色的传统工艺产品和品牌。

七、加大资金投入

为支持非物质文化遗产传承保护，中央财政设立国家非物质文化遗产保护专项资金，主要用于国家级非物质文化遗产代表性项目补助、国家级非物质文化遗产代表性传承人补助、国家级文化生态保护区补助等，并印发了《国家非物质文化遗产保护专项资金管理办法》，规范和加强资金管理。

2018 年共安排专项转移支付资金 7.26 亿元，用于支持 803 个国家级非遗代表性项目的保护传承，支持 103 名国家级非遗代表性传承人开展记录工作，支持 2581 名国家级非遗代表性传承人开展传习活动，支持开展 219 期非遗传承人群研培活动，支持 21 个国家级文化生态保护实验区开展整体性宣传保护工作。

2013 年以来，中央财政累计投入国家非遗保护专项资金 72 亿元。截至 2017 年底，地方财政累计投入非遗保护经费 39 亿元。包括少数民族地区在内的国家级非遗代表性传承人传习补助从每人每年 1 万元提高到 2 万元。西部 12 个省（区、市）亦专门安排每人每年 3000—5000 元不等的经费支持省级非遗代表性传承人开展传习活动。

八、进一步加强少数民族地区非遗基础设施建设

国家发展改革委、文化部于 2014 年启动国家非物质文化遗产保护利用设施建设试点项目。

“十二五”期间，国家发展改革委共投入 3.64 亿元，支持了 50 个非遗保护利用设施建设，其中安排 1.35 亿元补助 17 个少数民族建设项目。

“十三五”期间投入 13 亿元支持 219 个非遗保护利用设施建设。国家发展改革委已安排 12.7 亿元支持建设了 175 个非遗保护利用设施，其中少数民族非遗保护利用设施占 60% 以上。

九、加强少数民族人才队伍建设

积极鼓励民族地区高校开设非遗保护的相关专业和课程。如贵州凯里学院开设民族民间音乐教育、新疆艺术学校开设木卡姆四年制本科专业、青海民族大学开设唐卡绘制的本科班、内蒙古大学艺术学院开设蒙古族长调民歌本科班等。中央民族大学、广西艺术学院、云南艺术学院相继开展相关课程，培养了一批既懂业务又懂管理的复合型人才。

十、少数民族非遗保护的宣传交流活动得到加强

每年的文化和自然遗产日和传统节日期间，文化和旅游部组织各地开展了展览、演出、论坛、表彰等一系列内容丰富、形式多样的展示展演活动，努力营造良好的非遗保护氛围。其中，少数民族非遗的宣传展示活动一直是非遗宣传交流活动的“重头戏”。

2009 年文化和自然遗产日期间，文化部在北京举办了“中国非物质文化遗产展演——少数民族传统音乐舞蹈专场演出”活动。汇集全国 10 个省（区、市）16 个少数民族传统音乐舞蹈类国家级非遗名录项目，涉及 13 个少数民族，共有 236 名民间艺人参加演出。

2010 年 2 月，文化部和国家民委在北京共同举办 9 台 18 场“全国少数民族非物质文化遗产项目调演”活动。参演人员由来自内蒙古、广西、西藏、宁夏、新疆 5 个自治区以及贵州、青海等 15 个省的 2000 名非遗传承人及民间艺人组成。包括蒙古族、藏族、满族、朝鲜族、羌族、鄂伦春族、柯尔克孜族、撒拉族等 20 个少数民族。

文化和旅游部组织的中国非遗传统技艺大展、中国非物质文化遗产生产性保护成果大展、中国非物质文化遗产博览会、中国成都国际非物质文化遗产节等活动，都会展示少数民族传统工艺，并开展现场商品销售，推动少数民族传统工艺扩大影响，获得经济效益。

十一、当前少数民族非遗保护工作面临的主要问题

经济社会转型所带来的巨大改变是非遗普遍面临的外在威胁和严峻挑战。改革开放40年，中国的社会发生深刻的变革，整个社会生态发生了巨大变化，少数民族地区乃至全国范围内的非遗保护工作难度增加，挑战增多。社会风气浮躁，急功近利、急于求成的心理十分普遍。

非遗要靠长期积累，以经验传授、传承为主要方式。很多技艺以精雕细刻、精工细作的手工劳作为主要特点。现有传承人队伍高龄化现象突出，后继乏力严重。3068名国家级代表性传承人中，70岁以上占50%多。至2019年，3068名国家级代表性传承人中去世人员已超过400多位。老一辈传承人的坚守难度大，各种冲击增多，一定程度上造成传承链条的断层。非遗传承形势严峻，抢救性保护刻不容缓。

非遗自发性传承也遇到诸多困难，传统的口传心授的师徒传承或家族传承方式，已经不能适应现代社会的需求和家庭人口结构的变化（技艺传男不传女、传女不传男、传内不传外、传僧不传俗等传承方式遇到挑战）。因此，非遗项目在与现代生活相融合、相协调方面也存在一定的困难。

此外，表演艺术类项目的社会生态不断萎缩；手工技艺类的产品普遍存在精致不足，缺乏时尚感，难以满足人们新的需求。人们的文化观念、审美能力、鉴赏水平等发生了根本性的变化，追求“多样化、时尚化、品质化”成为时代特点。关注时代性是目前遗产保护和文化发展中的重要问题。

最后，非遗理论研究有待深入。非遗研究领域，长期以来注重文本的研究成为一种主流，对项目的挖掘、记录、整理和出版等成为核心工作，对非遗的活态性特点，“传承人”这个核心，遗产传承规律的探索和研究相对薄弱；针对非遗项目的现状分析研究和保护对策研究成果不多，使得国家层面制定保护政策措施时，缺乏有力的理论支撑，不少项目濒危的状态难以得到有效遏制。

十二、当前少数民族非遗保护工作的主要措施建议

综上所述，中国幅员辽阔，民族众多，少数民族的文化、风俗是我国的瑰宝，但它们在传承和保护方面面临着巨大的挑战。在此，从个人的角度提出了一些对于少数民族非遗保护工作的建议，以期进一步推动中国少数民族非遗保护工作的发展。

第一，需要加大传承人的扶持力度。传承人是非遗保护的核心，进一步提高社会影响力和待遇，创造有利的平台，营造尊重人才的社会氛围。学习借鉴日本、韩国等国对人间国宝的做法。同时，传承人也要有责任感和使命感，传承人

要传承什么？要明确其主要的任务和历史使命。

第二，探索年轻学徒的奖励激励机制，整体传承队伍要向年轻化方向发展，缓解非遗传承后继乏人问题。针对提高传承能力开展的“非遗研培计划”和“中国传统工艺振兴计划”，是探索传统工艺类非遗项目传承发展的一种路径，需要进一步完善培训计划，要可持续。

第三，处理好普及性学习与提高性学习的关系。尤其对经典作品和高超技艺的学习与传承，它是文化高峰的标志，具有引领作用。要认识到代表性杰出人物在行业领域中的影响力和对遗产传承发展中的重要作用，“优秀”传统文化的学习与继承、“经典活化”的意义。

第四，加大非遗和现代科技与传播手段的深度结合。口头文学类非遗，要探索与现代传媒的嫁接，加大传播力度；剪纸、年画、连环画等民间美术类项目，尝试新的传承载体。可以探索先传播，后传承的方式。大众层面以传播为主，行业、专业领域以职业传承为主，根据不同层次的受众群，探索多种传承传播方式。

第五，加大非遗进校园及与教育的深度结合。非遗传承从娃娃抓起，根据儿童的特点选择项目，研究有效的传承方式。寓教于乐，表现形式生动活泼，趣味性和娱乐性为主要特点。避免说教式、脸谱化、空洞刻板的教育模式。使孩子们在娱乐当中感受非遗。以熏陶为主要目的，克服急于求成的心理。

第六，加大非遗与旅游业的深度融合。处理好非遗产品的民族性与时尚化、品质化、多样化需求的关系。这方面应该学习借鉴日本的经验和做法。

第七，加强文化生态的修复。根据遗产项目所在社区的特点，营造社会氛围，提高社区民众的参与度，发挥社区民众的积极性和能动性，使遗产活在社区民众的生活里，成为他们生活的重要内容。以热贡藏戏文化广场的建设为例，建立以戏台为中心的文化广场，形成了戏曲表演为主要活动内容的社区，氛围浓厚，形成了新的文化空间。

中国非遗立法对非遗保护事业的推动成效回顾

朱 兵
（全国人大教科文卫委员会文化室原主任）

中国非物质文化遗产立法工作始于20世纪90年代初，经过20余年的调研、起草和广泛征求意见，逐步达成立法共识。2011年2月25日第十一届全国人民代表大会常务委员会第十九次会议审议通过《中华人民共和国非物质文化遗产法》（以下简称“《非遗法》”）。这是具有中国特色的全球首部以非物质文化遗产为保护对象的国内专门法。它的出台，适应了文化多样性发展的世界潮流，体现了中国社会制度的优越性，完善了中国文化遗产法律体系，对继承和弘扬中华民族优秀传统文化、增强民族凝聚力创造力、推动文化大发展大繁荣具有重大深远的意义。

法律将“继承和弘扬中华民族优秀传统文化”确立为立法宗旨，明确了保护对象和范围。法律确立了应当坚持的重要原则：区分精华与糟粕的原则，有利于增强中华民族的文化认同、有利于维护国家统一和民族团结、有利于促进社会和谐和可持续发展的原则，注重非遗的真实性、整体性和传承性原则，保护为主、合理利用、促进发展的原则，鼓励社会力量广泛参与原则等。法律明确规定了县级以上各级政府包括中央政府以及职能部门的相关职责，包括职责范围、纳入规划、列入财政预算、扶持民族地区边远地区贫困地区等，在非遗的调查、名录、传承、传播以及鼓励支持社会力量参与等方面，都明确规定了各级政府及部门相关的行政职责和保障措施。法律建立了四大基本制度，明确了法律责任：调查制度、名录制度、传承与传播制度、文化生态保护区制度。

《非遗法》施行至今已逾十年，为中国非物质文化遗产事业蓬勃兴旺奠定了坚实的法治基础，法律所确立的宗旨、原则、政府职责、法律制度等为非遗工作提供了基本遵循，在非遗的抢救、保护、合理利用和管理工作中发挥了重大的保障作用。

中共十八大以来，在以习近平同志为核心的党中央坚强领导下，在全面落实依法治国基本方略背景下，中国《非遗法》的贯彻实施深入开展，非遗保护工作取得了显著成绩，进入巩固保护成果、增强传承活力的新阶段，一批珍贵、濒危和具有重要价值的非物质文化遗产得到有效保护，具有中国特色的保护制度基本建立，社会广泛参与、人人保护传承的生动局面逐渐形成。

一、新时代非遗保护理念的发展

一是非遗保护要坚持以人民为中心的工作导向，坚持人民群众的主体地位。

二是非遗保护的核心目的，是要促进多元一体的中华文化，凝聚中华民族力量，增进民族团结，增强文化认同，铸牢中华民族共同体意识。

三是非遗保护要“见人见物见生活”，要在有效保护的基础上促进非遗与旅游、文化产业、文创等相衔接，推动非遗融入现代生活，融入时代文化。

二、《非遗法》在全社会的宣传贯彻不断深入，成为非遗工作的基本遵循

《非遗法》2011 年 6 月 1 日实施之时，全国人大法律委员会、全国人大教科文卫委员会、全国人大法工委、国务院法制办、文化部在京召开宣传贯彻非遗法座谈会，时任副委员长路甬祥发表讲话，要求在全社会扎实开展《非遗法》宣传普及，增强全社会尤其是各级领导干部学法用法守法执法的自觉性，使法律真正成为非遗工作的准绳。

三、各级政府和行政部门依法履职，提升非遗治理效能

这部分工作通过以下具体措施来推进：

1. 设立行政管理机构。
2. 将非遗纳入各级政府国民经济和社会发展规划。
3. 将非遗经费列入各级政府财政预算。
4. 扶持老少边穷地区非遗保护工作。
5. 鼓励支持社会力量参与非遗保护等。

四、依法建成了比较完备的非遗保护体系

一是形成了比较健全的法律法规体系。依照法律，文旅部发布了《国家级文化生态保护区管理办法》《国家级非物质文化遗产代表性项目申报评定暂行办法》《国家级非物质文化遗产代表性传承人认定和管理办法》等行政规章，29 个省（区、市）制定了省级非遗保护法规，不少有立法权的地方立法机关和民族自治机关制定了本区域的非遗保护地方性法规。

二是建立起较为完备非遗名录体系。形成了有中国特色的较为完备的国家、省、市、县四级名录体系，至 2020 年底，公布了四批 1372 项国家级非遗代表性项目；各省（区、市）公布了 15777 项省级非遗代表性项目，绝大部分市、县（区）也公布了本级的非遗代表性项目。

三是建立了较完备的四级代表性传承人体系。至 2018 年底已公布了五批 3068 名国家级非遗代表性传承人、16432 名省级非遗代表性传承人，以及大量市县（区）级传承人。

四是建成了有力的非遗保护保障体系。建立了政府部门联席会议制度和非遗保护专家咨询制度；支持设立了非遗专门保护机构如中国非遗保护中心等，2019 年全国达到 2453 个，从业人员 17032 人；支持设立了各类非遗保护基金；加大了财政投入，2013 年以来，中央财政累计投入国家非遗保护专项资金 58.79 亿元，并安排 14.17 亿元用于实施国家级非遗保护利用设施建设项目。国家级代表性传承人传习补助每人每年 2 万元；非遗企业可享受包含增值税、企业所得税、印花税等相关税费优惠政策。

五、依法成功实施了多种有效的非遗保护方式，取得显著成效

一是2005—2009年，开展了全国非物质文化遗产普查工作，普查非物质文化遗产资源总量近87万项。

二是抢救性保护成果斐然。2015年、2017年，启动“国家级非物质文化遗产代表性传承人抢救性记录工程”“非物质文化遗产记录工程”。

三是生产性保护促进非遗走进现代生活。设立100个国家级非遗生产性保护示范基地；发布《中国传统工艺振兴计划》，设立15个传统工艺工作站；发布《第一批国家传统工艺振兴目录》，对14个门类、383个传统工艺项目予以重点支持。

四是文化生态保护区建设水平不断提高。设立了23个国家级文化生态保护（实验）区，197个省级文化生态保护区，文旅部发布《国家级文化生态保护区管理办法》。

六、依法持续推进传承能力建设

一是发布了《国家级非遗代表性传承人认定与管理办法》，激励、促进和规范国家级非遗代表性传承人开展传承活动。

二是举办了国家级非遗代表性传承人研修班，对540名代表性传承人进行培训。

三是对国家级代表性传承人全面评估，探索建立国家级代表性传承人评估机制。

四是实施“中国非遗传承人群研修研习培训计划”，目前覆盖人数超10万人次；举办各类培训班等。

七、依法推进非遗扶贫取得显著实效

一是文旅部发布《关于大力振兴贫困地区传统工艺助力精准扶贫的通知》，推动“非遗+扶贫”工作。

二是确定四川省凉山彝族自治州、甘肃省临夏回族自治州等10个“非遗+扶贫”重点支持地区，建成非遗扶贫就业工坊800多家，参与相关培训的人员超过18万人。

三是支持阿里巴巴、京东、拼多多等电商平台联合举办“非遗购物节”等。

八、依法推进非遗广泛传播，形成人人关注、人人参与的社会氛围

2020年文化和自然遗产日期间，文旅部举办“云游非遗·影像展”线上活动，联合八大网络平台对1600余部非遗影片进行公益性展播，累计播放量超过8.7亿次。

定期举办中国成都国际非遗节、中国非遗博览会、中国原生民歌节等。

中央广播电视总台制作播出《非遗公开课》，《光明日报》、光明网评选“中国非遗年度人物”。还有非遗进校园、进课堂、进教材，逐渐融入国民教育体系等。

九、依法加强非遗保护国际交流与合作

截至2020年12月，中国列入联合国教科文组织非物质文化遗产名录（名册）项目有“昆曲”“二十四节气”“中医针灸”等42个，居世界首位。2006年，中国政府正式批准在四川成都举办“中国成都国际非物质文化遗产节”，至今已成功举办七届。2010年，中国成立了联合国教科文组织亚太地区非物质文化遗产国际培训中心，参与实施了联合国教科文组织开展的各缔约国履约能力建设培训工作等。

非遗是凝聚人心的纽带，是满足人民精神文化生活需求增进民生福祉的重要内容。“十四五”时期，要以习近平思想为指导，坚守人民立场，紧紧围绕人民日益增长的美好生活需要，进一步完善《非遗法》和深入推进《非遗法》的贯彻实施，健全非遗传承体系、提高非遗保护传承水平、构建非遗现代传播格局，把非遗保护事业建成全民参与、惠益全民的文化民生工程，守护好中华民族共有的精神家园。

从工艺美术角度谈文化遗产的保护与传承
——以敦煌壁画装饰艺术传承应用为例

常沙娜
（第九届全国人大常委、中国美术家协会原副主席、原中央工艺美术学院院长、国家非物质文化遗产保护工作专家委员会委员）

从1972年的《世界文化和自然遗产保护公约》，到2003年的《保护非物质文化遗产国际公约》，联合国教科文组织和世界各国从政策制定、资金支持、国际合作等各方面有效保护和传承着优秀文化遗产，进一步促进了世界文化的多样性，各国专家、学者也都从不同角度对如何进一步保持文化遗产的完整性和传承发展进行着不懈的研究和实践探索。

2017年6月10日，是中国第十二个文化和自然遗产日，中国政府长期以来就将文化和自然遗产的有效保护与传承作为体现中国民族文化特色、以及辉煌历史和非凡创造力的形式，并在这方面取得了显著的成果。

中国文化遗产，特别是非物质文化遗产内容丰富多彩，在世界上有着举足轻重的地位和作用。其中，坐落在河西走廊西端、丝绸之路的重要枢纽敦煌，拥有2100多年的历史的世界文化遗址莫高窟，在世界文化遗产舞台上久负盛名。作为世界非物质文化遗产的代表，素有“墙上博物馆”美誉的敦煌壁画更是引人关注，它是珍贵的历史遗存，是以绘画记载的历史，反映了历代诸多的社会现象。但同时，我们也必须清醒地认识到，非物质文化遗产的保护和传承面临着旅游过度开发和破坏等诸多危险，而壁画的存在又极为脆弱，自然的和人为的因素都在加速着它们的消损，由此有专家强调了以保护为先的准则。如何在日新月异变化着的社会环境中与时俱进地保护和传承敦煌莫高窟珍贵的传统文化艺术及背后深藏着的中国历代绚烂的文化遗产，是每一位专家和学者都需要认真思考的问题。

国内外学术界、文化界、艺术界等已经从不同角度对敦煌石窟艺术的传承和保护开展了卓有成效的理论研究和应用发展，成效显著。我认为，文化遗产，特别是非物质文化遗产的保护工作必须以国际化的技艺去思考，文化遗产是世界人民共同拥有的精神财富，不是某一个国家、某一个民族自己的“专有”，需要我们“请进来”和“走出去”两手抓、两手硬，有效整合分散在世界各地的有关敦煌的研究史料和成果，充分利用“一带一路”建设平台，让世界各国的人民了解敦煌石窟艺术，体验和传承中国优秀传统文化。同时，文化遗产的传承与保护可以与当代工艺美术衍生品进行结合，以古典文化为根，探索艺术“源与流”的融合关系，将艺术与生活进行结合，不能只谈文化艺术，而不追求应用与发展，更不能追求时尚而丢了传统文化，要让传统文化带着中国独特的风尚和魅力代代相传。

中国文化遗产蕴含着中华民族特有的精神价值，承前启后，体现中华民族的生命力和创造力，是各民族智慧的结晶，也是全人类文明的瑰宝。铭记历史，不忘初心。遗产保护时不我待，文化承继薪火相传。

小议中国造纸技术的传播及其影响

杨玉良
（中国科学院院士、复旦大学原校长、复旦大学中华古籍保护研究院院长）

即使在纸的发明国，我们今天随手抽取一张纸写一个便条，是一件再也平常不过的事情。很少有人会想到，造纸——曾经是改变整个世界的重要技术。

文字的诞生使得人类文明发展跃上了一个重要的台阶。马克·科尔兰斯基（Mark Kurlansky）在《一阅千年：纸的历史》里写道：

只有一个特征是人类真正独有的：人会做记录……他们有一种冲动去记录下脑中的所有东西，并存留给后代，这种冲动致使纸被发明。

但是，人类早期承载文字或者图案的工具并不是纸，而是石头、泥板、竹片、木片、兽皮、树叶等自然物质。在早期这些记录材料中，石头、泥板，包括木片和竹片等材料比较笨重，记录密度也太低，所以不便于远距离传播；而兽皮则不易大量获得，制作成本亦高，不利于普及；树叶的形状不够规则，尺寸不大，质地也不利于记录内容的快速复制……或许，就是这些原因才是纸的发明的实际驱动力。

数百年来，人们都认为纸是汉代晚期（25—220 年）太监蔡伦所发明，但 20 世纪的考古发现了大量公元 105 年前的纸张，最早的可以追溯到公元前 2 世纪到 1 世纪。

首先，纸伴随着中国的其他文化一同传遍整个东亚。造纸术大约在 2 世纪末就伴随着汉字传入越南，越南也在 3 世纪成为第一个为了承接汉字而造纸的国家。这些纸不仅满足了本地的需求，而且被大量运到亟需用纸的中国。

总体而言，中国造纸技术的传播是极其缓慢的。除了交通、地理障碍等客观因素以外，或许当时以家族为单位的生产方式，以及为了商业利益而实施的技术保密也是阻碍中国造纸技术传播重要原因。

所以，在蔡伦改进了造纸技术后过了 400 年左右，大约在 610 年，中国的造纸技术才伴随着汉文化向东传到了高丽和日本。

近两千年以来，纸一直是记录人类知识和思想的重要载体。造纸技术的诞生，极大地促进了人类知识和文化的普及与传播。因此，随着中国造纸技术的传播，沿途人类几乎所有发生的重大历史事件中，都能找到纸的作用的踪影。

（一）

7 世纪上半叶，伊斯兰教的创立和传播，促进了阿拉伯文字的使用，对《古兰经》的需求量也越来越大，抄写用的纸张的需求也随之越来越大。

直到大约 751 年，唐朝在怛罗斯战役中战败，阿拉伯人虏去了数百名中国的造纸匠人，阿拉伯世界才开始了造纸。大约到 8 世纪末，造纸技术快速传遍了整个阿拉伯世界，并且使得撒马尔罕（Samarkand，今乌兹别克斯坦境内的第二大城市）、波斯（Persia，今伊朗境内）成为阿拉伯世界的造纸中心（注：由于阿拉伯没有可以广泛用作纸药的植物，即充当纤维间黏结剂的植物，转而只能用小麦淀粉来替代。所以，那个时期出自阿拉伯世界的纸均含有大量的淀粉）。

中国的造纸技术传入后，自786年起，阿拉伯掌权者将大量的记录和书籍，包括《古兰经》，从羊皮纸转抄到普通的纸上，并放入图书馆。这一做法为阿拉伯文化的发扬起到了巨大的推动作用。

2010年，在甘肃省东乡族自治县韩则岭发现了东乡族从西域带来的古籍手抄本《古兰经》，经国内外考古、纸张、阿拉伯文和伊斯兰手抄本研究专家们鉴定，该经书成书年代约为9—11世纪，已有1000年左右的历史，也可能是迄今为止全世界最古老的手抄本《古兰经》之一。该书用阿拉伯文抄写，牛皮压花封面，长48厘米，宽34厘米，厚9厘米，每页11行，共536页，所用纸张为撒马尔罕纸，书写颜料为黑色墨汁，彩绘颜色以金色和宝蓝色等为主。这一发现很好地佐证了当时撒马尔罕纸的大量生产，并用于大量抄录《古兰经》使之在全世界传播伊斯兰宗教以及整个伊斯兰文化。

（二）

在中国的造纸技术传入阿拉伯后又过了大约400年，约12世纪，阿拉伯人将造纸技术传入到了意大利（另一说是西班牙），在靠近阿拉伯贸易港口的安科纳省法布里亚诺，那里的人主动接纳了来自阿拉伯人的造纸术，并从配方到技艺、设备都进行了重要的改良，还首创了水印技术。随后，造纸技术就传遍了几乎整个欧洲，并为几百年后的欧洲造纸业奠定了坚实的基础。

或许也是在12世纪，阿拉伯人也将造纸术传入西班牙。但是，由于阿拉伯人信仰的伊斯兰教与欧洲人信仰的基督教之间有隔阂，再加上当时的欧洲文化程度比较落后，对纸张和书籍的需求很低。因此，纸虽然进入欧洲，但在很长一段时间内并未得到普及。

幸运的是，当时欧洲气候变暖，大规模的垦荒运动扩大了耕地面积，农作物产量大幅增加，人口数量上升，出现了富余农作物和剩余劳动力，从事手工业的比例慢慢上升。随着生产力的进步和商业发展，除了贵族和教会，普通人对于知识的渴求也空前高涨。当时，拥有最多书籍的地方就是修道院，但由于羊皮纸太昂贵，民众的识字率特别低，从而严重地阻碍了普通人的学习热情。所以，12世纪以前常被称为“黑暗的中世纪”。

然而，阿拉伯人将造纸术传到欧洲后，廉价的纸推动了举世闻名的文艺复兴运动的诞生、发展和传播。文艺复兴运动发生在14—16世纪的欧洲，是一场体现人本主义的思想文化运动。它从意大利兴起，并在16世纪时扩大至欧洲各国，其影响遍及文学、哲学、艺术、政治、科学、宗教等知识探索的各个方面。廉价的纸的普及为思想、艺术和技术的发展奠定了重要基础，并强烈地推动了历史的进程，解放了个人，促使各种新发现接踵而至，层出不穷。纸在文艺复兴运动中的作用可以归结如下。

首先，纸的出现推动了印刷术的诞生。随着纸的大量生产，成本也快速下降，为了满足各类书籍（早期主要是经书）的旺盛需求，中国在 7 世纪左右的唐代发明了雕版印刷术。到了 11 世纪左右，毕昇发明了活字印刷术。

约翰·古登堡（Johannes Gutenberg）于 14 世纪初发明了欧洲的活字印刷术和印刷机。由于采用了古登堡的印刷技术和印刷机，快速地印刷了大量的《圣经》和其他书籍，满足了大众的阅读需求。除了宗教，其他先进的思想、法律、诗歌和小说等文学作品得以广泛传播，它启迪了民智，为后来的文艺复兴运动奠定了重要的思想基础。此外，纸还促进了“大众媒体”的产生。

其次，纸作为绘画草稿的载体，为大型创作做了充分铺垫。除此之外，纸还促进了文学、音乐等其他艺术门类的发展和普及。以绘画为例，中世纪绘画艺术主要是壁画和蛋彩画（油画前身）。纸的普及可以让艺术家在创作中投入更多创意和理性构思，创作出更精彩的作品。到 15 世纪中期，随着纸质《圣经》需求增加，宗教或自然主题的版画插图也越来越受欢迎。特别是阿尔布雷特·丢勒（Albrecht Dürer）凭借精湛的技艺，让版画有了脱离书籍附属品的资本，版画也就很快成为独立的艺术形式。丢勒不仅是一位优秀的油画家、版画家、雕塑家，还是一位优秀的水彩画家，也是一位艺术理论家。文艺复兴时期的伟大画家，如达芬奇、米开朗基罗等，均得益于纸的广泛使用才创造出了众多巨幅的绘画或雕塑作品。

最后，纸推动了复杂的科学与工程计算，推动了科学与技术的快速发展。中世纪复杂的专业运算采用蜡板或泥板。当廉价的纸普及以后，运算的效率得到大幅提升，并可在纸上完成更为复杂的数学运算。例如，现代地图、航海图、机械设备以及复杂精致的哥特式建筑，均得益于在纸上的大规模运算。或许，更为直接的是对数学发展的推动，因为只有廉价的纸才能记录冗长的数学推理和证明。总之，不难推测，相对廉价的纸的应用有力地推动了科学技术的快速发展和广泛的应用。或许，只要看一下达芬奇的手稿就可以发现，纸在推动工程技术和其他学科的发展中的作用是何等重要。

(三)

另一个值得强调的重点是，信息的快速传播也促进了社会革命。廉价的纸的出现，使得思想的记录变得更为详细、精确。因此，可以毫不夸大地说，纸的诞生使得思考更为深入，人类的思想更为深邃。因此，随之催生了人类的社会革命。例如，法国历史学家阿莱特·法尔热，她在《法国大革命前夕的舆论与谣言》一书中描述，在法国大革命（1789 年）前夕，大量的舆论和谣言在酒吧等公共场所以手抄小报的形式快速地广泛传播，加速了大革命的发生和演进。在科尔兰斯基的《一阅千年：纸的历史》一书中也把美国的独立称为“由纸带来的独立”。

最后，我们必须指出，中国造纸技术的传播对社会变革和人类文化的发展和传播的影响怎么估价都不为过。然而，我们也必须看到，与当今的互联网革命相似，廉价的纸让信息传播爆发式增长，让更多的人有了表达的便利，它在促进社会民主的同时也加速了谣言、谎言以及各种粗劣、有害的思想的传播。尽管本文未对此加以讨论，但必须引起研究者的重视。

非物质文化遗产名录：提倡“契约精神”、彰显“公产意识”

刘魁立
（中国社会科学院荣誉学部委员、中国民俗学会荣誉会长）

“非物质文化遗产名录”和“代表性传承人名录”作为非遗保护传承工作行之有效的手段和途径，实施十年来，取得了显著成绩。

国务院相关文件规定：非遗保护的工作方针是：“保护为主、抢救第一、合理利用、传承发展。”贯彻这一方针的工作原则是“政府主导、社会参与，明确职责、形成合力”。就此，我想谈谈关于政府和保护单位以及和代表性传承人关系的一点看法。

持有某一非物质文化遗产的公民、法人和其他组织，决心承担起保护传承这项非遗的项目，自愿向一级政府呈交申报书，详细说明这项遗产及保护传承的措施，请求列入名录。这是一种庄严的许诺，体现了申请人的神圣责任感。

相关一级政府则是代表国家，为了民族文化事业的繁荣发展，审核提出的申请，并在批准后予以公布，以名录的形式将他们的承诺公之于世。名录的实质不是光荣榜，不是广告，而是呈现了保护主体的一种庄严许诺。

从本质上说，通过名录，在保护主体和政府之间形成一种“契约”关系。申请人把保护传承该项遗产视为自己应尽的义务，对他持有的非遗项目的价值、意义有高度认识，对保护传承这一项目的方式、方法和步骤有切合实际的规划和安排。这种保护的约言以及保护计划是自愿承担的一种神圣誓约。

作为非遗保护工作主导方和领导者的各级政府，审核、批准并公布名录，是认定并接受申请者的许诺，支持保护主体做好保护工作。同时还通过公布名录、授予称号、舆论宣传、学术研究、行政和财政援助等各种方式给予支持，适时地对保护传承工作进行相应的检查，同时要求保护单位定期提出履约报告，并对履约情况进行审查和指导。

尽管不同级别的名录在规模、管理和影响面上有所不同，但他们的性质从根本上说是同样的。向县级政府提出申请成为县级名录项目，同样是对国家的许诺。在完成保护传承的许诺方面，同样要付出百分之百的努力。因此说，不在项目的保护传承上下功夫，而一味要求申报上一级别的名录，不达目的不罢休的做法是不恰当的。要信守诺言、尽职尽责、讲求实际，为民族文化的健康发展作出贡献！

在非遗保护工作中，在政府和保护主体之间要倡导一种“契约精神”，将名录制度纳入法治的轨道。诚信原则和自感原则同样是非常重要的。名录项目如果不能信守许诺，违背“约言”，而且不求改进，就应该对这样的申请主体实施“退出机制”，在名录中予以撤销。

代表性传承人为非遗的保护和传承作出巨大贡献，常常听到他们说，“我们老祖宗留下的遗产，不能在我手上断了香火”。他们把自己所持有的非遗项目，看作是民族文化史留下的遗产体现在他们身上。

如果把他们所掌握的知识、才艺、技能，他们所承担的项目比喻为个人“私产”的话，那么，按照我国《物权法》的规定，他不仅享有对这一“私产”实行占有、使用、获利的权利，同时还享有对这一“私产”自由处置的权利。可是，当他成为传承保护这一非遗项目的代表性传承人的时候，他已经自觉地认定，他所持有的非遗项目具体呈现着民族文化之根、民族精神之魂，因而主动承担起这一传统文化事业“守护神”的光荣职责，他们是继承和延续民族文化传统的功臣。他会通过自己的保护实践，努力守护非遗项目的本真性，依据项目的内在规律传承和发展这一文化遗产。他会忠实地信守承诺，完成传承人的各项职责。不会为了一己私利，改变和破坏传统文化的健康发展。代表性传承人把个人项目看成是历史传统和民族文化宝贵财富的这种态度和精神，是高度文化自觉的体现，可以称这种自觉精神为可贵的“公产意识”。

我认为，在广大民众特别是相关主体的保护意识不断增强的今天，为提高工作实效，应进一步提倡“契约精神”和彰显“公产感识”，增强各项非遗名录的严肃性和神圣性。

在城市更新过程中上海对历史建筑的保护

郑时龄
（中国科学院院士、同济大学教授）

上海有人类居住的历史可以追溯到6000多年前的崧泽文化和福泉山文化时期，而作为城市的历史则相对较晚，城市的快速发展时期当属近代，尤其是在1843年开埠以后。特殊的政治、宗教、经济与文化的发展际遇，西方文化的输入和上海本地以及中国不同地域文化相互之间的并存、冲撞、排斥、认同、适应、移植与转化，使上海糅合了古今中外的多元文化，成为中国现代城市文化和现代建筑文化的策源地。

城市更新是每一座城市的历史必然，城市的发展反映出推动城市形态、社会、环境和经济转型的过程。城市更新是城市外部和内部的社会、经济、文化等各种影响力作用的结果，我们是在城市上建设并更新城市。作为历史文化遗产，经过历史大浪淘沙留存的历史建筑是有生命的，需要举全社会之力去保护、传承和利用，保护意味着保存、维护以及保护历史的延续性。

截至2019年底，上海有各级文物保护单位及登记不可移动文物3437处，其中全国重点文物保护单位40处，市级文物保护单位227处，区级文物保护单位423处，文物保护点2747处，其中有相当多的文物建筑。此外，外滩被命名为国家历史文化街区，武康路、陕西北路和多伦路被命名为国家历史文化名街。上海还有1058处优秀历史建筑，250处风貌保护街坊，397条风貌保护道路与风貌保护街巷。有列为各级文物保护单位的工业遗产22处。

上海的历史建筑保护已经建立了分级分类保护制度和保护管理机制。承认历史的变迁，根据建筑的类型和质量，在合理利用中保护。上海积累了多元的保护方式，包括修缮、加建、移位、扩建、复建，包括保护建筑的立面，拆除搭建，内部重新改造等，形成了基本符合上海历史建筑特点的建筑保护机制和方法，出现了一大批优秀的案例。同时也建立了文物管理、规划管理和房屋管理等政府部门与科研、教学和设计单位的全面配合与协作机制，形成了政府管理部门、学术界、设计和开发建设单位、施工单位相协调的建筑文化遗产保护修缮机制和保护模式。

自1986年上海被命名为中国历史文化名城以来，上海的建筑文化遗产保护经历了三个主要阶段：起始阶段大致从1986年到1994年，其标志是1991年12月上海市政府颁布《上海市优秀近代建筑保护管理办法》，初步形成由城市规划管理局、房屋与土地资源管理局以及文物管理委员会共同负责的历史建筑保护机制。实验性保护阶段大致从1994年第三批优秀近代历史建筑保护名单的制定到2001年《上海市城市总体规划（1999—2020）》的颁布，包括全市历史文化名城保护、中心城旧区历史风貌保护规划，奠定了全面进行保护的基础。当前的深化保护阶段大致从2002年至今，其标志是2002年7月《上海市历史文化风貌区和优秀历史建筑保护条例》以及2005年上海市历史文化风貌区规划的修编。《上海市城市总体规划（2017—2035）》提出了“历史城区”的概念，包括历史文化风貌区、历史文化街区、风貌保护道路与河道、风貌保护街坊等。

上海的历史建筑保护也面临巨大的挑战，作为国际文化大都市和中国历史文化名城，在历史建筑保护方面，需要充分挖掘和保护各类历史文化资源，建立健全历史文化遗产保护体系，创新完善保护制度和机制，强化对历史文化遗产的整体性保护。对于数量众多的住宅建筑的保护是迫切需要解决的重要问题之一，既要保护，又要解决居民的居住状况。

非物质文化遗产：打开一扇民心相通的窗扉

王 战
（上海社会科学院院长）

自2006年起的第一个文化和自然遗产日，到2017年，正好是第十二个日。中国传统文化常以十二为一个周期，所以2017年的文化和自然遗产日非常有意义，国家出台了一系列有关文化的政策通知。如2月23日印发了《文化部“十三五”时期文化发展改革规划》，3月12日印发了《中国传统工艺振兴计划》，4月12日印发了《文化部“十三五”时期文化产业发展规划》，4月26日印发了《文化部“十三五”时期文化科技创新规划》，5月4日印发了《“十三五”时期繁荣群众文艺发展规划》等。

中华文明有着5000多年的悠久历史，是中华民族自强不息、发展壮大的强大精神力量，中华文化是中华儿女共同的精神基因。传承中华文化，不仅可以从中汲取精神力量，而且更可推动中外文明交流互鉴。文化遗产是讲述好中国故事、传播好中国声音的重要媒介，通过文化遗产可以促进中外民众相互了解和理解，为实现中国梦营造良好环境。文化遗产是中华文明的载体，保护传承文化遗产就是弘扬传统文化、增强文化自信的重要途径。文化遗产蕴含着中华民族特有的精神价值、思维方式，体现着中华民族的生命力和创造力，是各民族智慧的结晶，也是全人类文明的瑰宝。保护文化遗产，保持民族文化的传承，是联结民族情感纽带、增进民族团结和维护国家统一及社会稳定的重要文化基础，也是维护世界文化多样性和创造性，促进人类共同发展的前提。

一、非物质文化遗产是文明交流的“心灵桥梁”

文化遗产包括物质文化遗产和非物质文化遗产。物质文化遗产具有物质形态，包括古遗址、古建筑、石刻、壁画、近代现代重要史迹及代表性建筑等不可移动文物，历史上各时代的重要实物、艺术品、文献、手稿、图书资料等可移动文物，以及在建筑式样、分布均匀或与环境景色结合方面具有突出普遍价值的历史文化名城（街区、村镇）。因其具有第一手的历史、艺术和科学价值，在保护方面得到极大的重视，并取得了很好的成绩。非物质文化遗产是指各种以非物质形态存在的与群众生活密切相关、世代相承的传统文化表现形式，包括口头传统、传统表演艺术、民俗活动和礼仪与节庆、有关自然界和宇宙的民间传统知识和实践、传统手工艺技能等以及与上述传统文化表现形式相关的文化空间。因其以非物质的形态存在，界定困难，在保护方面存在一些不足。随着2003年联合国教科文组织《保护非物质文化遗产公约》的制定以及政府与社会各界对于非遗保护的重视，我国的非遗保护工作得到了极大提升。其传承文化的活态特征也逐渐被人们认识，非遗保护也成为社会上的一个热词。

非物质文化遗产是各族人民世代相承、与群众生活密切相关的各种传统文化表现形式和文化空间，非物质文化遗产既是历史发展的见证，又是珍贵的、具有重要价值的文化资源。它是人类的无形文化遗产，代表着人类文化遗产的精神高度，也是最古老、最鲜活的文化历史传统，是国家、民族文化软实力的重要资源和武库。非物质文化遗产在代代相传中传递的是群体的价值，是文化核心和文化指向，标示着文化的内在结构和模式，也指示着文化发展的选择和路向。非物质文化遗产与物质文化遗产共同承载着人类社会的文明，是世界文化多样性的体现。

中国各族人民在长期生产生活实践中创造的丰富多彩的非物质文化遗产，是中华民族智慧与文明的结晶，是连结民族情感的纽带和维系国家统一的基础，是民族精神、民族情感、民族历史、民族个性、民族气质、民族凝聚力和向心力的有机组成和重要表征。其所蕴含的中华民族特有的精神价值、思维方式、想象力和文化意识，是维护我国文化身份和文化主权的基本依据。加强非物质文化遗产保护，不仅是国家和民族发展的需要，也是国际社会文明对话和人类社会可持续发展的必然要求，更对建设社会主义核心价值体系具有重要的作用。

但随着全球化趋势的加强和现代化进程的加快，我国的文化生态发生了巨大变化，非物质文化遗产受到越来越大的冲击，一些依靠口授和行为传承的文化遗产正在不断消失，许多传统技艺濒临消亡，大量有历史、文化价值的珍贵实物与资料遭到毁弃或流失境外，随意滥用、过度开发非物质文化遗产的现象时有发生，加强我国非物质文化遗产的保护已经刻不容缓。

二、“非遗”在“一带一路”：让“非遗”成为友谊的丝带

“一带一路”跨越了东西方四大文明，跨越了世界四大宗教发源地，沿线国家有着丰富的历史文化遗产，也是非遗资源的富矿。在联合国教科文组织“人类非物质文化遗产代表作名录”中，格鲁吉亚复调演唱、俄罗斯塞梅斯基人的文化空间与口头文化、意大利西西里木偶剧、也门萨那歌曲、土耳其迈达赫艺术等大批非遗项目都来自丝路沿线国家；中国入选的世界非遗项目中，新疆木卡姆艺术、妈祖信俗、福建南音等，与丝绸之路和海上丝绸之路有着极其密切的历史渊源。

“一带一路”倡议获得了沿线国家的积极响应和支持，为沿线各国开展非物质文化遗产的传承和保护带来新机遇，为非遗领域的国际合作创造了更多可能性。其中，通过友城合作加强“非遗”的保护与发展，具有现实意义。截至2016 年底中国已同世界上 134 个国家缔结了 2341 对友好城市（省州）关系。目前最成功的领域多数属于经济人文交往，然而随着国内现代化程度的提高和实际工作的需要，教育和人才交往日益突出，基础设施、经济经贸、投资大幅提升，科技、医疗卫生、城市建设、交通运输和能源也在增多，这日益反映了国际友好城市作为对外开放和交流机制的日益成熟。

中国已和“一带一路”沿线城市已建立许多友城结好关系，其中节点城市的

国际友好城市已经多达109对，上海最多，为14对。文化教育领域是国际友好城市作用发挥最佳的关键领域，这也是民心相通的重要渠道。“一带一路”建设与合作，可以进一步促进非遗保护与发展，同时，非遗保护的发展反过来又将为共建“一带一路”贡献力量，因为丝绸之路是一条交流之路、共享之路，文化促进民心相通，将助力“一带一路”实现可持续发展。

三、上海非物质文化遗产：海纳百川、开放包容

上海非物质文化遗产保护起步于2005年。但早在21世纪初，上海就开展了民族民间文化保护工程。该工程围绕当时文化部规定的民族民间文化保护的七个重点类别在全市展开了普查，掌握了一部分资源，并将松江顾绣、青浦田山歌、三林刺绣等列入市重点保护项目。这些为其后的非物质文化遗产保护工作的开展奠定了比较好的基础。2005年7月，上海市非物质文化遗产保护工作会议举行，确定组织申报第一批国家级非物质文化遗产代表作的推荐和申报工作。为了普及非物质文化遗产概念及相关知识，上海文化界进行了多方努力。

2006年，上海市全面启动非物质文化遗产的普查行动，并逐步建立市级和区县级的保护名录，该普查工作一直持续到2008年。2006年5月，嘉定竹刻、松江顾绣、江南丝竹、乌泥泾手工棉纺织技艺、沪剧、锣鼓书、昆曲、京剧和越剧等被列入国家级非物质文化遗产名录。

上海非物质文化遗产项目与资源数量众多，其中两类极具特色，一类是与民族工商业相关的非遗项目，资源特别丰富。另一类是蕴含着浓郁海洋文化特色的非遗，如原南汇地区与崇明岛的灶画，崇明岛的鸟哨等。2015年，上海宣布了五批市级非物质文化遗产名录，共220项。这些市级非物质文化遗产项目总共分为十大类，其中数量最多的要数“传统技艺”类非遗，共有83项，约占总量的38%。其代表性项目有朵云轩木版水印技艺、老凤祥金银细金制作技艺、培罗蒙奉帮裁缝缝纫技艺、亨生奉帮裁缝缝纫技艺、南翔小笼馒头制作工艺、功德林素食制作技艺、鲁庵印泥制作技艺、钱万隆酱鸭酿造工艺等，绝大部分是在上海工商业发展过程中产生和累积的。在发布的四批国家级非遗项目中，上海占据了57项。

非物质文化遗产蕴含和传承着城市的集体记忆，这些集体记忆决定了城市居民的认同感。因此保护非物质文化遗产其实就是保持城市居民对城市的认同感，从而增强了城市的凝聚力与向心力。此外，随着城市节奏的加快，竞争压力的增大，个体的城市居民在实现自己物质追求的同时，却很难寻找到精神的家园。而非物质文化遗产在传承城市记忆的同时，也启迪市民反思现代工业文明的负面效应，使他们主动追寻自己的精神家园。以传统民俗节日和庆典为例。民俗节日是时间洪流中的刻度与标记，是具有特殊意义的时间节点。它规律性地出现在日常生活中，赋予日常生活节奏与意义，让民众有机会释放在重复的日常生活中累积的情绪和压抑的精神，从而协调人与人之间的关系并使社会和谐。这些正是非物

质文化遗产的重要价值所在。

上海非物质文化遗产保护是上海国际文化大都市建设的重要组成部分，并在国际文化大都市建设的过程中不断发展，取得了众多成绩，也形成了上海本地特色与经验。要重视保护大都市的非物质文化遗产，防止非遗保护重乡村轻都市的倾向。这不仅有利于都市自身非遗的保护，也有助于整个非遗资源的保护。以昆曲和评弹为例，虽然其发源地并非在上海，但其文化中心或者说传承人的中心已非上海莫属，这正是都市的文化保护优势。以大都市的视野开展非遗保护，这是上海近年非遗保护的显著特征。一方面，上海坚持海纳百川，把上海作为中国各地非遗展示的舞台、国际非遗展示的舞台；另一方面，上海也重视本地非遗的域外与海外的展示与推介，具有鲜明的国际视野。

要发挥都市保护传统节日文化的优势。人们往往将城市化与保护传统文化对立起来，在他们看来，城市的现代性致使大量的传统文化遗产遭到破坏。其实，城市化进程与保护传统文化之间并不是对立的，特别是随着非遗保护运动的推广，城市的特性甚至具有保护传统文化的优势。大都市有着较为包容的文化环境，它可以允许、容纳各种文化成分同时并存，共同发展，并通过相互之间的碰撞产生创新与发展的动力。与此同时，城市社会中发达优越的科技条件，先进现代的音像多媒体和数字网络化设备，为节日文化遗产保护创造了很好的条件。当前最基础的记录性保护就是运用一些科学的方式与手段（如笔录、照片、录音、摄像等），将文化遗产资源真实地记录下来，使其能够得以长久地保护与传承。另外，城市陈列馆与博物馆的建立是收藏性保护的最好形式，即通过某些收藏存储的方式，将非遗文化资源中有形物体置放到具有较好科技保护条件的场所进行保护。

（编者注：作者现为上海市社会科学界联合会主席）

唤醒非遗，与城市共生共情

陆建非
（上海师范大学原党委书记、非物质文化遗产传承研究中心主任）

有全球城市之称的几大都市无一例外都将历史传统和文化遗产融入城市发展规划和精神塑造中去，使大量属于非物质文化遗产的知识、观念、实物、技艺、仪式、节庆等得以留存和保护，由此彰显城市的独特性。

一、全球城市共同觉醒

纽约于1968年成立“褐砂石复兴联盟”(Brownstone Revival Coalition)，最初是为了对抗褐砂石街区被价值低估而面临拆除重建的威胁。20世纪80年代以来，随着褐砂石街区的遗产价值被重新认识，许多街区被列为国家级历史街区，大批游客慕名而来，Brownstone除了指“褐色砂石、赤褐色砂石建筑”，它也意为“上流社会的，富有阶级的”，足见这种建筑材料和住宅形式的社会意涵和遗产价值。

巴黎老城的建设持续数千年，最终奠定了由奥斯曼时期建筑构成的小巴黎城市格局，而新城的建设延续了老城的基本范式，花尽心思唤醒并沿袭历史遗产的风骨。法国大大小小的协会有88万余个，其中6000多个与文化遗产保护和传承有关，规模最大的是国家建筑和遗址保护协会联合会，对城市文化遗产保护体系起到了重要的拾遗补阙作用。

六七十年代是英国城市规划理论和城市复兴方式的变革时期，考文特花园市场曾是伦敦市中心著名的鲜花果蔬市场，这一城市遗产的保护与旧城区更新融为一体，考文特花园市场是这一时期激活城市遗产的经典案例，使伦敦人对历史名城价值重生的认识达到了新的高度：文化遗产是城市的灵魂。

第二次世界大战后，日本出台了现行的《文化遗产保护法》。60年代经济高速发展期中，因开发导致的历史环境的破坏在日本各地引发社会问题，京都站前的京都塔建设计划以及双丘开发计划引发巨大震动，推动了1966年《古都保存法》的制定，规定了京都、奈良、镰仓等古都应传承于国民。同时东京都则确立了历史景观保护体系的三大支柱：《东京都景观条例》(法律基础)；“东京都历史街区建设基金”(财源)；《东京都历史景观保全指针》(具体细则)。日本甚至极力推崇传统服饰，穿和服者受到格外礼遇，用餐、乘出租车可以打折。

二、沪上非遗底蕴深厚

由于文化与自然遗产的不可再生性以及存在环境的日渐消失，一些卓有远见的学者指出，文化与自然遗产的保护应该与人口问题、生态环境问题一样，处于同等重要的地位，应成为中国的第三国策。

上海是一个文化遗产富集的国际一线城市，自1843年开埠以来，从一个近海小县城迅速发展成当时远东最繁荣的港口和经济、金融中心，被称为“十里洋场”。同时，沪上也累积了大量彰显本地特点和特色的非遗项目。2019 年 11 月国家文化与旅游部公布了最新国家级非物质文化遗产代表性项目保护单位名单，上海共有 63 家单位上榜，涉及 55 个非遗代表性项目，包括沪谚、沪剧、滑稽戏、独脚戏、浦东说书、上海灯彩等。2020 年 4 月上海市文化和旅游局公布了上海市非物质文化遗产代表性项目保护单位名单。经组织申报、审议、公示等程序，认定上海市非物质文化遗产代表性项目保护单位 371 个，涉及项目 251 项，包括江南丝竹、海派锣鼓、浦东山歌、上海牙雕、海派旗袍等。区级项目现有 400 余项。经认定，国家级传承人 120 名，市级传承人 647 名，区级传承人 800 余名。

上海非遗得益于得天独厚的历史、地理和人文环境，融合古今、交汇东西，呈现鲜明的近现代工商业文明特征，在以农耕文明为主体的中国非遗体系中独占鳌头。有农耕社会的民俗风情，如罗店划龙船习俗、崇明灶画、徐行草编；有工业文明的都市表征，如码头号子、石库门里弄建筑营造技艺；有原汁原味的本土技艺，如浦东说书、奉贤滚灯、乌泥泾手工棉纺织技艺；有声名远播的中医诊疗法，如朱氏推拿疗法、顾氏外科疗法、古本易筋经十二势导引法。正是这些非遗折射出上海城市纯正而久远的文化底色。

三、非遗美学浸润城市空间

非物质文化遗产是传统文化的重要组成部分，是民族个性、审美习惯的活态显现；是先人通过日常生活的运用留存至今的文化财富，代表着人类的创造性才能，传递民族的价值观；是文化传统的表征和文明进程的地标，并与重要的历史事件、节庆习俗、社会观念、宗教信仰、生产方式、生活场域等有着千丝万缕的联系。口口相传，手把手教，极少流传，大量流变，更多流失。在经济文化大变革时期，深陷数据爆炸旋涡的每个个体都会时不时地从内心发问：我是谁？我从哪儿来？我到哪儿去？这是对自己文化身世的拷问，尤其是对母体文化的一种苦苦追寻和深深探究。通过追寻和探究，我们能够绘出先人的文化基因谱，找到与文明史对话的结合点与切入点，这是我们穿越时空，保持独立与完整，走向未来的精神纽带。

与具有 40 多亿年历史的地球相比，人类的历史是短暂的，而与具有 300 多万年的人类历史相比，城市的历史更为短暂。亚里士多德曾说：“人们来到城市是为了生活，人们居住在城市是为了生活得更好。”在过去 40 年间，中国的城镇化率以年均 1 个百分点的速度增长，每年上百万人口涌入城市，在城市基础建设逐步完善的同时，提升城市文化建设绝对不可忽略。

在消费升级的浪潮中，人们对生活品质的追求渐趋美学化，这种趋势同时也伴随着人们对城市的底色文化、源头文化、活化文化的眷恋和追寻。这是一种生活方式，更是传统文化与城市空间相融共生的重要方向。

城市不仅是经济发展的主体，也是多元文化空间的构建载体。海派文化脱胎于江南文化，同时也是上海非遗的根基。上海非遗保护工作不仅要推出传承人，同时要再现五彩缤纷的非遗技巧、技艺、技术，更要唤醒和激活沪上民众生活生产方式中的非遗因子。非遗对于城市建构蕴含多层意义，这些意义不只是为了发展经济，更是为了在现代城市空间推崇和营造一种有民族特色和区域魅力的生活美学，使市民诗意地栖息在大街小巷，成为非遗的快乐消费者和积极传播者，文化认同和文化自信也就自然而然地根植于心，践之于行。

四、现代都市给非遗一个家

在城市现代化发展以及数字化变革的背景下，传统非遗原有的生存环境逐渐消失，亟需借助现代科技、传媒、创意等手段，为其注入新的养分。在数字时代背景下，让非遗插上信息化翅膀进入钢筋水泥的现代化城堡，再次焕发青春活力，使承载中国优秀传统文化的非遗实现代际传承成为可能。在全国众多“非遗在社区”“非遗进校园”项目开展得较好的城市，已经尝试采用信息化手段来提高非遗传播传承的效率，但在推进过程中，仍面临诸多问题，需要全社会关注和支持。

资料累积数字化。非遗是“活”的文化载体，由于原本非遗赖以延续的环境消失，一些缺乏生存环境、传承人“手”“脑”“口”中的非遗正悄然消失。同时，非遗传承是一种“活”态的文化传承，讲究的是师徒间的口传、手授、意会，甚至是一种亲情关系的延伸。非遗传承传播更崇尚小集体作坊制，注重相聚一堂共同参与的氛围。因而非遗传承是有温度的，有情感交流的。随着环境的嬗变、社会的发展，非遗传承的方法、手段和路径势必与时俱进。因此，将非遗资料数字化，逐渐形成数据库，是抢救、保护非遗并最终实现传承的一种重要方式。同时，在城市转型或重塑过程中，要留出一定的空间，变成馆、所、坊、室等有温度、有人气的“非遗之家”或虚拟平台，让古老悠久的非遗在此歇脚、舒筋、扎根、繁衍。

呈现形式数字化。由于年轻一代的认识习惯，数字化手段所呈现的非遗正在现代化校园中不断丰富、有效拓展。上海市嘉定封浜高级中学作为上海市非遗进校园优秀传习基地之一，校内有一个非遗博物馆，馆内不乏以数字化形式呈现的范例。学校将馆内设计成一个个微型空间，以嘉定区非物质文化遗产为主题，从“衣、食、住、行、乐”等多维度、多视角展现嘉定的非遗风貌，通过参观和体验，让受众感受到古代嘉定先民的劳动智慧。这是一般的课堂教学所无法比拟的。

五、非遗数字化传播冷思考

借助数字手段传承传播非遗已成为都市非遗教育的一种趋势，也是“非遗在社区”“非遗进校园”工作的推进方向，但仍有几个问题需要引起重视：

第一，持续提高整个社会对非遗的认知度。非遗不仅要走进校园，更要以一种民众乐于接受、易于研习的方式活在社区，想方设法鼓励寻常百姓与非遗亲密互动。对相应设施、设备、材料、人力等的投入须加大力度，不断升级换代。唯此，社会对非遗认知度才会大幅提升。

第二，不能盲目夸大非遗信息化传承传播的效果。信息化也好，数字化也罢，这只是非遗传承传播的重要手段之一。要真正体现传承传播的广度和速度，还得分门别类，制定不同的方案，以期真正实现非遗传承传播的深度和效度，尤其是面对那些精细化、复杂化程度较高，现场感特别讲究的非遗，信息化手段未必对路子。

第三，非遗的传播和传承要符合当代学生的学习规律和心智成长规律，符合社会公众的审美习惯和生活需求，使之成为伴随市民一生的爱好和兴趣。要对非遗项目进行有计划的、持之以恒的品牌建设，对接文创项目，结合旅游攻略，开辟传承新路，拓展传播渠道，倡导实用，影响消费，陶冶情操，提升素养。

非遗数字化传播面临许多挑战，时而也会陷入困境，非遗保护国际公约以及中国非遗立法中所倡导的非遗教育任重道远。信息化只是手段，它更多的作用只是体现在非遗的本真展示，光靠信息化手段还不能完全达到非遗传承的目的。更何况，“匠心精神”的传递也不能完全数字化。因此，传承民族之“根”、铸造国家之“魂”，还有待于教育和文化工作者担当起非遗教育这一伟大而紧迫的使命。

2019—2020年，新加坡和马来西亚为了竞争谁最有资格来申报“大排档”成为世界非遗而闹得不可开交，如果申请获得联合国教科文组织的认可，“大排档”将与日本料理和比利时啤酒等饮食文化一起列入非遗名录。新加坡申遗委员会官员说，这一决定不是显示新加坡“大排档”比其他国家的更好、更独特或者新加坡是这种文化现象的发源地，“申遗是为显示这个国家的全体民众是否珍视它，是否愿意保护它”。现代城市人的共识逐渐形成：唤醒千年之美，激发活力，赋予动能，为遗产实施美学重构，使其悄然渗透到城市成长的肌理中去，与城市共生共情。

博物馆在非物质文化遗产保护中的作用
——以北京部分博物馆为例

刘超英
（北京博物馆学会理事长）

一、北京市域内博物馆概况

北京有着3000余年的建城史，800余年的建都史，是一座拥有丰富历史文化遗存的城市。截至2019年4月30日，北京辖区内经过主管部门备案的各级各类博物馆有179座。筹办或正在逐步完善藏品或展览体系的机构将近30座。此外一些由乡镇、社区及个人建立的博物馆因展览场地面积虽未达到备案标准，但仍然采取预约参观的模式接待公众。

二、北京市域内非物质文化遗产保护工作概况

非物质文化遗产是首都历史文化的重要组成部分，对凸显首都历史文化价值，彰显首都风范、古都风韵、时代风貌的城市特色具有重要文化意义。

近年来，北京市先后出台了一系列鼓励扶持非物质文化遗产保护的政策和文件，建立了北京市非遗保护工作联席会议制度，构建了国家、市、区非遗三级名录体系，编辑出版了《北京非物质文化遗产图典》及《北京非物质文化遗产传承人口述史》。

2019年6月，《北京市非物质文化遗产条例》实施。根据《中国传统工艺振兴计划》所做的专题调研也在进行中。按照中央关于京津冀协同发展的战略，建立了“京津冀非遗曲艺人才培训基地”。利用首都资源优势，委托清华大学等多所高校承办了14期非遗传承人研修研习培训班。各有关部门、单位密切协作，社会各界广泛参与，北京市非物质文化遗产保护工作取得了显著成效。

三、北京市域内博物馆在非物质文化遗产保护工作中发挥的作用

博物馆作为人类文化遗产的主要收藏机构，具有收藏研究人类文明见证物的优势，同时有展示和公众活动的空间。随着社会发展的进程，以物质文化遗产保护为核心的博物馆越来越多地参与到非物质文化遗产保护工作中来，成为一支重要的力量。非遗元素的融入，增加了博物馆的吸引力和展览的趣味性，使展览变得可读、可参与，博物馆变得可亲可近。

博物馆作为非物质文化遗产保护的重要环节，对物质文化遗产相关物证（有形物）收藏研究是前提，在此基础上，对其内在的精神进行研究发掘，对其外在不同表现形式进行系统保存全面记录，为非遗项目的研究和普及提供保障，利用博物馆特性开展传播和保护工作，同时推动非遗项目的活态传承。此外，作为首都的博物馆，不仅要关注北京地区非物质文化遗产的保护传承，还要担负起面向公众传播非物质文化遗产保护理念和政府政策导向的职责，同时发挥立足首都服务全国的辐射作用。

北京市域内博物馆多年来在非物质文化遗产保护方面一直在探索前行。

一是发挥行业主管部门引领作用。北京博物馆学会成立了非物质文化遗产保护专业委员会，每年都由专委会牵头，联合国内各省市自治区不同类型的博物馆举办专题研讨会议，或联合策划展览，引进或推出不同门类的非遗主题展览。

二是鼓励并扶持机构或公民个人直接收存物证建立非遗博物馆，如反映北京地域工艺特色的百工坊博物馆、皮影博物馆、景泰蓝博物馆、盛锡福制帽博物馆、龙顺成中式古典家具博物馆。这类博物馆一般都配有工艺流程展示和动态的表演。

三是博物馆结合办馆宗旨及藏品特色，举办专题或临时展览，同时开展配套的教育活动及多种宣传推广。如北京服装学院民族服饰博物馆的民族服装制作工艺演示，北京艺术博物馆面向学生开展的手工扎染，首都博物馆“多彩中华”展览配套的民族歌舞展演，“北京老字号”展览现场制作售卖等。

四是立足北京，服务全国。例如北京服装学院民族服饰博物馆在完成博物馆本职工作的同时，始终兼顾对少数民族地区非遗技艺的调研发掘及其传人的培养，在帮助传承人群强基础、拓眼界、增学养的同时，还通过非遗“扶智”，助力扶贫攻坚。中国园林博物馆利用馆舍优势，多次引进国内非遗项目展演，如蓝印花布织染、文房用具制造工艺等，进京展览大大提升了该非遗项目的知名度，对促进当地政府加大对项目的扶持起到了推动作用。

四、成果与问题

北京市域内博物馆多年来坚持立足本职，开展非物质文化遗产保护，取得了一定的成果。主要表现为：

（一）极大地提升了社会各界与公众对非物质文化遗产保护的认识，有力推动了非物质文化遗产保护工作开展

属地内各区县政府开始更加重视非物质文化遗产保护工作，普遍建立了非物质文化遗产保护机构或者由专人负责开展非遗保护，摸清了所在区域非物质文化遗产存留现状，为下一步开展保护传承打下了基础。如门头沟区历史上曾是为皇宫烧造琉璃的御用区域，经过调查，确认了非物质文化遗产 43 项，其中包括琉璃烧造技艺在内的国家级非遗项目就有 4 项。

与人们日常生活相关的许多行业开始重视挖掘本行业的文化内涵，恢复传承，具有北京地域特色的企业如同仁堂药店、景泰蓝厂、二锅头酒厂、全聚德烤鸭店等数十家知名企业均建立了博物馆，并经民政部门审批，成立了北京市企业文博协会，北京地区的多项传统工艺因此得以发扬并传承。

（二）博物馆在非物质文化遗产保护过程中发挥了桥梁和枢纽作用

博物馆通过研究，发掘出非物质文化遗产的内涵，并依据史实梳理复原出其工艺或演变流程，由社会组织或机构恢复传承，博物馆起到了核心与主导作用。如北京地区多个区县不同特点的民间花会和节日习俗，经过发掘整理，已经成为

北京人节日期间不可或缺的文化娱乐项目。而立足于社区的史家胡同博物馆，则在推动社区口述历史采集及历史影像收集研究利用方面取得了丰硕成果。从博物馆推动非遗保护出发产生的成果，反哺了博物馆，对社区人文环境营造、居民素质提升产生了良好效果。

（三）开展非物质文化遗产保护工作对博物馆自身建设起到了促进作用

博物馆收藏物的静与非物质文化遗产的动相辅相成。博物馆对物的研究，为非遗保护传承奠定了基础，动态的非遗传承与展现，促进了博物馆收藏品数量的增加，增加了博物馆展览的吸引力，一定程度上提高了博物馆的知名度。许多非遗项目成为博物馆文创产品的重要资源。

北京地区博物馆积极参与非物质文化遗产保护，取得了一定成效，但仍存在不如人意之处。一般而言，动态的活化相对较好，如二鬼摔跤、中幡、太平鼓表演等，而民间传统手工艺制作类，由于不能在短时期产生较大经济价值或引发社会关注，对项目的关注及资金投入还有待加强。此外，博物馆应如何理解物与非物的关系，物与非物的解读方式，开展非遗保护工作如何与市场接轨，怎样才能做到让传承人不仅有热情，还要有尊严地生活等，笔者的同仁们在认识上还有不同观点，仍在探讨中。但博物馆作为物质文化遗产的收藏机构，在非物质文化遗产保护传承过程中，是不可或缺的，是我们的共识，博物馆人都在为此而努力。

努力做好新时代具有上海特色的非物质文化遗产保护传承

尼 冰
（上海市文化广播影视管理局副局长）

自2004年中国加入联合国教科文组织《保护非物质文化遗产公约》以来，中国政府高度重视非遗保护工作。2011年，《中华人民共和国非物质文化遗产法》颁布实施。历经多年努力，中国的非遗保护工作取得了重要进展。

上海的非遗得益于上海得天独厚的历史、地理和人文环境，融合古今、交汇东西，呈现鲜明的近现代工商业文明特征，在以农耕文明为主体的中国非遗体系中独具特色。近年来，在文化和旅游部的关心支持下，在中共上海市委、市政府的领导下，上海的非遗保护工作取得了重要阶段性的成绩。《上海市非物质文化遗产保护条例》于2016年5月1日起正式施行。上海建立了较为完备的非遗项目和传承人三级名录体系，有国家级项目55个（单项63个）、市级项目220个、区级项目400余个，国家级传承人120名、市级传承人647名、区级传承人800余名；持续实施抢救性记录和数字化工程，不断加强专项资金保障，广泛开展社会宣传和青少年教育，积极探索非遗资源的合理利用。

在国家高度重视中华传统文化的传承发展，国际间非遗领域合作交流更加频繁，上海将以建设世界卓越城市为目标、打响“上海文化”品牌的背景下，如何利用好得天独厚的区位优势、各方集聚的丰富资源、文创扶持的有力政策和十余年来的保护实践等良好基础，更好地做好新时代具有上海特色的非遗传承保护工作，是需要我们认真思考的。

一、在扎根地方层面，结合上海特点，推动非遗在社区深耕厚植

非遗的本质，是以人为核心、以生活为载体的活态传承实践，是一个民族、一个地区、一个乡村乃至一个社区的生活方式。《保护非物质文化遗产公约》十分强调社区和非遗持有者在保护过程中的核心地位。对标《公约》并认真总结上海十余年来的保护历程，我们意识到：在现代城市环境中开展非遗保护工作的关键，是尊重、保护和支持以人为核心的非遗传承实践，回归其孕育发展的社区、回归当地民众的生活，使之在千家万户的日常生活中得到传承。

近年来，上海大力建设现代公共文化服务体系。在上海这座城市中，已经形成涵盖市、区、街道、村居的四级公共文化基础设施网络。市级公共文化设施功能完备，每个行政区都建有1个以上的区级文化馆，全市已经有近220个建成并运行的街镇级社区文化活动中心，以及5000多个村居级文化活动室。上海的市民可以非常便捷地享受当地设施提供的公益性文化服务。

上海这些星罗棋布、形式多样、功能丰富的公共文化设施就是非遗与民众产生互动最基本的土壤、最扎实的阵地。过去几年，各级政府已经在这方面做了尝试，但还不够扎实。非遗应当更全面、更深入、更多元地与优质的城市公共文化设施和空间结合起来。政府应当通过更科学的规划、更完善的机制，更有力的保障，让非遗的承载者——“传承人”有权利、有机会、有条件扎根社区、深耕厚植。

因此，上海市文广局在2018年初正式推出“非遗在社区”项目，计划通过几年的时间，引导传承人扎根社区环境，培育社区土壤，常态化开展演、讲、示、教等传承传播活动，提升社区知晓度和传播力，不断丰富和扩展“社区”的内涵和外延，最终实现“活动有阵地、资源有供给、管理有机制、推进有保障、社区有生态、国际有影响”的目标。

我们将以“扎根当地”“因地制宜”“分步实施”“试点先行”“资源统筹”“纳入评估”作为六项基本原则，全年推进全市各级非遗传承人在市、区、街镇的文化设施实现全覆盖。每年的6月9日，是中国的文化和自然遗产日。在这个保护文化遗产的国家纪念日期间，“非遗在社区”的成果将全面、集中地呈现，上海的350多名传承人将在全市250多个文化设施中开展800余场丰富多彩、形式多样的非遗活动。市民随意走进一个社区，就能发现、感知、参与。与此同时，在社区中，工作室、研习社、培训班、兴趣课等形式将陆续涌现，展演、展示、讲座、沙龙、体验等内容将日益丰富，传承人将与社区产生更多互动，市民的文化获得感将更为强烈。

“非遗在社区”是上海市非遗保护工作历经十余年积累的一次理念突破和举措推进，我们将努力遵循非遗保护本质性的规律，尝试为人类文化多样性发展贡献更多中国智慧和优秀案例。

二、在服务全国层面，助力国家计划，促进非遗传承水平提升

根据《公约》和《非遗法》，保护非遗最根本的是保护传承实践，保护传承能力，保护传承环境。保护措施中很重要的一个环节是“传承”，特别是通过正规和非正规教育。经过深入调研，文化部联合教育部于2015年启动了中国非遗保护的一项战略性和基础性工作——中国非遗传承人群研修研习培训计划，为非遗传承提供大学的学术和教学资源支持，帮助传承人群“强基础、拓眼界、增学养”，获得和增强传承能力，确保非遗的生命力。

上海凭借丰富的高等教育资源，作为首批试点城市，加入该计划。参与的高校包括上海工艺美术职业学院、上海大学、上海视觉艺术学院、同济大学、东华大学、上海戏剧学院、华东师范大学、复旦大学，共8所。截至2018年5月，上海高校已累计承接研培任务43期，培训了来自全国各地的学员千余名，培训项目涵盖刺绣、木雕、苗族银饰锻制、琉璃烧制、印泥制作、竹艺、纤维编织、竹柳草棕编、陶瓷烧制、漆器制作、蜡染、缂丝、木偶戏、皮影戏等各种门类。

在上海的积极参与下，研培计划成效显著，传承人群的主体地位得到充分尊重，传承人群学习新知识、创造性表达、接受教育和培训、获得收益的权利得到

更好保障，传承人群规模日益扩大，优秀的作品和产品大量涌现，传承人群的传承积极性不断提高。在高质量完成这项国家计划任务的同时，上海正在并将持续开展以下几个方面的工作，更好地用足高校资源服务全国的非遗保护事业。

一是让更多院校在教学相长中受益。研培计划实施的过程，其实是传承人群与高校、与社区互动的过程。高校在传递知识的同时，也从传承人群中获得丰富营养。比如上海工艺美术职业学院聚焦少数民族地区学员，对学校开展跨学科的科学、技术和艺术研究活动起到了积极的促进作用。上海视觉艺术学院特邀德稻大师工作室服装及产品设计大师授课，国外专家也在与中国艺术家交流中获得了大量设计灵感，还举办了"非遗走进时尚生活"传统工艺对话活动。未来，我们会根据文化和旅游部的要求，重点增加非遗项目相关原理的教学，让传承人知其然更知其所以然，进一步丰富大学的学术和科研积累，密切大学与社区的互动，增强文化传承和创新能力，带动自身的教学、科研和学科建设。

二是让更多成果在社会展示中共享。随着每期研培班的结业，参训学员都会结合所学所思，创作大量新作品，许多学校还会举办结业展览。作品之丰富、情感之涌动、创意之精彩，往往出乎我们的意料。同济大学、华东师范大学都曾举办专题展览向公众开放，东华大学还将展览办到英国，和曼彻斯特城市大学合作举办贵州研培学员的刺绣作品展。上海戏剧学院在文化和旅游部主办的研培计划上海专题展上，奉献了非常精彩的木偶和皮影演出。这是研培计划首次为一个省市单独举办展览，首展就交给了上海。2018 年 7 月，在完成北京的展示任务后，这个展览移师上海大世界进行了展出。

三是让更多项目在跨界融合中拓展。我们特别鼓励院校、传承人群通过研培平台，大胆探索创新拓展项目，并已取得了一定成效。如上海大学与有关企业合作，创办上海国际手造博览会，2015 年起连续 3 年成功举办，受到市民尤其是亲子家庭的极大欢迎，展览现场摩肩擦踵。上海大学还将研培平台积累的缂丝、顾绣、苏绣、蜀绣、苗银锻造等非遗项目与舞美设计和道具制作结合，与知名导演合作编创音乐剧《白蛇惊变》，极大丰富了传统题材音乐剧的舞台表现。可以说，跨界融合是研培计划带给上海非遗保护工作最可贵的资源红利。这一领域未来还将开展更多探索，包括继续支持举办上海国际手造博览会，提升品牌价值；指导各地传承人群以"用"字引领，与高校和相关企业合作，共同开发衍生产品；广泛举办各地非遗项目，尤其是传统工艺类项目与上海市动漫、游戏、设计、戏剧界企业和机构的对话活动，搭建交流合作的平台；结合"中华创世神话"题材，开展专题创作活动等。

三、在国际交流层面，坚持世界眼光，搭建"一带一路"合作平台

上海非遗保护工作的国际交流有着悠久的传统和良好的基础。从 2011 年开始国际传统艺术邀请展及国际论坛每年举办。政府非常关注和支持这两项活动，逐年提升和扩大活动的规格和规模。此外，民间的非遗展示、演出、研究、合作

也非常活跃，上海的非遗项目已经走到了世界许多地方。上海要在新时代背景下做好非遗保护工作，必须坚持世界眼光，搭建国际合作的新平台，对此，有以下几个方面的考虑。

一是广泛吸纳各国非遗来上海展示。我们正在酝酿，探索创办一个以“传统工艺”为主题的国际性博览会，将上海市现有的、成熟的品牌化展览资源囊括其中，甚至在理念上可以突破传统展览在时间、场地上的限制。通过这一平台，希望广泛吸纳“一带一路”乃至世界各国的非遗资源来到上海，参与非遗展示活动。

二是大力推动上海非遗资源走出去。在埃及亚历山大省政府的大力支持下，2018 年 8 月，上海市文广局在埃及亚历山大图书馆举办了“文化越古今”——生活中的上海非物质文化遗产展。展出了金山农民画、海派绒绣、戏曲服饰、海派玉雕、嘉定竹刻、金银细工制作等上海市国家级、市级非遗项目相关的 120 余件展品。这也是上海市文广局首次出境主办非遗专题展览，意义深远。随着这项工作的推进，我们将有更好的机制和更多的渠道，不断加强中华传统文化与各国传统文化的交流和互鉴。

三是积极开展专题项目的交流合作。将探索推动上海的非遗保护机构与“一带一路”国家（地区）的非遗保护机构密切沟通、交流合作的新机制和新平台。也衷心希望，未来能有更多国家和地区的专业机构参与其中，成员不断壮大，积极开展专题项目的合作交流。比如上述的“非遗在社区”“非遗传承人群培训”等项目，我们特别需要倾听世界各国同行们的意见和建议，也很期待学习到各方的成功做法和先进经验。

上海正在全力打响“上海文化”品牌，加快建成国际文化大都市。非遗，无疑是其中的非常重要的组成部分。我们将立足上海定位，发挥上海优势，以扎根社区、提升水平、搭建平台为主要抓手，努力构建新时代具有上海特色的非遗保护体系，为传承弘扬中华优秀传统文化，为守护人类共有的精神文化家园，做出应有的贡献。

（编者注：作者现为上海市杨浦区委常委、副区长，
时任单位现为“上海市文化和旅游局”）

当今中国非物质文化遗产保护中学者的担当

陈勤建
（中国民俗学会副理事长、国家非物质文化遗产保护工作专家委员会委员）

中国当代学者专家的历史担当起了先锋作用。中国文化部首任领导非遗保护工作的副部长周和平先生在一次会议上总结这一成功，不无感叹地说：这是1949年以来第一次有学者专家主动积极投入，在政府指导下，广大老百姓热烈欢迎的文化工作。没有专家学者的直接参与和担当，非物质文化遗产的保护不可能取得这样的成就。这既是中国文化主政者的心里话，也是中国非物质文化遗产保护的实际表达。

一、成绩：中国学者专家积极参与非遗保护

（一）中国学者专家加入非遗保护之特点

中国的学者和专家们在积极加入非遗保护工作的时候有一些鲜明的特点，总结如下。

1. 专家学者们积极请缨，并且他们分别来自不同部委，有着不同的学科背景，人才层次较高。

2. 国家非物质文化遗产保护工作专家委员会的评审由国内各门类著名的、有相当学术造诣的学者和专家组成。

3. 在京的中国国字号相关研究机构的学者专家皆积极投身这项工作。经遴选，最终组成了68人的国家非物质文化遗产保护工作专家委员会。

4. 中国民俗学及相关学科学者专家是组成这一团体的骨干力量，共占其中21个名额。

国家非物质文化遗产保护工作专家委员会章程的第二条中这样规定：

专家委员会是在文化部（非物质文化遗产保护工作部际联席会议办公室）领导下的非物质文化遗产保护咨询机构，主要就下列事项进行咨询：

（一）非物质文化遗产保护规划的制定

（二）普查方案的制定和实施

（三）国家级非物质文化遗产名录的评审

（四）国家级非物质文化遗产传承人的认定

（五）国家级非物质文化遗产名录的保护与管理

（六）非物质文化遗产保护相关标准规范的制定

（七）其他重要事项

（注：部际联席审核，最终由国务院审定颁布。专家委员会2006.7.14—2019 1至5批国家非遗工作）

环顾当今世界，在非物质文化遗产的保护中，中国学者专家似乎是最投入的群体之一。文化遗产保护较好的日本学界也十分惊讶中国知识分子的倾心加入。

（二）中国学者积极参与非遗保护之原因

中国民俗学者是大的专家群体。这一群体之所以能最早、最快地积极主动投入当今中国的非遗保护工作，原因有很多，其中最重要的一点是机遇与把握。改革开放后，中国民俗学专业的复兴，促使学者有机会深入田野调查，把握了更多的民俗、民间文艺的第一手资料。

第二个原因在于专业与交流。打开的国门和国际学界的交流，使中国的一些学者有机会在日本、芬兰、英国、法国、美国、德国等国，参加民俗学、人类学、文化遗产学的各种形式的学术交流，扩大了学术视野和专业见识。

第三个原因可以总结为指导与启迪。联合国教科文组织在 1972 年制定《保护世界文化和自然遗产公约》；1989 年第 25 届大会上通过了《关于保护传统和民间文化的建议案》；1997 年第 29 届大会上通过了“人类口头与非物质文化遗产代表作”项目并于 2000 年启动；2001 年通过建议制定《保护非物质文化遗产公约》的决议并于 2003 年通过该公约；2002 年第三次文化部长圆桌会议，探讨文化多样性问题并发表了《伊斯坦布尔宣言》。这一系列行动给国内专家以指导和启迪。

第四个原因则是冲击与鼓舞。2001 年时人类口头和非物质遗产代表作，世界级共有 19 项，其中中国 1 项：昆曲。到了 2003 年，全世界新增 28 项，其中中国 1 项：古琴艺术。2005 年全世界新增 43 项，其中中国 2 项：新疆维吾尔木卡姆艺术、蒙古族长调民歌（与蒙古打包）。而 2009 年，全世界新增 76 项，其中中国 22 项：端午节、中国书法、篆刻、中国剪纸、雕版印刷、传统木结构营造技艺、妈祖信俗、中国蚕桑丝织技艺、福建南音、南京云锦、安徽宣纸、贵州侗族大歌、广东粤剧、《格萨尔》史诗、浙江龙泉青瓷、青海热贡艺术、藏戏、新疆《玛纳斯》、蒙古族呼麦、甘肃花儿、西安鼓乐、朝鲜族农乐舞，居世界非物质文化遗产之首。2011 年，全世界新增 47 项，其中中国 6 项：中医针灸、京剧、水密隔舱制造技艺、活字印刷书、麦西热甫。近几年，中国珠算、二十四节气、藏医药浴法等都列入了世界非遗名录。

（三）中国学者参与非遗保护之效果与成绩

文化部依靠中国民俗学会的刘魁立、乌丙安等学者，参与制定相关政策、制度、文件，到各地督察宣传非物质文化遗产保护。从地方到北京，中国的民俗学者首先分别与各级政府文化部门互动，学术上沟通，工作上配合，建立了互信。而新一代的中国民俗学会的中青年学者也紧跟其上，积极开拓。中国民俗学会更成为了联合国认定的非物质文化遗产保护咨询机构，在这项文化工作中取得了更大的话语权（世遗文本）。

二、局限：非遗学者视野中的问题与不足

（一）机制

中国非物质文化遗产保护，一开始主要是以中国民俗学会的专家学者为主，

但是毋庸讳言，总体上在逐渐退缩。为何？其中原因包括非遗认知偏差、精英枷锁、金钱主义等。由多方面形成，如中国式学科分类体制等，但其中主要原因，我认为是中国民俗学者学科边界的自我缩小和学科知识的偏窄。

（二）理论

针对以上现状和原因，以下几方面可以为我们提供参考。

1. 学理

当前世界各国非物质文化遗产保护的重要依据：联合国1989年在第25届大会通过的《保护民间创作建议案》，2003年在第32届大会通过的《保护非物质文化遗产公约》，这两份准则性文件。

玻利维亚于1973年就民俗（folklore）保护问题向联合国教科文组织提出这份由玻利维亚外交与宗教部递交的提案Intergovernmental Copyright Committee，1973：Annex A，希望联合国教科文组织关注民俗，并在《世界版权公约》中增加条款，保护民俗形式在保存、宣传和传播等过程中的版权。其中对民俗作了这样的定义：“它是人类群体具有表达意义的文化根基，其主要特征是作者匿名、具有传统性以及源于大众。它是人类文化遗产的组成部分，但迄今还没有引起国际组织或大多数国家的专门注意。”建议参照1964年联合国教科文组织颁布的保护艺术、历史和考古资源产权的建议案，签署一项公约，来规范有关民俗保护、宣传和传播的事务，并建立“民俗文化财产的国际注册”体系。

这是在联合国教科文组织框架内最早出现的与今天非物质文化遗产保护有关的议案。1973年前，国际上原有的各种与文化保护有关的公约都只注重保护有形文化（tangible objects），却不关注表达性（expression）文化形式，如音乐、舞蹈、民间艺术等，而这些文化形式，有的面临着最为严重的商业化侵权；有的濒临消亡。玻利维亚饱受其苦。来自邻国的某些组织竟然会通过运送整套的玻利维亚民间舞蹈服装、雇佣刺绣工、面具制造者乃至农民社会的舞蹈指导等方式，进行盗窃与秘密转运。

通过这样的方式，作为文化创造者的人们逐渐丧失了他们的民间艺术资源，而其他那些因为拥有更好财力资助的人群，却会把这些资源宣称为自己的传统，尽管这些文化本来就与他们的传统毫无瓜葛。

在很多具有突出成就的民俗学者的积极参与下，联合国教科文组织对民间传统文化保护的问题进行了多次论证和讨论，并形成了一系列文件草案，其中就包括1985年8月联合国教科文组织总干事为第23届大会所作的题为《关于保护民俗国际通用规则中技术、法律和行政方面的初步研究》的报告。经过长期的探索和努力，联合国教科文组织于1989年通过了《保护民间创作建议案》，文案中的“民间创作”英文版为“Folklore”，又于2003年在第32届大会通过了《保护非物质文化遗产公约》。

国际上与非物质文化遗产内涵最为对应的基础学科是民俗学，国际术语

Folklore。它是由二个撒古逊词“Folk”和“lore”合成而成。Folk原指乡民、农民，理学界现扩展为民众。而lore，即为知识、学问。美国当代著名的民俗学家、加州大学伯克利分校的教授、原美国民俗学会主席、《世界民俗学》一书的作者阿伦·邓迪斯（Alan Dundes）指出：“自1846年威廉·汤姆斯（William Thoms）最早使用了民俗学（Folklore）这个词语以来，关于民俗学定义的讨论，一直没有中断过。很多定义侧重在‘知识’（lore）方面，也有一些侧重在‘民众’（Folk）方面。显然，和任何学科一样，学科的定义不免有歧义，但是，总的倾向，大多数的意见还是明确的，主要是有关人民知识的学问。”

我国学者对Folklore翻译曾有不同的说法，有“风俗学”“民情学”“民间文学”“民学”等。国际术语Folklore，我国学界也曾译作“民间知识”“民间智慧”。反映了民俗学为人类非物质文化遗产的实际表述。周作人最早将Folklore从日语引进日语汉字“民俗学”。称其为“文化考古学”，民俗为“非物态文化”。与今“非物质文化遗产”相似。

2. 学识

英国博尔尼《民俗学手册》三分法，强调精神；日本柳田国男三分法：行为即为生活技艺；口承即为民间文艺和语言；心意即为思考原型。德国：人民学。

民俗的事项大多是民众生存方式、生产技艺、生活知识智慧、经验的展演，以及独有的民俗思考原型。具体表现为日常生活中以口头、行为、心意的形态的不经意的展演。

1989年11月联合国教科文组织通过了关于民间传统——民俗保护的建议。基于同样思想，1997年11月通过一项关于建立一个国际鉴别的决议，这个决议为：“联合国教科文组织宣布人类口头遗产优秀作品。”联合国教科文组织执委会第154次会议指出，由于“口头遗产”和“非物质遗产”是不可分的，因此在以后的鉴别中，在“口头遗产”的后面加上“非物质”的限定。

1989年通过的《保护民间创作建议案》针对的保护对象明确称作“民俗”。民俗（或传统的民间文化），是指来自某一文化社区的全部创作，这些创作以传统为依据，由某一群体或一些个体所表达并被认为是符合社区期望的作为其文化和社会特性的表达形式。其准则通过模仿或其他方式口头相传，它的形式包括：语言、文学、音乐、舞蹈、游戏、神话、礼仪、习惯、手工艺、建筑艺术和其他艺术。2003年《保护非物质文化遗产公约》中，“非物质文化遗产”指被各社区、群体，有时是个人，视为其文化遗产组成部分的各种社会实践、观念表述、表现形式、知识、技能以及相关的工具、实物、手工艺品和文化场所。这样的界定，可以看出民俗学对“非物质文化遗产”的理论贡献。

所以，什么是非物质文化遗产？非物质文化遗产就是以一国一民族传承性生活文化——民俗为遗产的文化；是我们民族精神家园历史精神文明结晶中的一种新认知的独特形态，一个人类对自身文化形态特征认识的一个新境地。

中国国务院办公厅早期颁布的《国家级非物质文化遗产代表作申报评定暂行办法》认定非物质文化遗产可分为两类：（1）传统的文化表现形式，如民俗活动、表演艺术、传统知识和技能等；（2）文化空间，即定期举行传统文化活动或集中展现传统文化表现形式的场所，兼具空间性和时间性。非物质文化遗产的范围包括：（a）口头传统，包括作为文化载体的语言；（b）传统表演艺术；（c）民俗活动、礼仪、节庆；（d）有关自然界和宇宙的民间传统知识和实践；（e）传统手工艺技能；（f）与上述表现形式相关的文化空间。

3. 素养

中国学者参与非遗保护，发挥了积极的作用，体现了中国知识分子的责任和担当。但是，毋庸回避，由于非遗是新生事物，对非遗及文化遗产理论储备不足，学者对非遗理念理解上存在着较大的的偏差和差异，加上教育体制上长期的学院派举措，缺少实践，参与的学者专家热情很高，素养不够，业务上良莠不齐，或多或少影响当代非遗的保护工作。

三、反思：非物质文化遗产保护的应有之义

（一）非遗理念和工作的科学把握

1. 加强自身的学习和体验

致力于非遗保护的学者专家，要切忌好为人师、不懂装懂、自以为是的不良作风。应在国际视野、实践精神指引下，进一步加深对非遗这一人类文化的理论探索和研究，积极深入实践调查研究和体验，提高自身非遗保护的理论素养和参与实践操作能力。非物质文化遗产是从形态学视阈对历史相传的精神文明确立的一个新的文化理念，它的主要特征表现在下面四个方面：

（1）与自然遗产相比，非物质文化遗产更注重以人为载体的知识和技能的传承。

（2）非物质文化遗产在现实社会中的展演，并非是虚无缥缈的，它往往与物态的物质文化遗产连在一起的。往往是相互依存、互相作用构成一个整体的空间——文化场。

（3）非物质文化遗产打破了大传统和小传统的人为屏障，消解了上层文化和下层文化的界线。矫正了传统文化学术研究中的贵族化的眼光和封建等级化的偏见。同时，将人类的文化的价值回归统一的基础上。

（4）非物质文化遗产形态展示了人类现行文化知识体系的学科分类的重新勾画。它是与人相随的文化人格的主要载体。

2. 思考非遗保护究竟为何

非遗是一个国家悠久历史的证明和曾经生活中很重要的一部分，申遗的最终目的是要好好保护我们的文化遗产。还应该考虑在保留非遗的情况下，如何稍加调整、结合当代的生活，使其为我所用，而不是将其束之高阁，作为历史遗留物。

3. 让非遗回归生活

具体的方案与措施包括：文化生态场的适度修复和营造、民众日常生活审美化需求引导、科学面对非遗合理变异的创造等。

（二）各方在非遗保护中的话语权探讨

在这个探讨中，主要包括：

1. 如何使遗产传承人、所在社区民众在非遗评审中拥有相应的话语权。

2. 作为非遗保护学者专家与传承人之间的关系，以及非遗进学校、社区承担的职能。

非物质文化遗产保护工作如何推进社会进步

邱春林
（中国艺术研究院工艺美术研究所所长、博士生导师）

首先，我想要说的是非遗保护工作的开展有力地促进了社会平等。

中国开展非遗保护这项事业已有十多年，这项工作显著地促进了社会进步。今天的非遗传承人在获得文化身份之后，频频曝光于公众视野中，不少人得到各级政府的嘉奖，有的还被请进高等院校的课堂，或者自己著书立说。文化分享多了，就自然拉近了人与人之间的距离。身处象牙塔里的学者们过去只有少数人愿意去乡间做考察。现今情况变了，学者们愿意聆听传承人讲述手艺背后的故事，并将手工艺的经验系统化、科学化，将它们上升为客观知识，使之进入我国的学术传统中，这就是巨大的变化。

社会平等的前提条件当然是尊重。有些传承人刚开始进入公众视野中时是自卑的。常常有手艺人对我说："我不会说话，我没文化。"我总是回答他们道："你们既然是某一项文化类型的国家级代表性传承人，是国家认定的文化人，怎么能说自己没文化呢？你们有文化！只是不会表达而已；你们也有知识，是经验性知识，不是那种经过学术概念梳理过的书本上的知识。所以你们要大胆地表达自己的想法，说出手艺背后的'讲究'，这就是你们掌握的文化。"

非遗保护寻求跨社会分层、跨文化分层间的一种相互尊重。知识精英要尊重民间，政府官员要尊重普通民众，各个社会阶层要形成相互尊重的氛围。就像墨子主张的那样，"四民"平等，不论做任何职业，只要是有利于社会，有利于他人的，就应该得到基本尊重。要实现社会全面平等，当然不能光靠非遗保护这一项工作，但非遗保护工作毫无疑问在这方面已经发挥了积极作用。

其次，非遗保护工作为文化分享创造了机会。

文化共享指的是将某种文化的物质内容和非物质内容与其他所有人共同拥有。有人认为非遗保护的目的是要实现文化共享，我认为文化共享其实很难做到，分享才是可能的，也是必须的。

非物质文化遗产承载着技艺，也承载着民族记忆、信俗等历史文化内容。每一种文化形式背后可能有特定的生活方式在支撑着它的存续，因此，要让不同民族、不同信仰、不同社群的民众相互间都能共享一种文化类型，显然是做不到，也没必要。越是在保守封闭的社会结构里，社会阶层之间的文化屏蔽就越强。但在今天这个开放的时代就不同，非遗传承人愿意坐下来给别人讲故事，或许你不为所动，或许你有所动但没法放弃自己的文化去共享他的文化，但分享的姿态以及愿意倾听的态度是非常美好的事情。

不论个体具有什么样的文化背景，在开放的时代里都不能故步自封，而要愿意文化分享，积极去认识丰富多彩的文化形式。全社会若能达成一个共识：即愿意去认识不同文化类型是最重要的。这一点对于从事非遗保护工作的人而言尤其重要。必须打破文化偏见，对他者的文化须持一种起码的尊重态度，还要有去认识文化多样性之美的积极性。

艺术与劳动的和解
——传统工艺保护中一个亟待解决的难题

陈岸瑛
（清华大学美术学院艺术史论系主任）

一、艺术源于劳动

“劳心者治人，劳力者治于人”。这种观念既体现在中国古代文人艺术中，也体现在“自由艺术”“美的艺术”等西方艺术体制中。受此观念影响，艺术家自认为高人一等，工匠则因从事“贱役”而为人轻视。马克思主义挑战了这一观念，不仅认为艺术源于劳动，而且认为劳动创造了人本身，从而为重新思考艺术与劳动的关系提供了契机。

马克思、恩格斯在《德意志意识形态》中将物质劳动和精神劳动的分工看作是人类社会必经的一个环节，进而指出，由于这种分工，“艺术天才完全集中在个别人身上，因而广大群众的艺术天才受到压抑”；只有到共产主义社会，分工的局限性才会消失掉，那时不再有物质劳动和精神劳动的区别，“没有单纯的画家，只有把绘画作为自己多种活动中的一项活动的人们”。

从19世纪末的英国工艺美术运动到1919年创立的包豪斯学院（Bauhaus），打破艺术与手工艺的界限、让艺术家与工匠携手并进，成为一批左翼文化人的理想。威廉·莫里斯（William Morris，1834—1896）的思想在格罗皮乌斯（Walter Gropius，1883—1969）撰写的包豪斯建院宣言中回荡：“建筑师们、画家们、雕塑家们，我们必须回归手工艺！因为所谓的‘职业艺术’是不存在的。艺术家和工匠之间没有实质性的区别……因此，让我们创立一个新型的手工艺人行会，取消艺术家和工匠之间的等级差异，再也不要用它竖起妄自尊大的藩篱！”

20世纪上半叶，瓦尔特·本雅明（Walter Benjamin，1892—1940）和阿诺尔德·豪泽尔（Arnold Hauser，1892—1978）引入艺术生产视角，形成一种卓有成效的马克思主义艺术史观。本雅明从生产力、生产关系、上层建筑角度看待影像新媒体的发生发展。豪泽尔的《艺术社会史》颠覆了精神史、风格史等传统的写作方式，使人们能够正视艺术与劳动生产、商品交换的关系。在豪泽尔看来，艺术不仅源于劳动，在取得独立地位后，也仍未彻底置身于社会生产和交换系统之外。马克思主义视角的介入，有助于破除美学神话，重建艺术与劳动的历史关联。

二、工艺美术的原罪

当作为精神生产的艺术也即“美的艺术”（Fine Arts）远离生产劳动以后，劳动便成为了那些未曾完全脱离物质生产的工艺制作活动的原罪。从美术的角度来看，工艺美术只有一半是美术、审美和精神性的创造，另外一半却是工艺、实用和重复性的劳动。工艺美术概念所隐含的观念设定，决定了其从业者永远低美术家半头。在这种尴尬的语境下，工美人更愿以美术家自居，从事非实用性的美术创作，而不愿侧身手工劳动者行列。在中国，这种现象的出现是与工艺美术国营厂解体、出口创汇时代终结相关联的。那些在工厂劳动中锤炼和积淀的手工技艺，在国营厂改制解体后有了“工艺美术（大师）”“非物质文化遗产”等新名号，与之相伴随的，是手艺人身份、生产和生活方式的一系列变迁。

相对而言，非遗传承人对于手艺人来说是一个更为公允的称号。“非物质文化遗产”概念隐含的是传统与现代、死与活、完成与发生等区分。“工艺美术”这一称谓所包含的概念区分，如审美与实用、精神与物质、劳心与劳力等，在追求文化多样性和平等的非遗保护体系中从一开始便不成立。更有意思的是，被美术体系所否定的工艺和劳动，在非遗体系中理所当然地受到尊重。例如，传统工艺是在生产劳动和社会交换中积淀而成的文化遗产，在其世代相承的技艺、经验和智慧中蕴含着人与自然、人与社会的丰富联系，因此值得保护和弘扬。

不过，非物质文化遗产作为一种活态的、变化发展中的传统文化，不得不接受时代的挑战。就传统工艺而言，那些曾经滋养它、使它富于历史文化价值的生产生活方式，随着工业革命的到来逐步退出历史舞台。如今的人类，正面临第四次工业革命，无论是“劳力”的蓝领还是“劳心”的白领，作为一种劳动力形式不约而同地遭遇到来自机器人和人工智能的挑战。而这是19世纪末幻想回归手工艺时代的威廉·莫里斯们未曾想到的。

中国的现代化历经坎坷，在曲折中前进。集体手工业和工艺品出口创汇，作为工业化的补充形式，在特定历史阶段上，在一定程度上促进了传统技艺的传承、积累和创新。历史地看，任何一种传统技艺的形成发展，都离不开成规模、重复性的手工劳作。在20世纪80年代出口创汇盛期，苏州镇湖号称有十万绣娘。可是，这种盛况如今再难重现。镇湖批发市场上充斥的是来自越南和朝鲜的绣片，那里廉价的劳动力暂时还能支撑手工刺绣产业，使苏绣的繁荣暂时还能延续下去。

三、非遗扶贫的隐忧

朝鲜绣的大规模涌入，暂时缓解了镇湖本地绣娘大幅减员的压力。不过，一些本地人担心，一旦苏绣核心技艺转移到其他国家，这份无形文化遗产最终花落谁家将成为一个未知数。这种担忧不无道理。在镇湖，手艺娴熟的绣娘正在老去，新一代传承人更愿意做品牌、做营销、做设计，而不愿意坐冷板凳绣花。这并非因为年轻人觉悟不高，而是时势使然。为贴补家用而在一代代姑苏女子手中积累形成的针法，正在被当下的苏绣从业者遗忘。即便有人有心收集整理，甚至收徒传艺，使这些针法传承下去，它们也再难演化创生出新的针法。道理很简单，如果没有足够的劳动力来响应市场需求的变化，技艺的演化便会陷入停滞。到那时，苏绣将丧失其作为活态文化遗产的创造力和生命力，成为某种业已完结的历史。

相对于生活富裕的苏州镇湖，全国各地还有不少欠发达甚至不发达的乡镇。在那里，乡镇妇女通过染织、刺绣实现居家就业，成为非遗扶贫政策的受惠者。非遗扶贫，作为一种富于想象力的社区修复方案，在当前的脱贫攻坚战中具有显著意义。与一般的扶贫形式相比，非遗扶贫不仅能扶贫，还能扶志；在带动地方经济发展的同时，还能繁荣地方文化。但是，随着被帮扶的一代人摆脱贫困，下一代人还有多少会愿意像父母辈那样靠刺绣、编织等手工劳动谋生？非遗扶贫隐含的一个经济学前提是“这里还有廉价劳动力”。然而，当劳动力变得不再“廉价”，这种非遗保护形式还能持续下去吗？

在现实的隐忧背后存在着一个亟待探讨的理论问题：劳动与工艺的关系问题。成也萧何败也萧何，劳动的艰辛一方面成就了传统工艺的伟大，另一方面又成为传统工艺走进新时代的负累。为谋生而劳作是艰辛的，在智能化时代坚持手工生产，其理由何在？无论文化人如何渲染手工之美，复兴传统工艺都不应成为堂吉诃德的风车之战。无论在实践中还是在理论上，人们都应诚实地面对现实，在现实中寻求解决之道。

不少人认为，转向纯艺术是传统工艺在当下和未来的唯一出路。的确，当手工生产方式走向式微，文化便成为传统工艺更为显著的价值。在历史上，当文人书画或西方现当代艺术从物质生产分化出来成为精神生产后，它们的交换价值便不再以材料、工时、技艺水平等生产力要素来计算，而是用看不见摸不着的精神文化价值来衡量。今日之传统工艺，尤其是“大师”们的作品，似乎也面临着类似的境遇。

但这是否意味着，成为艺术家，从事纯艺术创作，是今日之手艺人唯一的选择？这种选择，是否意味着传统工艺的消亡？若以日本或中国的现实为参照，则我们会看到，一些以手艺持家、传家的手艺人，仍然有一种不同于个体艺术家的活法。艺术家为双年展和艺术史创作耐人寻味的观赏品，手工作坊的产品却能直接进入日常生活，如茶具、餐具和文房用品，它们不仅具有审美价值，更具有实用功能，且是一种可更替的消耗品。与机器批量制造的产品相比，它们具有难以替代的品质，从而具有了独特的市场竞争力。

四、劳动的艺术化与艺术化的劳动

在为文化和旅游部非物质文化遗产司收集、整理传统工艺振兴案例的过程中，笔者对振兴中国传统工艺的目标和标准这一问题产生了兴趣。通过申报和承担另一项教育部课题，笔者带领学生团队研究拟定了传统工艺振兴标准，用问卷星设计测评表，对310家传统工艺企业的经营状况进行了评估分析。在拟定振兴标准时，课题组一方面采纳了针对中小微企业的经济指标，另一方面也有意识地从非遗保护和文化发展角度对这些指标进行了修正。

该指标体系及其检测结果，因过于复杂而无法在此详述。在笔者看来，中国传统工艺全面振兴的理想图景是：一方面，传统工艺企业通过设计、生产和销售维持自我运营，实现非遗生产性保护目标；另一方面，传统工艺的生产经营活动作为一种活态文化资源，注入文旅、家居、服装等现代产业，在推动文化经济转型升级的同时，也为非遗传承人群及传统工艺企业带来第二份收益，也即传统工艺的文化附加值及企业的品牌衍生价值。

从测评结果来看，310家传统工艺企业，除49家之外，均与其他行业有跨界合作关系，其中与教育、文博文创和旅游行业的合作位居前三，分别占63.23%、55.16%和39.68%。从数据来看，笔者所预见的传统工艺价值二次转化已在现实中出现。不过，其前提是传统工艺企业仍能保持手工生产，否则的话，传统工艺企业便与一般文创公司无异，不再具有特殊的文化价值了。

当手工劳动成为马克思所憧憬的“自由自觉的活动”，成为威廉·莫里斯意义上的艺术或美好生活方式时，传统工艺的手工劳作方式才是可持续的。从实践上来看，景德镇、龙泉、鹤庆等传统工艺集聚地，的确散发出“艺术地劳

表1 传统工艺企业跨界合作现状表

选项	小计（家）	比例（%）
地产建筑家居行业	59	19.03
服装饰品行业	58	18.71
旅游行业	123	39.68
文博、文创行业	171	55.16
教育行业（如非遗体验课、非遗研学之旅、非遗进校园等）	196	63.23
设计师品牌、设计公司	79	25.48
无上述情况	49	15.81
有效填写人次	**310**	

资料来源：2019年度教育部人文社会科学研究规划基金项目《振兴中国传统工艺的目标、标准与策略研究》，主持人陈岸瑛。

动”“艺术地生活”的魅力，吸引了不少有志于从事手工艺制作和创作的年轻人。

不得不承认，传统工艺在今天的确有从谋生手段向精神文化活动转化的趋势。但这并不意味着传统工艺只能化实用为审美，化物质为精神，化劳动为艺术，朝纯艺术方向发展。无论是在理论上还是在现实生活中，我们都看到了传统工艺另一种可能的方向。在那里，劳动不再是一种苦役，而是变成了现代人实现

人生价值的“艺术化劳动”；精神生产与物质生产不仅取得了和解，而且产生了一种积极的相互作用。假如这条道路可以走通，则传统工艺不仅不会消亡，而且会走向持续的繁荣和振兴。

重塑非遗生命力——上海特色非遗保护的创新实践

吴鹏宏
（上海市群众艺术馆馆长、上海市非物质文化遗产保护中心主任）

近代上海在江南文化深厚积淀的基础上，以其强大的融会能力，在各种文化形态的激荡中不断形塑新的文化传统，呈现出开放而包容的文化品格、多元而丰富的文化内涵。上海的非物质文化遗产，正是得益于这个独特的历史、地理和人文环境，既有鲜明的江南稻作文化特征，又融合近代工商业文明特点，更兼具现代化的全球视野，在以农耕文明为主体的我国非遗体系中独具特色。

近年来，上海市文化和旅游局在健全非遗法律法规体系，完善非遗保护工作机制的基础上，加大推动非遗的创造性转化和创新性发展的力度。一系列“非遗+”的探索，旨在重塑非遗的生命力，让非遗为当代生活带来全新的体验。

一、非遗 + 社区

要推动非遗创造性转化、创新性发展，让非遗传承活跃在社区，血脉般融入千家万户的生活日常，是推进城市中非遗保护的有效方式。“非遗在社区”项目是上海市文化和旅游局于 2018 年发起推动、覆盖全市的非物质文化遗产社区传承传播项目。通过积极引导各级各类非物质文化遗产传承人在社区常态化开展演、讲、示、教等传承、传播活动，最终实现“活动有阵地、资源有供给、管理有机制、推进有保障、社区有生态、国际有影响”的目标。

通过此项工作的持续推进，成功构建了一个覆盖全市街镇社区文化活动中心、居村文化活动室、学校、商圈等点位的传承、传播网络，形成了以 500 多名签约传承人和广大社区群众为主体的基层社区传承队伍，引导培育了 19 个“非遗在社区”示范项目和 14 个示范点。

上海的“非遗在社区”的实践取得初步成效后，文化和旅游部非物质文化遗产司于 2020 年在全国拓展试点范围，支持全国 8 个城市开展试点工作，进一步培育非遗在城市中传承发展的土壤，维护和营造非遗传承发展的良好生态。“非遗在社区”理念的提出和践行，是尊重、保护和支持以人为核心的非遗传承实践，使非遗回归其孕育发展的社区，回归当地民众生活，契合了联合国教科文组织《保护非物质文化遗产公约》的精神。这一实践，也充分发挥了非遗在增进社区凝聚力、增强社区居民身份认同感，维系邻里社群、创新社区治理方面的重要作用。

二、非遗 + 旅游

非遗进景区或建设非物质文化遗产特色景区，一方面是景区文化建设的需要，另一方面也是非遗在保护传承中有效利用的必然要求。上海深度挖掘各类旅游休闲空间的非遗资源，通过非遗与文创、演艺、体育等融合催生新的旅游业态和体验项目，将非遗的资源形态转化为游客可感受、可体验的旅游产品，同时形成融参观、传承、体验、教育等功能于一体的非遗产品。上海知名旅游景点大世界、豫园等纷纷选择以非遗为主要内容和特色打造景点形象，成为传播非遗的名片。

修缮一新的大世界定位于非物质文化遗产的活态传承，内设非遗展览、非遗表演、非遗传习、数字非遗、非遗美食五大功能业态。“大世界闹传统”“大世界非遗演艺节”“长三角非遗节”等一系列品牌活动推动了大世界形象的不断升级。豫园商城拥有丰富的非遗资源，除了老饭店本帮菜制作技艺、梨膏糖制作技艺、南翔馒头制作技艺、五香豆制作技艺、上海老城隍庙庙会、王大隆刀剪制作技艺、丽云阁笺扇制作技艺、湖心亭茶艺、童涵春堂药丸制作技艺等自辖项目外，还搭台引入一批非遗匠人，涵盖剪纸、皮影、糖画、蛋绘、柳编、活字印刷等类目，以市集展演或传艺课程的形式打造完备的非遗体验基地。“国潮戏剧节”、对应二十四节气和传统节日的演出，也让这里成为年轻人争相打卡的国潮聚集地。在2022年迎新春期间，豫园商城主打“上海老味道、非遗新体验”，整合域内老字号、非遗匠人以及各项非遗体验项目，推出了让人流连忘返的新春非遗之旅。

古与今、传统与现代，在这些地标性的旅游场景中“跨次元”共融共生，复古海派情调与新潮文化态度，给原本便具有深厚建筑历史感的景点增添了一抹亮丽的新“潮”色，营造出可激发人们自我表达和情感共鸣的“新场景”。

上海古镇的历史文化底蕴也非常深厚。目前全市有中国历史文化名镇11个，还有一些历史文化小城镇。2021年成立了由上海15家古镇联合相关社会组织、企事业单位、专业力量等组成的上海古镇保护利用联谊会，旨在建立起古镇与相关社会力量共同探讨、共商发展的交流合作机制，助力古镇实现资源共享、活动共办、品牌共塑、宣传共推，建设更具有江南水乡韵味的古镇会客厅。2022年春节期间，金山枫泾、宝山罗店、嘉定南翔、州桥老街水乡古镇通过展现非遗特色项目，为市民带来了“古镇过大年”新体验。

三、非遗＋教育

为了向青年学子普及和弘扬上海非遗文化，通过整合全市非遗场馆资源，打造青少年非遗教育平台，2011年上海市非物质文化遗产保护中心启动了“上海学子非遗展馆行”教育品牌活动。活动联合了上海工艺美术博物馆、土山湾博物馆、上海笔墨博物馆、嘉定竹刻博物馆、七宝皮影艺术馆等13家非遗展示场馆，并设计印发了10万册包括非遗护照、展馆分布地图在内的“参观套件”，下发至全市社区文化活动中心、青少年活动中心和少年宫，供上海全市学生免费领取。参与的对象由最初的中小学生扩展到了高中生、大学生，参与活动的展馆也由原来的13家展馆扩展到了30家展示传统历史文化的场馆。

同时，更多丰富的内容围绕着“学子行”得以开展，例如：“非遗之旅”深度体验活动、“手艺学堂”非遗手工体验课程、“发现传统之美——非遗展馆游记评选大赛”等，为广大学生营造了走近非遗、了解非遗、沉浸式体验非遗的大环境。各展馆配合活动也举办了百余场与非遗项目有关的讲座、培训、展览、体验活动，受到了社会各界的热切关注与积极参与。

四、非遗+文创

为实现传统手工艺的振兴，推动多层次的非遗当代产品及文创产品的创新研发，培育出运转良好的文化生态和市场产业，上海积极引导多方力量参与到非遗实践中。自2016年文化部、教育部启动了中国非遗传承人群研修研习培训计划以来，本市共有上海大学、上海工艺美术职业学院、上海视觉艺术学院、同济大学、东华大学、上海戏剧学院、华东师范大学、复旦大学8所院校参与其中，数量位列全国第一。各研培高校在提升传承人的设计创意能力之余，在非遗活化方面进行了诸多探索。上海大学致力于“非遗跨界”的探索实践，左手牵着非遗传承人，右手牵着设计师、艺术家和艺术机构，在尊重和理解传承人手工技艺特征的基础上融合创新，推出了一大批具有当代审美的作品。上海视觉艺术学院则专注于支持非遗市场发展需求，联袂商业体，共同主办非遗研培成果展及零售快闪系列活动，以市场需求引导非遗创新、实现商业转化。

除高校力量之外，动员更多的社会资源进入非遗领域势在必行。上海积极为各级非物质文化遗产代表性项目保护单位、老字号企业、传承群体和个人等各类主体搭建交流合作平台，支持利用非物质文化遗产资源开展文艺创作和文创设计，拓宽产品推广和销售渠道。在市文旅局非物质文化遗产处的支持和指导下，全球授权展·上海站（LEC）项目负责人、20位授权行业知名IP方和26位非物遗及老字号品牌方代表济济一堂，就在当前新兴消费环境下，如何在传承文化内涵的基础上，结合IP授权对品牌升级焕新进行了探讨。

上海拥有较为成熟的文化消费市场，历来追求“求新求变”，引领时尚，因此在文化品牌建设和文创产品开发方面具有得天独厚的商业优势和社会氛围。上海拥有上海工艺美术博物馆、大世界、上海世界手工艺产业博览园、宝山国际民间艺术博物馆等综合性展馆，也有黄道婆纪念馆、林曦明现代剪纸艺术馆、上海笔墨博物馆、嘉定竹刻博物馆、七宝皮影艺术馆等众多专题博物馆。上海国际手造博览会、全国手工艺产业博览会、长三角非遗博览会等非遗品牌展览已打响知名度；方兴未艾的非遗集市、手作集市、互动体验课程、非遗快闪店、国潮嘉年华等呈现形式正为年轻人所追捧，这些都为非遗的社会传播创造了良好的条件，也为非遗产品“被看见，可购买”提供了消费场域。

五、非遗+互联网

在互联网大潮下，快手、抖音、B站等视频平台把那些与我们日常生活渐行渐远的传统技艺再次拉回到了大众的视线中。当传统文化遇上新媒体技术，古老而低调的非遗老手艺被注入了新的生机与活力。如何抓住机遇传承创新，增强非遗项目的自我生存和发展能力，营造出有利于非遗传播的良好网络传播环境，是非遗保护和宣传面临的崭新课题。

上海市非物质文化遗产保护中心于2017年策划了“璀璨薪火——《海派百工》系列微纪录片制作与传播项目”，从现有上海市级项目中选取约120项具有代表性的工艺类项目，拍摄以8K超高清形式呈现的微纪录片，以此记录手工艺人的生活故事或精湛的技艺，展现其精美的作品、精湛的绝活。《海派百工》在2019年文化和自然遗产日期间在上海的地铁、公交等公共交通上播放，获得了极高的话题度与关注度，如今在哔哩哔哩的播放获得了大量来自年轻人的流量。非遗的传承，不仅要“守得住经典”，还要“当得了网红、掀得起国潮”，形成新时代的新文化和潮流。

六、非遗+对外交流

讲好中国故事，推动中国传统文化的对外国际交流，是非遗在国际传播中先天具有的优势。上海市非物质文化遗产保护中心这些年陆续推动上海非遗走出去，在比利时布鲁塞尔、阿联酋迪拜等国家和中国澳门、中国台湾举办以“春节文化”“传统手工艺”等非物质文化遗产为专题的展示展演活动，不断扩大中华优秀传统文化的影响力。

近年来因为疫情关系，线下交流活动受阻，上海市非物质文化遗产保护中心转而积极探索上海非遗项目在海外中国文化中心的线上展示，已在比利时布鲁塞尔、丹麦哥本哈根和科威特的中国文化中心上线了非遗云客厅、蛋雕艺术展、绒绣艺术展等。

非物质文化遗产承载着中华民族的伟大精神文明，对人类文明进步作出过重要的历史贡献。我们将进一步倡导和推动更为广泛、更有深度、更具活力的非遗保护、传承、利用和发展，进而使非遗得到活化传承，与时代步伐同频，与现代生活共振，更好地服务社会，造福人民。

国际非遗保护视域下高校工艺美术专业建设的路径探索——以上海工艺美术职业学院为例

许　涛（上海工艺美术职业学院党委书记）、唐廷强（上海工艺美术职业学院副院长）、史忠文（上海工艺美术职业学院手工艺术学院副院长）

一、高校工艺美术类专业建设面临的问题

在西方文化和工业生产方式的撞击下，近年来诸如漆器、染织、刺绣、编结、骨雕这些曾经影响了中国数百年的传统工艺美术，渐渐开始淡出人们的视线，成为一个个保存在展馆里的小众化艺术形式。从传统工艺内部来看，其自身传播力弱、传授手段单一、形式因循守旧，也是导致多种传统工艺陷入抢救和保护困境的重要缘由。

与同属东亚文化圈的日、韩等国高校的工艺美术专业相比，中国工艺美术师资依然普遍遵循传统师徒制方式培养，工艺美术行业协会更多是民间手工艺从业者的集合，还存在如视野不够开阔，对先进的科技技术的吸收与运用不够开放，在人才培养中更注重技能培养等问题。如何站在国际视野的角度，另辟蹊径，融入国际工艺美术文化圈，重新审视定位工艺美术专业人才培养目标，深化专业建设成效，培养具有国际视野、多元特征的符合中国工艺美术持续发展的专业人才，是工艺美术专业建设面临的首要课题。

二、工艺美术专业建设的主要措施

在国家全面振兴工艺美术，大力倡导“工匠精神”，上海打造时尚之都、设计之都的背景下，上海工艺美术职业学院在工艺美术专业建设中明确提出：要围绕国家振兴传统工艺美术的产业政策，通过打造有影响力的国际论坛展览，快速聚焦国际视野，对接国际话语，将艺术、生活、技术、商业四要素交融，培养创新型的工艺美术人才。

自2012年以来，连续承办、主办历时五届的“中、日、韩艺术邀请展”，从最初的中、日、韩3国发展到“一带一路”沿线12国；同期举办的“国际（上海）非物质文化遗产保护论坛”由最初的自发组织到获得上海市政府支持、国家文化部认可，非遗司亲自指导的唯一国际性非遗保护论坛，并相继衍生了“薪技艺”国际青年工艺美术论坛、展览等一系列国际学术交流活动。目前，以“国际（上海）非物质文化遗产保护论坛”为轴线搭建起的国际非遗交流平台，已经成为工艺美术专业建设和教学广泛聚焦国际知名院校教育资源，搜集国际工艺美术前沿信息，解读最新工艺、材料、技术语言，系统梳理归纳有效价值资讯服务教学的重要平台，是工艺美术专业人才培养目标动态优化和保持准确定位的重要依据，是师资队伍能力提升、学术研究、国际交流的重要舞台，是学生汲取艺术养分、开阔视野、创新创业的重要沃土。依托这一国际平台，工艺美术专业在国际教学师资引入、后备骨干教师培养、人才培养、课程教学与实训体系建设、学术

研究、文化输出、社会服务等方面取得了显著成效和一批成果，成为学院先后获得 2014 年“全国创业高校 50 强”、2017 年“高等职业院校国际影响力 50 强”、2017 年“全国创新创业典型经验 50 强高校”强而有力的保障。

三、工艺美术专业建设的具体路径

（一）外引内培，构筑国际化、活力强的师资团队

1. 筑巢引凤，实施“艺术家驻留计划”，助推专业国际师资升级。通过一年一度的国际论坛、展览平台，本着“宁缺毋滥”原则，层层筛选、深度挖掘出一批具有国际水准且理念新颖、技艺精湛的“教授、艺术家、工艺师、设计师”组成教学团队，分批次驻留上海工艺美术职业学院并依据课程标准与教学进度进行专业教学，为工艺美术人才的培养提供最优的教学组合。如日本东京艺术大学的三田村有纯教授，在漆艺课程中通过讲授自己和日本优秀漆艺作品创作理念、工艺技法、材料创新并亲自示范指导学生进行创作实践，拓展学生思维方式；激励教师教学反思和创作激情，同时开展针对全院师生的日本漆艺公开讲座、研讨，最大程度促进了上海工艺美术职业学院师生的成长提升。

截至目前，“艺术家驻留计划”进行实践教学、专题讲座、创作交流等学术活动已达 36 次，形成了“教学理念国际化、教学手段多样化、交流学习常态化”的组合教学机制。

2. 培养孵化，实施“后备领军人才计划”，鼓励中青年教师专业发展。为加快建成科学、合理、强有力的学术骨干和教学梯队，制定了《上海工艺美术职业学院后备领军人才选拔、培养和管理办法》，为 40 岁以下中青年教师提供发挥聪明才智的大平台，形成“政策凝聚人才、人才推进发展”的良性机制。青年教师通过持续、高频率的国际间工艺美术论坛展览、教学研讨、学术交流，专业教师逐步具备了开阔的国际视野、开放的教学理念、灵活的教学手段、严瑾的学术作风，取得了丰硕的教学成果。其中展赛获奖入选 30 余项、市级精品课程 2 项、国家级课题 2 项，省市级课题 7 项，编写教材 15 本，发表论文 20 余篇。2016 年工艺美术教学团队被评为“上海市优秀教学团队”。

3. 共同成长，举办“专业艺术沙龙”，促进师生交流互动。为了增进师生间的教学交流互动，关注学生的成长进步，听取学生的艺术思考，依靠“非遗”“新技艺”等国际、国内论坛展览资源，配套举办“师生专业艺术沙龙”活动 24 次，通过不同国家、不同院校的青年教师、学生“做实事，说真话”，领导“不干预，不命题”的学术规定，明显增进了专业团队师生学术交流的自由度，不同工艺的青年教师、学生的跨界交流，为工艺美术的教学改革、教学设计、授课内容提供了大量真实有效的参考价值。

（二）根植传统、立足当下，建设涵盖材料、工艺、技术及审美的多元课程体系

在历届“非遗”及“新技艺”论坛、展览上，以日本为例，其将起源于中国

的漆、金属、陶瓷等传统工艺和日本文化、生活、科技结合创新，呈现出独特的面貌与商业价值。这与以金泽美术工艺大学等为代表的高校在工艺美术课程教学中对传统工艺的学习，对新材料的研究，新工艺的实验、探索密不可分。金泽的成果让我们深刻认识到专业课程的设置不仅要符合教育规律更要与社会发展需求紧密结合。基于此认识，我们进行了一系列课程教学的改革，构建了既注重传统工艺文化，又紧密结合现代材料、工艺、技术应用及审美的多元课程教学体系，解决课程教学在内容、形式、结构上的单一性和同质化问题。如景泰蓝工艺从日本七宝烧、脱胎珐琅作为切入口，将原有以铜胎掐丝珐琅礼品制作的单一型课程教学体系拓展到两胎底（铜、银胎），五工艺（掐丝、脱胎、镂空、内填、微绘），四形式（画、器、礼、饰）的组合型课程教学体系，在教学目标、教学内容、能力提升上都更具科学性和系统性。

（三）建设集“产、学、研、展、商”全产业链为一体的实训体系

在实训体系建设方面，逐步从专注工艺实训转变到“艺术、技术、生活、商业”四维度的综合训练，建成了10个具有“产、学、研、展、商”功能的全产业链实训体系。以上海市凯旋路“皮衣高定展销实训中心”为例，为了更好地适应市场机制，培养学生的职业能力，皮衣工作室敢于走出校园，面向市场，在上海市凯旋路设立的“皮衣高定展销实训中心”将课堂教学搬进市场，和市场零距离接触，培养学生的设计思维及交流沟通、营销策划能力。而首饰工作室探索的基于企业工作流程的项目化实训体系，打通了从教学环节到市场环节的壁垒，建立了学生作业从作品到商品的转换机制，每年学生作业的产品化转换达到80余件。同时，学生的动手实操能力也十分突出，在2016年举办的中国黄金首饰技能大赛中与有多年工作经验的企业技师同台竞技并取得团体第二名的佳绩。

（四）以非遗保护为重要载体，提升社会服务和文化输出功能

通过非遗国际论坛这一国际平台，专业建立了关于非遗研究保护、传承传习、对外交流三大机制。通过机制建设拓展与各地区合作，聚集各类工艺品种，延聘大师带领团队进行保护、研究、传承、创新；将工艺品种合理纳入专业载体，探索科学合理的工艺美术专业体系和教育教学方式，重点培养非遗传承人和工艺美术大师；通过学术论坛、作品展览、进修学习等形式学习国外工艺美术传承的经验，同时依托工艺美术专业优势，5年来，先后承办了4期共286人次的非遗人群研习班，较好地促进了非遗文化和传承人群的保护和创新，推动了地区工艺美术技艺和文化的升级，并于2017年作为上海唯一一个入选北京恭王府非遗保护成果展的地方高职院校参加展览汇报。

四、结语

打造有影响力的国际论坛与展览是工艺美术专业建设实现国际化、跨越式发展的有效途径和渠道。高职工艺美术教育的办学功能不应仅仅着眼于职业教育本身，还应注重办学功能的延伸，构建广泛的专业裙带，既要树起职业教育的大旗，又要进行传统文化的保护和手工艺的传承，树立文化自信，敢于走出去，在国际舞台发声，打造专业品牌形象，接轨国际非遗保护趋势、服务地方传统工艺振兴，以保证教育资源的最大优化和办学功能的最大发挥。

加强非遗理论研究，为实际工作提供引领

蔡丰明
（上海社会科学院文化研究室主任）

自1997年联合国教科文组织提出了“人类口头与非物质文化遗产保护”的命题以来，整个世界的非遗保护事业取得了重大的进展。在中国，随着非遗保护体系的日益完善、非遗传承机制的逐渐建立，以及非遗项目推广、宣传活动的广泛开展，非遗保护这项在人类历史上具有重要意义的文化事业已经取得了多方面的成绩。但是相对大量的非遗保护实践工作而言，有关非遗保护的理论研究却较为滞后，具体表现在非遗保护的理论体系还不够完善，非遗保护的理论成果还较为缺乏，非遗保护的理论队伍还较为薄弱等方面。这势必会对快速发展的非遗保护实践产生一定的不利影响。因此，当前我们很有必要加强对于非遗保护的理论研究，并在此基础上逐渐形成具有中国特色的非遗保护理论体系，以对当前红火兴盛的非遗保护实践起到较好的引领与指导作用。

一、非遗的基本特征

根据联合国教科文组织对于非遗的定义：“非物质文化遗产是指被各社区、群体、有时为个人视为其文化遗产的各种实践、表演、表现形式、知识和技能及其有关的工具、实物、工艺品和文化场所。”中国对于非遗也有一个相类似的定义，即：“非物质文化遗产是指各种以非物质形态存在的与群众生活密切相关、世代相承的传统文化表现形式，以及与上述传统文化表现形式相关的文化空间。”根据这一定义，本人认为非遗最为重要的特征主要有以下三个方面：

1. 无形性。日本最早把自己国家的文化遗产分为“有形文化财”与“无形文化财”。随后，韩国也把自己国家的文化遗产分为“有形文化财”与“无形文化财”，这是非遗概念产生的最早源头。所谓无形性，主要就是指“以非物态的方式”而存在的，主要以口头与行为方式进行表达的文化遗产形式，它与物质文化遗产在表现方式上是有很大区别的。

2. 公共性。非遗是一种具有公共性的文化遗产，它与私人的遗产是有很大不同的。我们注意到了在联合国教科文组织的非遗定义表述中，重点强调了“来自文化社区的全部创作”“并被认为是符合社区希望的，作为其文化和社会特性的表达形式”等内容，说明对于非遗的公共性问题是十分注重的。所有非遗事项都是社区民众所创造，并且也是为社区民众所共享的，这就是非遗公共性特征最为重要的内涵。“非物质文化遗产的公共性问题，是非物质文化在该传承社区的当代社会发展和可持续的问题；是文化传统生生不息、不断发展创造的问题；是不同社区民族传承群体文化自信、自觉性提升增强的问题；是文化资本向文化创造转换延伸的问题。非物质文化其社会的公共性，必然超越个人及地方本位的利益。”（乔晓光《关注非物质文化遗产传承保护的公共性》）

3. 生活性。任何非遗的形式，实际上都是一种一定区域中人的生活方式，它来自生活，取之生活，体现了一种人们在一定的生活方式中所形成的理念与智慧，非遗事项总是与生活紧密地结合在一起，任何一种脱离了生活的非遗都是毫无意义的

二、非遗的保护方法

随着非遗保护实践的深入推进，当今世界已经在非遗保护的领域中形成了诸多的方法，其中有一些方法与理念是特别重要的，应当在今后的非遗理论研究中予以充分重视。

1. 本真性方法。本真性是英文 authenticity 的译名，本意是指真实的而非虚假的。本真性应该是非遗保护的最为重要的方法与原则。我们必须保护真实的非遗财产而不是虚假的非遗财产，即是要保护那些原生的、本来的、真实的、完整的非遗信息，这是非遗保护的基本前提。与之对应的具体保护方法就是“普查”“记录”“保存”等。

2. 整体性方法。任何非遗形式都有自己完整的文化形态以及特定的生态环境，因此，我们在进行非遗保护的具体实践时，并不能将非遗本体与整体的文化形态及其相关生态环境割裂开来，使其成为一张张文化碎片，而必须对它们进行整体性的保护（如歌谣与仪式、舞龙与仪式、文化生态园区保护等）。

3. 传承性方法。非遗保护必须坚持以人为载体的活态传承，这样非遗才有生命力。因此，在非遗保护实践中，强调传承机制的完善以及积极发挥传承人的作用是非常重要的。只有通过传承，才能使非遗真正活起来。

4. 分类性方法。非遗门类众多，因此，对它仅仅采取一种统一的保护模式是不科学的，而必须根据非遗不同的类型与特点制定不同的保护方法与保护措施。从中国非遗的特点来看，可将其分为“文艺类非遗”“民俗类非遗”“手工技艺类非遗”“自然知识类非遗”这样几类，应当对这些不同类型的非遗制定不同的保护措施，进行有针对性的分类保护。

三、非遗的保护价值

经过 10 多年来的努力，中国在有关非遗的保护价值方面已经有了一些较为统一的认识，但是要想进一步形成广大民众对于非遗保护的自觉，使非遗的保护工作成为一项为整个中华民族所重视的事业，其实还有很长的路要走。因此，加强对于非遗保护价值的认识以及从理论思想上加以阐述与研究依然是十分必要的。在有关非遗的保护价值问题上，我们特别应该强调以下几个方面的重要理念：

1. 维护文化生态多样性理念。维护文化生态多样性问题是联合国教科文组织在 20 世纪 90 年代以后提出的一个重要概念，它背后的思想基础就是生态平衡理论与文化共生理论。世界上的文化生态应该是多样化、多元化的，这是世界文化繁荣发展的一个重要前提。尤其值得重视的是，在这种理论中，蕴藏着对各种

文化的尊重、平等，以及相互理解的思想，而不是让整个的世界陷入一种对抗、争执和冲突的泥潭。

2. 提高民族文化认同感理念。在非遗中，蕴藏着深厚的民族文化基因与精神特质，包含了一个民族的价值观念、心理特征、气质情感，是一个民族的灵魂与文化核心。因此，加强对于非遗的保护，无疑会有利于提高民族文化认同感，加强民族的凝聚力。

3. 促进当代文化的可持续发展理念。当代文化代表了一种时代的新型文化，它反映了当代人的价值追求、情感方式与审美理想，与传统文化有着很大的区别。但是这并不等于说当代文化与传统文化之间就有着一条不可逾越的鸿沟。相反，当代文化的发展，必须以传统文化作为基础。各种具有传统文化特点的非遗形式，正可以在当代文化的发展与探索之中起到重要的奠基作用，并为当代文化的可持续发展增加更多斑斓的色彩与独特的风格。

创新非物质文化遗产保护传承机制

戴 珩
（江苏省文化馆馆长、江苏省非物质文化遗产保护中心主任）

一、让非物质文化遗产在公共文化服务的优质供给中保护传承

创新非物质文化遗产保护传承机制，对于文化馆而言，重要的一点就是要把非物质文化遗产保护传承和公共文化服务的优质供给有机结合。

一是让非遗在公共文化设施的优质供给中保护传承。文化馆应建设好非遗空间、展馆展厅，采用现代技术，优化展陈展示，向公众开放。同时，要带动企业、社会组织、个人等建立的各级各类非遗场馆、展厅、基地、传习所等作为公共文化设施和公共文化空间向公众提供。省级文化馆可侧重向非遗研究者、非遗保护工作者、传承人、大学生等提供高端服务。

二是让非遗在公共文化产品的优质供给中保护传承。文化馆应充分利用非遗资源，结合正在开展的国家级非遗项目代表性传承人记录工程工作，通过编辑出版图书，制作纪录片、慕课、短视频、动漫，举办“精彩非遗——分享·传承”活动，利用数字文化馆云平台直播非遗手艺和非遗活动，将非遗资源转化为公共文化产品，供公众欣赏、学习、实践。

三是让非遗在公共文化服务的优质供给中保护传承。将非遗知识和技艺的传授以及非遗实践作为文化馆站免费艺术培训必备的内容，结合传统节日、文化遗产日等举办非遗展示活动，组织非遗传承人进企业、进社区、进校园，创新开展非遗讲座、展演、展示、传习、实践活动，引导公众亲近非遗、体验非遗、享用非遗、实践非遗、传承非遗。

二、让非物质文化遗产在文化和旅游的深度融合中保护传承

一是将非遗场馆和设施融入旅游线路。文化馆应参与指导和精心打造一批富有特色和吸引力的非遗场馆和设施，丰富内容，提升内涵，创新体验，加强互动，彰显魅力，推出一批网红非遗空间，将其融入旅游线路。

二是推动将非遗作品变为旅游产品。文化馆可通过举办非遗进景区演出、“乐享非遗”等活动，推动将非遗作品变为旅游产品，促进非遗重回生活，刺激非遗传承人更好地传承非遗和创新非遗作品，促进旅游业的发展。同时，文化馆应充分挖掘非遗元素，打造适合在景区演出的非遗作品，积极指导、辅导、支持基层文化馆站利用非遗元素多创作文艺作品。

三是将非遗元素和非遗学习实践融入乡村旅游。文化馆应结合乡村振兴、美丽乡村建设、特色小镇建设，推动将非遗元素融入民宿、酒店、乡村景观、乡村旅游景点建设中，鼓励和支持非遗传承人在乡村开展非遗传习和传承活动。

三、让非物质文化遗产在激活自身内在生命力的实践中保护传承

一是通过提高传承人的创造力激活非遗的内在生命力。深入实施传承人群研

培计划，通过组织非遗传承人群的研修、研习、培训，帮助非遗传承人群提高文化艺术素养、审美能力、创新能力，在秉承传统、不失其本的基础上，提高中国传统工艺的设计、制作水平和品质，促进传统工艺适应和走进现代生活。

二是通过扩大非遗的传承实践人群激活非遗的内在生命力。文化馆要通过举办非遗传习班，举办非遗新人作品展演、展示活动，发现和培养非遗传承者，特别是年轻的传承者，不断扩大非遗传承实践人群，增强非遗传承人群的传承实践和再创造能力。

三是通过培养非遗的文创者、传播者和推广者激活非遗的内在生命力。通过举办非遗研讨、文创比赛、短视频比赛、非遗博览会，扩大对外文化交流，鼓励更多的人参与非遗的文创、传播和推广，参与到非遗的保护、传承、弘扬、利用中来。

非物质文化遗产合理利用的保护实践

郭　艺
（浙江省非物质文化遗产保护中心主任）

一、手与工具：生产力带动技艺传承

传统社会手工艺被视为重要的生产力，衣食住行都与手工艺密切相关。手工艺伴随着社会变迁，一方面改善生活品质，另一方面激发审美需求，从而促进了传统工艺的发展。顾名思义，手艺与“手”关系密切，手上的功夫尤为重要。技艺的掌握，要通过手的长期训练，既是手感的把握亦是经验的积累。工艺家需要长期的实践，才能达到手脑并济，身心合一，“熟能生巧”便是实践中所获得技艺娴熟的成果，所谓“巧”是手的功夫到达了某种境界。工艺家没有天生的“巧”，只有经过实践的磨砺，才能拥有“巧手”“巧工”“巧匠”等高超技艺。

技艺随着传承人的传承，不断带有时代的印记。毋庸置疑，工具对于传统工艺的形成具有重要影响，技艺的高低依赖于手对工具的掌控。传统工艺的工具大多是手工艺者自己打造，“工欲善其事，必先利其器”，合不合手，方不方便，只有在操作的过程中才能体会。对于使用了多年的熟悉的工具，工艺家通常是不离不弃，他们往往对自己的工具有着特殊的情怀，根据个人的习惯自己加工工具，以求达到得心应手，使工具与人的操作产生无与伦比的和谐。技艺的生命力在于市场的支撑，有了相应的市场利润，与之相关的技艺就不断有人传承。

为了市场效益，提高产能，降低手工成本，必然会推动制作工具的改良，当然，前提是工业革命带来技术的革新。20 世纪 70 年代，中国大量推广传统工艺机械化，比如木雕打坯机、电钻的使用等。工具的改变，在降低劳动强度的同时，工艺风格也发生了变化。对于传统工艺的保护，倡导保存其核心技艺，那么，如何界定什么是核心技艺？核心技艺是具有程式化的传统技法，并能通过该技法完整呈现工艺美学特征的技艺。随着新型机械工具的运用，手艺的创造、表现方式也因此而丰富起来，以手工为主的工艺，在使用工具降低劳动强度的过程中，工艺的技术程度、人对材质的感觉以及手感的形式都在发生变化。

以青田石雕工艺为例，工艺家大多采用机械化的工具，高效而便捷，工艺家体会到，采用机械工具塑造雏形，再通过传统工具精雕细琢，既能提高生产效率，又能达到非常理想的工艺效果。但是一味追求机械工具带来的快速简便，原本传统工艺的技艺风格就会逐渐弱化。可以想象，手持快速运转的工具时，是不容工艺家进行细致的思考的，因而是人在配合工具；而使用传统的工具则更加注重造物的过程，人在掌控工具的同时也会赋予雕刻以更多的情感与内容。

因此，保留核心的技艺，对于维系传统工艺风格具有重要的意义。考察贵州蜡染技艺，其工具一直延续最初的状态，即采用铁质蜡刀为工具，以刀代笔。为了让蜡保留液体的状态，完成每一道线条之后，都要再次蘸蜡液，这样反复的过程，要占用近三分之二的工时。如果对蜡刀工具进行改良，不仅提高效能，而且有助于技艺的精进。保留蜡刀的形态，可以借助电力保持温控，达到自动输送蜡液，如此，虽然还是手工操作，但大大提高工时和效益，工具的改良将会极大程度地推进蜡染工艺的产业化发展。

技艺的存续依赖于项目的生命力，市场效益无疑是推动项目传承的内生动力。对于代代相传的技艺，随着社会变迁，不仅功能发生变化，且作为商品生产的手段也在改变，主要目的是提高生产力。作为非遗保护的传统工艺，不改变其技艺特点，合理地提高工具的效能，提升手工的表现力的同时，也为传统工艺的生产提供了保障，有利于项目的传承发展。

二、乡村技艺：乡村振兴的一种路径

对中国的广大农民来说，手艺是其经济生活的重要补充，“男耕女织”“晴耕雨织”是传统中国社会的普遍现象，包括民间美术在内的家庭副业与农业生产一样，是个体小生产者和农业经营者同时兼顾的。在中国自然经济的模式中，手艺也成为一部分农民的生存途径。中国传统工艺与农业、商业的关系密切，土地稀缺的乡村，从事农业的人们多改为做手艺，避免因土地稀少而产生剩余劳动力，使依赖农业为生的人们谋求另一条生存途径。所谓的“百工之乡”的地方，几乎都是人多地少的状况，对于讲究地缘与人情关系的社会，同一地域的人们形成了相互帮扶、共同摆脱贫穷的共识。当某个群体集体从事同一项传统工艺，逐渐便会衍生发展出具有地域特色的工艺品类。

在乡村现代化的进程中，乡村的生活和生产方式发生了不可逆的改变，地缘、血缘关系并不像传统社会那样起着重要的作用，具有乡土文化的传统逐渐消失。一方面与民俗生活相关的乡村技艺脱离生存土壤逐渐式微；另一方面随着乡村民俗的兴起，存在于乡村生活的传统技艺又迎来了复兴的契机，是乡村民俗生活的一部分。振兴乡村传统工艺，不仅保留了乡土记忆，而且弘扬了乡村的文化传统。

自 2017 年开始，浙江省非物质文化遗产保护中心（简称“省非遗保护中心”）着力于乡村传统工艺的转化，带动乡村的振兴。省非遗保护中心与文创团队合作，对接地方的非遗保护中心，组建乡村振兴特别行动小组。省非遗保护中心、地方非遗保护机构、文创团队、非遗传承人四力合一，实施乡村振兴计划。

首先由省非遗保护中心制订规划和方案，各地非遗保护中心配合文创团队具体操作。乡村振兴计划以浙江中部地区金华的浦江、武义、义乌、永康等地为试点，该地区保留较完整的传统乡村生活方式。此地人多地少，手艺作为副业比较发达，但由于手工作坊仍然使用比较落后的生产方式，手艺的附加值无法得到提升，为此从事乡村技艺的人群也愈加稀少，只有老年人继续从事传统技艺的营生。

特别行动小组分为几个阶段开展相应的工作，首先是策划发动。组织各部分人员参与，合理分工，精准定位，确立目标，形成完善的工作计划，以便逐步实施。第二阶段进行各项目的调研、采集、分析。与传承人沟通，在传统工艺的基础上进行创意转化，采取两种途径：一种是保留原有的工艺样态，进行包装的重塑，适应现代审美的同时更为卫生方便；另一种是完全改变原有的形态，汲取其特征元素进行创意设计。当然，两种途径的选择依据项目的特性进行不同的转化。第三阶段是实施。在前期调研的基础上，设定转化策略，形成可以批量生产的产品，确定商业定位。与此同时，挖掘阐释传统工艺的文化价值，产品背后的故事，特点特色的提炼，以及商业推广模式。第四阶段是与市场接轨。形成良性循环的业态，如一根面、豆腐皮、红糖、年画、锡雕等项目，通过几个阶段的推进，形成乡村业态特色产品，消费群体扩展延伸至城市，带动了乡村经济的发展。对于乡村传统工艺的利用，在转化的过程中，不仅要提升产品品质，更要挖掘文化内涵，传达有内容的故事。民俗民风是孕育乡村传统工艺的沃土，融物质与精神为一体，是时代的见证，更是文化传承的载体，与民众生活息息相关，无论处于何种社会形态，都发挥着独特的作用，而非游离于生活之外。

三、工艺消费：技艺传承的现代形态

社会背景与生活状态决定了消费的趋向，传统工艺作为非遗，具有诸多文化要素，即审美与技艺，一旦进入市场，就纳入市场的评估体系。而传统工艺均可作为商品，达到实用与鉴赏的需求，赋予商品更高的附加值。

当工业化产品以价廉实用广泛占据人们的生活，传统工艺产品的功用越来越弱化，加之手工劳力和工时的高成本，传统工艺在实用产品中无法彰显其技艺的价值。随着经济发展，社会消费也呈现多样化，稀缺与唯一成为个性消费者的需求，奢侈品所具有的唯我性，成为商家挖掘的营销手段。

手工制作的唯一性与创造性成为顶级消费品的噱头，从而达到满足唯一的物质占有，手工产品的独特，恰好迎合这种消费需要。虽然这种商业模式传播了传统工艺的文化性，但终归属于少数的小众消费，并不被广大民众所推广与认同。时尚引领消费趋势，小众成为都市流行的风向标。尽管大众商品还是以价廉物美为主导，但有温度的手工产品不断地滋润着疲惫的都市一族。他们推崇工艺精神，在其中可以体悟用心和灵性。

传统工艺纳入非遗项目名录，进行分类保护，合理开发，传播推广。目前实施的传统工艺振兴计划，省非遗保护中心作为桥梁，有效地把传承人、设计师、市场营销，以及媒体人整合在一起，共同为传统工艺保护提出合理方案。连续举办系列主题的传播推广活动，内容包括研讨、展示和案例分享，为传统工艺推广搭建平台。在展会的传播上，每年制定不同的主题，并将传统工艺转化的成果向社会推介发布，鼓励年轻人参与到传统工艺振兴当中。传承人作为项目主体，其发挥的作用更大，而在这个过程当中，推动传统技艺转化的驱动力还是市场，市场不仅为传承人带来经济效益，并且有效地推动传统工艺进入生活，使得传统工艺得到可持续的传承发展。

四、结语

合理利用是推动非遗项目有序传承的重要途径。传统工艺所具有的商品属性，决定了其需要通过销售并产生经济效益，这是维系非遗项目生命力的重要途径。曾经在生活或生产方式中发挥重要作用的传统工艺，在当代大多失去了原有的功能，其社会价值必将弱化。如何让传统工艺进入现代生活？如何让其符合现代市场规律？就要对传统工艺进行转化，即在使用功能、审美标准以及消费定位上进行改变，使其成为具有自主创新的文化品牌。如此，不仅通过传统工艺再造了产品，也解决了传统工艺知识产权的边界问题，维护创造者的权益，并合理利用发展传统技艺，使其得以赓续传承。

创新，是非遗传承永久的源动力
——中国农民漆画的创新性实践

陈秀梅
（福建省艺术馆馆长、福建省非遗保护中心主任）

一、中国农民漆画的由来

作为一种民间艺术，农民画表现出浓厚的乡土气息，是深受民众喜爱的“下里巴人”式的艺术。一方面，它在形式与色彩上借鉴传统剪纸、年画、刺绣等农村民众喜闻乐见的民间艺术门类，易于被民众接受；另一方面，它又结合了现代绘画的材料与工艺和展现形式，符合现代艺术传播的方式，能满足刚刚富裕起来的农村民众对艺术品的初步需求。

然而，在当下互联网、自媒体兴起的时代，在这个多元文化并存、各种新的艺术形式层出不穷的时代，农民画开始显现出发展后劲不足的问题。

农民漆画，通俗地说就是用漆画技艺来呈现农民画。2016 年，响应中央精准扶贫的号召，我们启动农民漆画实验，以最具福建优势的漆画技艺来转换农民画的绘画语言，这样的尝试令人耳目一新，并取得了喜人的成果。

一方面，漆艺技法的介入，使得农民画原有的装饰趣味中增加了一种漆画含蓄典雅的色彩气质。磨漆工艺的出现，又丰富了画面的肌理效果，不但极大地提升了农民画的品质感，也拓展了农民画的艺术风格。传统农民画在材料技法与艺术风格上的转型，不但直接提升了画作的艺术性与价值感，也更符合当代室内空间的审美趣味。

二、中国农民漆画的创新实践

2016 年，福建省艺术馆将持续实施了 12 年的“福建艺术扶贫工程”对准困境中的农民画群体，启动农民漆画创新实践，把最具福建优势的漆画技艺转换成农民画的语言，创新出农民漆画这一全新的艺术形态，探索实现非遗传承、艺术创新、精准扶贫相结合的新模式，有效提升了农民画的艺术价值与市场价值。

2016 年以来，福建省艺术馆先后举办了 6 期农民漆画班。部分精品曾亮相金砖国家领导人厦门会晤等重要外事场合和大型艺术展，各级政要、专家学者都对农民漆画的扶贫模式和艺术创新给予高度肯定。

2017 年 11 月，福建农民漆画工程获评 2017 文化部全国文化馆（站）优秀群众文化品牌，100 多幅中国农民漆画优秀作品亮相中国文化馆年会。同时，福建省艺术馆以“文化艺术扶贫的思路、方向与途径”为题举办中国农民漆画座谈会暨创作分享会，来自全国各地的专家学者欢聚一堂，共同描绘农民漆画美好明天。

此外，中国农民漆画获得 2019 年度国家艺术基金海外推广项目立项资助，学员们创作的农民漆画优秀作品，将赴日本、马来西亚、澳大利亚三个国家的福建海外文化驿站交流巡展，向世界传播中华优秀传统文化，成为“一带一路”的文化名片。

为了让农民漆画有更好的发展前景，福建省艺术馆与相关单位合作，将这些作品转化成文创产品，通过文创产品挖掘这些作品的市场价值。希望通过农民漆画文创产品的延伸，让福建的漆文化走出去，促进与西部文化的交流。同时，通过这一做法，实现精准扶贫，帮助农民画群体跟产业结合，实现华丽转身。

（编者注：本文刊发时有删节）

福州漆艺历史源起

邱志军
（福建省美术馆馆长）

福州脱胎漆器上承中国传统汉之纻胎技术，下启近现代璀璨漆艺之传承，是中国最为典型的漆工艺之一。福建省质量技术监督局“地理标志产品福州脱胎漆器”对福州脱胎漆器的定义为：“指以麻布或其他天然布料（布胎）或木材（木胎）和天然生漆、油类、入漆颜料、金属材料、镶嵌材料为主要材料，按福州脱胎漆器生产工艺制作而成并产自福州市现辖行政区域，包括鼓楼、仓山、台江、晋江、马尾五区和长乐、闽侯、闽清、罗源、平潭、连江、永泰八县的漆器产品。”

艺术门类的产生与发展，离不开在地文化的滋养与影响。福州脱胎漆器就是在福州特定时期的文化、地理、政治、经济等条件中成长起来的。

福州脱胎漆器工序繁多、工艺复杂，仅上灰上漆就多达百余次，每道工序间都需要阴干的过程。天然大漆需要在温度23℃左右、湿度约70%的荫房内才能全部干透，继而进行漆艺创作。太潮湿会影响大漆干涸时间，太干燥则影响成品质量。

福州位于中国东南沿海，属于典型的亚热带季风气候，四季温暖湿润，雨量充沛。年平均气温为16～20℃，年平均湿度约77%，非常符合大漆工艺制作的温湿度条件。并且一年中近八个月处于温暖湿润状态，整体的气候相当于一座天然的“大荫房”，为福州漆工艺的制作提供了得天独厚的自然环境。

除了独特的自然地理优势，福州独特的人文性格与深厚的人文精神也是漆工艺得以发展的一大动力。随着时代的发展，漆器的礼教功能进一步退却，逐渐流向百姓生活层面，亦逐渐淡化原本明显的礼器特征，更多表现婚、冠、丧、祭四大民俗礼仪的民俗生活之美。福建民俗中，婚礼和丧礼并称为“红白喜事”。福州脱胎漆器用具，尤其是红色盘、盒、梳等，常用于在迎神祭祖、寿诞喜庆、拜亲会友等重大节日中。

福州的丧葬习俗更是离不了漆艺工艺。福建的丧葬习俗中，棺木大多要漆成朱红色，特别是旧时有停柩待葬之风。棺木要多次上漆，以防尸体腐烂泄漏，男性用的棺木棺头写“福”字，女性用的棺木棺头写“寿”字。

而佛教造像是漆器制作经久不衰的主题。福建素有八闽佛教之称，其以寺院之多、僧侣之众、民风淳朴而令人瞩目。佛教，自三国吴、晋之际传入福建，在其后的一千七百多年历史中，始终禅灯不灭。自魏晋南北朝随着佛教的传入兴盛，开始流行佛像供养。漆器，尤其是脱胎漆器的轻便、美观，遂被普遍运用于佛像制作。佛教的兴盛发展以及佛教祭祀活动的流行，大力促进了脱胎佛像的发展。早期的髹漆业多为寺庙、衙署、宅院等髹饰服务，尤其是寺庙。在福州西禅寺供奉的20世纪末制造的一百多尊脱胎漆器造像就是一大力证。

在福州，逢年节或民间丧葬礼仪、祭祀节日，都要举行祭拜仪式。在祭拜仪式中一个必不可少的环节是烧金银箔纸钱，以济先人在地下能吃好穿暖，以表对祖先的敬意，同时希望借此保佑家族后人吉利顺遂。经营店铺者则逢初一、十五在门口点蜡烛烧纸钱，希望经营平安顺遂。金银箔还象征财富，年节期间在门缝夹塞金银箔纸，以示钱多得从门缝中溢出来，寓意来年财源滚滚。在福州脱胎漆器中，与金银箔相结合的髹装技法有多种，例如罩金髹：贴金银箔加罩透明漆；泥金画：描金晕金；戗金：针刻填金；抟花（也称“台花”）：镂金银平脱磨显；磨漆工艺装饰画：加莳金银粉后磨显；“宝砂闪光”类彰髹（日本漆工称作“变涂”）：运用金银箔光泽反射原理结合自然斑状样艺术手法。

在“中国体系”中，人情与礼物的关系是文化构建中的一种典型意识形态。沈绍安脱胎漆器的礼品属性，多有文献记载。日常生活中大漆的影子也是无处不在，无处不用。除了传统的瓶、盆、碗、箱、杯等实用器具外 ，晚清时期，沈绍安家族的后代拓展了适合外销的西式品种，他们开始模仿西方实用器具造型，生产各式茶具、咖啡具、烟酒具、花瓶及日用餐具等器具，扩大了脱胎漆器的对外贸易。

福州漆艺在技艺发展的同时，吸收了在地文化特点，具有鲜明的民俗风格和浓厚的地方特色，在其发展过程中受到福州地域文化的影响，包括地理环境、民风民俗、宗教信仰等因素，是多种文化积淀的产物。

（编者注：本文原题《国家非物质文化遗产福州脱胎漆器的历史沿革与工艺研究》，刊发时有删节，现标题系原文首节小标题）

非遗传承与科技保护——复旦大学中华古籍保护研究院／文物保护创新研究院的尝试与探索

杨光辉
（复旦大学图书馆副馆长、博士生导师）

一、非遗项目回顾与展望

复旦大学中华古籍保护研究院（简称“古保院”）成立于 2014 年 11 月，文物保护创新研究院（简称“文创院”）成立于 2019 年 11 月，前者是在“国家古籍保护计划”及国家古籍保护中心支持下成立，目标是培养古籍保护与修复的高端人才；后者是在“上海三年文教行动计划（2019—2021）”及上海市教委的支持下成立，主要培养纸质文物——书画、档案、地图等修复保护的高端人才，招收“纸质文物保护与修复方向”图书情报专业硕士及古籍保护学科博士。

古保院秉持“古籍整理、科学技术与非遗技艺三位一体”发展理念，引进科学家、人文学者、图书馆古籍专家和古籍修复、装裱、雕版、造纸、制墨、版画艺术等方面的非遗专家，打造研究院专家团队，呈现出非常繁荣的局面。

文创院则在古保院的基础上，进一步地将“人才培养、科学研究、社会服务、文化传承和创新”融合起来，探索“产学研”联合发展模式。

2019 年，文创院举办了由著名书画修复师沈亚洲、沈维祝先生主讲的高级书画修复班；与中国古籍保护协会合作，由美国书籍修复大师唐·埃瑟林顿（Don Etherington）和装帧大师莫妮克·拉利尔（Monique Lallier）授课的西文装帧与修复培训班；与复旦文博系合作，举办“传统造纸与古籍修复技艺传承人群培训班”等，在业界取得良好的声誉。2020 年正式招收首届纸质文物修复与保护专业硕士。

二、现有非遗传人与相关成果

国家级古籍技艺传习中心复旦大学传习所成立于 2015 年 5 月，已有石刻碑拓、木版水印、鸟虫篆刻等非遗传承项目。其中，赵嘉福与石刻碑拓、倪建明与木版水印、徐谷甫与鸟虫篆刻等项目均取得了良好成效。

三、“非遗”走向未来——从传统手工传承到现代科技保护

研究院在新技术、新材料和新文创方面做了些探索，希望有助于非遗传人借鉴。

1. 新技术——“荛花”基因培育与开化纸的未来

在杨玉良院士团队的参与下，基本恢复开化纸传统制造工艺。由于开化纸的主要材料之一——荛花，生长环境差，无法长期供应。于是，原钟扬团队就研究荛花的品种和适合造纸的种类，做基因培养，争取解决原材料供应问题。

2. 新材料——科学检测视野下的纸质文物修复材料

中华古籍保护研究院与中国古籍保护协会合作成立传统写印材料专业委员

会，通过与上海质量监督局合作，为纸张检测提供标准化的流程，确立手工纸关键指标，并作为修复保护材料的行业乃至国家标准，提高非遗项目的科学性。

3. 新文创——现代线装家谱编撰

2017年起，杨浦区人大代表、复旦大学图书馆陈思和馆长向杨浦区人大提交《关于在中小学普及家谱制作的提案》。三年来，古保院、古籍保护学社与杨浦区文化局、少年宫、图书馆，复旦大学工会，上海市教委等合作，为数百个家庭制作了线装家谱。线装家谱亦可发展为文创产品，用开化纸等长寿命纸印制，实现产学研联动。

五年多来，两个研究院为国家培养了一批急需的古籍保护与修复的高端人才，毕业生已进入清华大学、浙江大学、复旦大学、上海图书馆、成都杜甫草堂等单位服务；年轻修复师和研究人员则派往美国加利福尼亚大学伯克利分校、哈佛大学燕京图书馆、埃及艾因霍姆斯大学等进行工作交流。

古籍保护与纸质文物保护需要国际合作，目前古保院已与美国加利福尼亚大学伯克利分校、洛杉矶分校，加拿大UBC，德国汉堡大学，英国牛津大学，法国巴黎高等师范学校，埃及艾因夏姆斯大学等建立合作交流，共同为促进国际纸质文物保护努力。

（编者注：本文刊发时有删节）

高校开发非遗文创的优势与不足

金江波
（上海大学美术学院院长助理、博士）

高校作为知识系统与研究机构的主要力量，在非遗传承与保护的工作上，具有人才优势和学科群资源的优势。

非遗研究是一个系统性工程，非遗复兴也是文明复兴的大工程。在非遗文化的传承与保护过程中，挖掘其文化内涵，提升其文化价值，增强其文化发展的生命力，发挥传承人的主体作用，是主要的工作目标。

围绕着这个目标，高校发挥其优势，主要可以做以下几件事情：

1. 知识系统性保护。从非遗的地方文脉研究到传承人的传承方式研究，理顺其路径与方法，使之成为文化档案与数据库。

2. 文化特征性研究。对非遗项目的特点进行艺术形态、技术特征研究。

3. 研究活态性合作。把非遗传承的研究课题变为公众体验节目，使之成为社区文化活力资源。

4. 为非遗传承人的培训研习研修提供教学平台。

高校作为其教育培养人与知识传播的机构，在产业化的融合中，存在一定的不足，需要考虑以下几个问题：

1. 如何将非遗文创研发工作对接市场需求？

2. 如何培养非遗文创教研队伍走向职业化科创团队？

3. 如何提升非遗文创产品的竞争力？

4. 如何培育非遗传承人从文化继承者转换为文化生产者？

（编者注：本文为作者演讲纲要，作者现为上海大学美术学院副院长）

利用馆藏资源 助力非遗传承
——上海市文化艺术档案馆传承非遗文化的实践

夏 萍
（上海市文化艺术档案馆馆长）

上海市文化艺术档案馆（以下简称“档案馆”）是从事收集和管理上海地区文化艺术资源的专业档案馆。馆藏历史悠久，载体多样，内容丰富，有戏剧、音乐、舞蹈、曲艺、杂技、木偶、美术、艺术研究、艺术教育、群众文化等在艺术创作和艺术生产活动中形成的具有保存价值的各类艺术档案。馆藏以上海地区表演艺术方面的内容居多，据统计，档案馆已积累了从明末清初至今的各类艺术档案 15 余万件，是上海文化艺术资源的收藏管理中心。

一、利用馆藏资源积聚优势，助力非遗项目的申报

2005 年 3 月，国务院办公厅印发《关于加强我国非物质文化遗产保护工作的意见》，要求建立国家非物质文化遗产名录，开展非遗普查工作。根据“意见”要求，艺术档案馆积极参与，利用艺术档案资源，相继拍摄了《沪剧》《越剧》《评弹》《何克明灯彩》《码头号子》《浦东说书》等非物质文化遗产申报片，为这些项目成功入选国家级非遗名录发挥了资源优势。同时，还与 SMG 艺术人文频道合作，拍摄了《嘉定竹刻》等多部高清专题片，积极宣传，努力让非遗走进千家万户。《海派京剧》高清专题片的拍摄工作，拟通过京剧艺术档案来呈现京剧来到上海以后，如何在上海这块特殊的土壤上生根，形成自己独特的风格，并广为传播和发展的。

二、发挥艺术档案专业知识，助力非遗遗存的保护和抢救

艺术档案是反映一定范围内艺术实践活动和艺术成就的历史记录，部分艺术档案本身就是非物质文化遗产不可或缺的组成部分。下面以京剧为例，介绍档案馆是如何通过文献、声像、实物等资源的开发、利用，形成对京剧遗存的全方位抢救和保护。

1. 多方收集补充历史文献，完整呈现京剧发展轨迹

京剧是中国的国粹，是中华传统文化最集中、最深刻、最具魅力的艺术体现。京剧于 2010 年被联合国教科文组织列入人类非物质文化遗产名录，于 2006 年入选我国首批非物质文化遗产保护名录。为了全面梳理京剧在上海的历史轨迹，档案馆的征集人员主动作为，潜心钻研，通过市场、老艺术家及家属、专家学者、民间收藏家等各种渠道，不断追踪资源信息，补充重要艺术档案，将收藏的这些文献资料串起了一部海派京剧的发展史。

2. “有声有色”地记录京剧艺术和京剧艺术家的经典作品

京剧发展至今已有 200 多年的历史，老一辈的京剧艺术家为我们留下了很多优秀的剧目和流派唱腔，如梅兰芳、程砚秋、荀慧生、尚小云四大名旦，这些

20世纪的名家所创立的流派、经典剧目，除了他们的学生传承下来以外，能让我们原汁原味地感受到经典魅力的还是那些生动活态的视听资料。所以档案馆非常重视这些资料的征集抢救工作，通过努力，征集到了梅兰芳各个流派的名家名段。这些珍贵的影像资料初步勾勒出京剧各发展阶段的脉络，对于京剧传承和发展有着特殊价值。

3. 用原样复制的方式，还原京剧名家优秀剧目的经典服饰

传统京剧的服装来源于清代的徽班衣箱，主要继承了博大的昆曲服装的遗产。随着京剧的发展，京剧服装又经历了自身的不断革新创造，经程长庚、梅兰芳、周信芳等表演艺术家的革新，艺术形态渐趋完整和稳定。作为表演艺术的京剧，技法和功力通过传承人的口传心授得以流传，与演出配套的服饰受到使用寿命的限制，要原汁原味地保存下来是比较困难的。为了使京剧名家的经典剧目完整保存，从2005年起，档案馆就挑选了裘盛戎、袁世海、马连良、梅兰芳、周信芳等数十位著名老艺术家舞台经典角色的服饰开展抢救性复制工作。在复制过程中，想尽办法借到原件，由京剧服饰专家精心还原设计，采用苏绣工艺，在面料、颜色、款式、图案、绣工等方面全方位追求与原件的一致性。我们一方面加强实体档案的保护，不断改善档案的存放环境，根据档案的不同材质，存放在不同环境的库房里；另一方面，积极开发系统化管理软件，对所有的档案进行分类整理并开展数字化保存。经过五年的抢救保护，我们已经完成了馆藏8万多件藏品的数字化挂接工作。

三、挖掘艺术档案资源，宣传、推广非物质文化遗产

档案馆通过整合艺术档案资源，出版艺术类的汇编作品，策划各类艺术专题展览等公益活动，积极宣传推广非遗项目。已举办的展览有《上海舞台艺术精华展》《回眸越剧百年主题展》《京剧脸谱和戏服展》《京剧四大行当艺术档案展》《皮影艺术展》《上海舞台艺术老照片展》《上海舞台戏曲说明书展》《戏剧人物画展》《百年戏曲电影展》《生活中的非物质文化遗产展》等，展览足迹遍布上海各博物馆、展览馆，区县文化中心、重要文化场所和大型商业广场，还走出上海到山西、台湾，跨国到日本、比利时。近两年则沿着“一带一路”足迹，将展览送到了埃及亚历山大图书馆、土耳其伊斯坦布尔，庆祝建立友好城市。

（编者注：本文作者现为上海艺术研究中心主任；文章刊发时有删节）

中国西南的非物质文化遗产保护现状

李 锦
（四川大学教授、博士生导师）

中国的西南是一个行政区划的概念，一般指以四川省、重庆市、云南省、贵州省、西藏自治区、广西壮族自治区为中心的区域。1999 年西部大开发时将湖北省的恩施土家族苗族自治州和湖南省的湘西土家族苗族自治州一并划入西部。因此，本文所指中国西南也包括上述地区。自 2004 年中国开始进行非物质文化遗产保护工作以来，中国西南的非物质文化遗产保护一直是国家开展相关工作的重点区域，保护工作具有突出特点。

一、非物质文化遗产积淀深厚，文化形态特别丰富

中国西南地区自史前时期就有人类居住，是一个历史积淀深厚，文化形态特别丰富的区域。这里居住的人口众多，少数民族人口比例大。据 2020 年第七次人口普查数据显示，六省区总人口 2.55 亿，其中少数民族 6995 万人，汉族、壮族、藏族、彝族、羌族、回族、苗族、瑶族、侗族、布依族、哈尼族、白族、傣族、傈僳族、拉祜族、佤族、纳西族、景颇族、布朗族、普米族、阿昌族、怒族、基诺族、德昂族、独龙族、土家族、仡佬族、水族、畲族、毛南族、仫佬族、蒙古族、满族、京族、土家族、门巴族、珞巴族 37 个民族世代居住在这里。悠久的历史，丰富的文化，使得这里的非物质文化遗产积淀深厚，文化形态丰富多彩。

中国西南地区进入联合国教科文组织“人类非物质文化遗产名录”的项目很多。格萨（斯）尔、藏戏、羌年、藏医药浴法是以上述地区为主的项目，其他相关的如年画（绵竹年画）、中国雕版印刷技艺（德格印经院雕版印刷技艺）、宣纸传统制作技艺（夹江宣纸制作技艺）、中国皮影戏（成都皮影）、二十四节气（湘西赶秋）等，都是非常重要的人类非物质文化遗产。

中国的国家级非物质文化遗产代表性项目名录共公布了 5 批次，分为 10 大类，1557 个项目。其中，四川省共 153 个项目，贵州省 159 个项目，云南省 145 个项目，重庆市 53 个，广西壮族自治区 70 个，西藏自治区 105 个，共 685 个项目。占所有项目的 44%。而中国的西南地区有国家级非物质文化遗产传承人共 530 人，其中四川 107 人、贵州 94 人、云南 125 人、重庆 59 人、广西 49 人、西藏 96 人。

在中国非物质文化遗产的整体性保护过程中，文旅部设立了国家级文化生态保护区，这是指以保护非物质文化遗产为核心，对历史文化积淀丰厚、存续状态良好，具有重要价值和鲜明特色的文化形态进行整体性保护，并经文化和旅游部同意设立的特定区域。设立时名称为“国家级文化生态保护实验区”，建设后通过文旅部验收，正式称为“国家级文化生态保护区”。到 2021 年 12 月共设立了国家级文化生态保护区24个，中国西南地区有8个，分别是：

羌族文化生态保护区，范围包括四川省阿坝藏族羌族自治州茂县、汶川县、理县、松潘县、黑水县，绵阳市北川羌族自治县、平武县。武陵山区（湘西）土家族苗族文化生态保护区，范围为湖南省湘西土家族苗族自治州。迪庆民族文化生态保护实验区，范围为云南省迪庆藏族自治州。大理文化生态保护实验区，范围为云南省大理白族自治州。铜鼓文化（河池）生态保护实验区，范围为广西壮族自治区河池市。黔东南民族文化生态保护实验区，范围为贵州省黔东南苗族侗族自治州。武陵山区（鄂西南）土家族苗族文化生态保护实验区，范围为湖北省恩施土家族苗族自治州，宜昌市长阳土家族自治县、五峰土家族自治县。武陵山区（渝东南）土家族苗族文化生态保护实验区，范围为重庆市黔江区、石柱土家族自治县、彭水苗族土家族自治县、秀山土家族苗族自治县、酉阳土家族苗族自治县、武隆县。

综上所述，我们可以看到，中国西南的非物质文化遗产非常丰富，形态独特，具有极高的保护价值。

二、羌族文化生态保护区建设的成功案例

2008年5月12日汶川发生了8.0级特大地震。地震造成巨大破坏，导致上千万人民失去家园，灾区文化基础设施遭受严重破坏，文化遗产受到严重威胁，抢救和保护工作面临前所未有的重大困难。

2008年7月国务院批准《羌族文化生态保护实验区规划纲要》，2008年11月文化部批准设立“羌族文化生态保护实验区”。2019年12月，羌族文化生态保护区通过文旅部验收，正式成为国家级文化生态保护区。羌族文化生态保护区建设呈现出以下特点：

第一，举全国之力，文化生态空间恢复与灾后重建同步进行。2008—2011年，在党中央和国务院的亲切关怀下，在全国人民的大力支持下，在对口援建各省区的无私帮助下，灾区各族人民自力更生、团结奋斗，在羌族文化生态保护实验区内进行了大规模灾后重建，绵阳市共实施了46个项目，总投资301648万元。阿坝州共实施了360个项目，总投资188447.16万元。上述项目涵盖数字化资料收集，博物馆、传习所和展示馆的建立，代表性名录项目活动的恢复、传承人保护、文化空间恢复与重建等方面。在3年时间实现了文化空间的恢复和再造。

第二，以整体性保护为中心，注重文化生态建设。羌族文化生态保护区建设首先进行了自然环境修复，以对抗地震灾害带来的巨大破坏，为文化空间重建提供安全的空间。之后，进行了文化空间的整体恢复，包括修复传统村落、异地重建村落时保存传统风貌，新建博物馆、传习所，提供传承传习场所，进行抢救性保护，开展产业重建，在城镇景观、文化旅游景区建设中保护羌族文化特色等。

第三，同时进行非遗传承人和项目保护。震后进行了大规模的抢救性保护工作，“羌年”被列入联合国“急需保护的非物质文化遗产名录”，大量的项目列入各级非物质文化遗产代表性项目，认定了急需保护的传承人，开展了紧急的抢救和保护工作，激发了羌族群众的文化自觉和保护活动开展，取得了很大成效。

第四，羌族文化生态保护区的保护方式不断创新，以适应城镇化、震后人口流动的需求，使得非物质文化遗产保护能够保持较高的活力。瓦尔俄足、夬儒节等传统节日的影响越来越大。

三、非物质文化遗产保护让人民群众有获得感

中国西南的六省区，都是我国经济社会发展相对落后的区域，以国家力量开展非物质文化保护，要让人民群众有获得感。生产性保护就是其中非常重要的保护方式。

生产性保护是我国非物质文化遗产保护的主要方式之一，是指在具有生产性质的实践过程中，以保持非物质文化遗产的真实性、整体性和传承性为核心，以有效传承非物质文化遗产技艺为前提，借助生产、流通、销售等手段，将非物质文化遗产及其资源转化为文化产品的保护方式。目前，这一保护方式主要是在传统技艺、传统美术和传统医药药物炮制类非物质文化遗产领域实施。

文化部先后于2011年10月和2014年5月公布了两批合计100个国家级非物质文化遗产生产性保护示范基地（以下简称“基地”）。其中，传统技艺类基地57个，传统美术类基地36个，传统医药类基地6个。在公布名单中，基地总量最多的是四川省，共7个，分别是：四川省成都蜀锦织绣有限责任公司的蜀锦织造技艺、四川省绵竹年画社的绵竹木版年画、四川省雅安市友谊茶业有限公司的黑茶制作技艺（南路边茶制作技艺）、康定大吉香巴拉文化发展有限公司的藏族唐卡（噶玛嘎孜画派）、四川省凉山彝族自治州民政民族工艺厂的彝族漆器髹饰技艺、四川省青神县云华竹旅有限公司竹编（青神竹编）、四川省汶川杨华珍藏羌织绣文化传播有限的藏族编织、挑花刺绣工艺，羌族刺绣。广西2个，分别是：广西壮族自治区靖西县壮锦厂的壮族织锦技艺、广西钦州坭兴陶艺有限公司的陶器烧制技艺（钦州坭兴陶烧制技艺）。贵州3个，分别是：贵州省丹寨县石桥黔山古法造纸专业合作社的皮纸制作技艺、贵州省台江芳佤银饰刺绣有限公司的苗绣、贵州丹寨宁航蜡染有限公司的苗族蜡染技艺。云南4个，分别是：云南省红河哈尼族彝族自治州建水县贝山陶庄文化产业有限公司的陶器烧制技艺（建水紫陶烧制技艺）、云南省普洱市宁洱县困鹿山贡技茶的普洱茶制作技艺（贡茶制作技艺）、云南省剑川县兴艺古典木雕家具厂的木雕（剑川木雕）、云南省大理市周城璞真综艺染坊的白族扎染技艺。重庆1个，重庆市永川豆豉食品有限公司的豆豉酿制技艺（永川豆豉酿制技艺）。西藏5个，分别是：西藏自治区江孜地毯厂的藏族邦典、卡垫织造技艺，西藏自治区藏药厂的藏医药（藏药七十味珍珠丸配伍技艺）、拉萨市城关区古艺建筑美术公司的藏族矿植物颜料制作技艺、西藏唐卡画院的藏族唐卡（勉萨画派）、西藏自治区囊谦藏族民间黑陶工艺有限责任公司的陶器烧制技艺（藏族黑陶烧制技艺）。六省市加起来共 22 个。

2016—2020 年，非物质文化遗产保护与群众脱贫攻坚紧密结合，为文化旅游产业、文化创意产业和传统工艺振兴提供了非常丰富的资源，成为大量贫困人口增加就业和收入的机会。如四川省凉山彝族自治州将国家级非遗项目彝绣、银饰、漆器等众多独具特色的传统工艺转化为脱贫生产力，既带动了贫困群众就近就业、居家就业，也促进了非物质文化遗产的活态保护，走出了一条“非遗+扶贫”的致富道路。凉山州美姑县牛牛坝乡北辰社区彝族刺绣工作坊车间，一件绣品衣服能卖到 3000 元。越西县乐青地乡瓦曲村一家银饰作坊，作坊主曲木阿且是州级非遗传承人。他作为党员，开坊授徒，吸引了 30 余人常年学艺、务工，一年能卖出银饰产品好几吨，带动全村数十户走上了致富道路。2017 年 5 月，电商平台唯品会推出了“唯爱工坊”项目，通过行业联合指导、非遗人才培养、非遗时尚产品打造、电商公益售卖等举措，推动非遗现代生活化、时尚商品化和发展可持续化，并实现对手艺人的帮扶。帮扶范围包括四川、贵州、西藏等 12 个省（自治区），上线了 27 种非遗技艺，精准对接到 14 个国家级贫困县，为 5000 多名手艺人带去 1000 多万元劳动报酬。贵州举办的贵州丹寨非遗周，也是希望通过非遗与旅游的融合，让非物质文化遗产拥有者获得更多回报。

总体而言，中国西南地区非遗资源丰富，非遗保护工作非常有特点，为形成非遗保护的中国话语提供了很好的支撑。

高校非遗教育的跨界创新模式

章莉莉
（上海大学美术学院副教授）

中国的非遗传承人群所面临的问题是技艺精湛、手艺娴熟，但是由于长期以来相对封闭的师徒传承、家族传承、作坊传承等方式，在创新发展的能力上相当欠缺。文化部启动的“中国非遗传承人群研培计划”从一定意义上，不仅要提供系统完善的艺术课程、设计课程、非遗通识课程、市场营销课程等，还需要教会传承人如何突破创新，将传统技艺与当代生活联系起来，具有一定策划设计能力，将非遗手工艺转变为当代生活美学用品，重新回到生活中，被公众所认识、消费、欣赏，重建中国式美学意境，提高民族文化的自信心，这样才是非遗活态传承的最终方式。

通过一段时间的非遗教学实践之后，我们发现在短时间内要改变非遗传承人的思维模式并完全掌握创新方式是有难度的。经过几轮尝试和摸索，我们逐步发现了“跨界创新模式”可以有效地推进非遗创新发展，即根据非遗技艺特征来选择和邀请设计师与传承人共同牵手进行跨界创作。

下面介绍三个跨界融合创新案例。

第一个案例是关于竹艺非遗的跨界创新。上海大学美术学院和上海公共艺术协同创新中心承办的文化部“中国非遗传承人群竹艺研修班”正在推进中，我们不仅为20位来自全国的顶尖竹艺非遗传承人提供系统的高校艺术类、设计类、营销类专业课程，更重要的尝试是与荷兰当代设计师进行跨界合作，以竹为媒介，围绕中国非物质文化遗产中“竹编、竹雕、竹刻”等传统技艺进行再创作。

第二个案例是关于织绣类非遗的跨界创新。在织绣创新研习班中同样采用跨界创作的方式牵手了一对对传承人和设计师之间的合作，共邀请了8位织绣类非遗艺人、20位中国跨界设计师和艺术家、1位国际纺织品艺术家，组成一支融合创新的非遗跨界团队，经过非遗讲座和培训让设计师充分了解手工艺特征和文化的基础上开始创作，共同完成一系列高级定制的织绣类跨界作品，涉及时装、鞋类、家居、玩偶、皮具、首饰、当代艺术等。

第三个案例是关于羌绣保护的案例，一个“羌绣走出大山，走进巴黎”的故事。通过努力，羌绣走到了国际时尚的最前沿，实现了羌族同胞的梦想。同时，羌绣青年传承人张居悦也在不断的学习创新中取得了丰硕的成果，2015年10月她在北京双创会上受到李克强总理的接见。

希望越来越多的青年手艺人和跨界设计师，加入到非遗创新之路中来，希望高校中的非遗教育能构建起一个为传承人和青年设计师共同携手创作的平台，促进传统工艺与现代设计共同发展。将非遗传承事业融入时代发展道路，重新链接消费市场，走入国际视野，实现可持续的发展。

（编者注：本文作者现为上海大学美术学院教授，原文标题为《高校非遗教育的跨界融合创新模式》，现标题经作者本人修改；刊发时有删节）

“活态传承”——闽南传统工艺传承的源泉

潘尤龙
（福建省雕塑学会会长、福州大学非遗保护中心主任）

福建省闽南地区曾经是工艺美术产业很重要的研发和创新基地，工艺美术产品出口世界各地。近年来闽南的经济发展逐步从传统的手工业向高科技的产业转型。如何让传统工艺被青年一代所认可和喜爱，通过什么路径让年轻一代加强对传统工艺的传承与发展，这将是今天要思考的问题。

一、闽南传统工艺传承概况

福建是全国工艺美术产业和门类最齐全的省份之一，工艺美术产业的上游、中游、下游都配套有完善的制造体系。从 2019 年国家统计局的 GDP 数据来看，福建省工艺美术产业产值约 2600 亿，在中国排名第三。而在福建省的传统工艺美术产值中，闽南区域占据 65%，以福建木雕、石雕、陶瓷、金属加工等工艺美术产业尤为突出。

从闽南区域工艺美术产业集群分布上，以厦门作为中心画一个圆弧，一个半小时的车程之内工艺美术重点产业几乎全覆盖。在厦门，未来的产业发展中将会成为又一个百亿的项目。

二、“活态传承”在传统工艺传承与发展中的应用

传统工艺传承与发展应用的研究，要立足挖掘当地现有的资源，把社会、高校和青年人的喜好进行归类研究，把传统工艺和文化传承与当代青年人的欣赏审美相结合。

例如，厦门传统丝绣工艺从花草、蝴蝶等传统丝绣主题内容转向青少年学习手工艺兴趣的方向。

另外，结合爱国主题教育学习传统刺绣工艺，受到地方教育部门高度肯定。从原来冷清的绣坊转变成中小学生必去学习的绣坊，有了人们的参与学习，绣坊生意红红火火；有了收入，绣坊也就能很好地持续发展。

通过传统的工艺学习，逐渐培养了青少年的兴趣，传统工艺后继有人，这样才能更好地传承。在与生活需求相结合的基础上，生活艺术化，艺术生活化，传统的工艺美术才能在应用中发展，在应用中更好地活态传承。

三、“活态传承”的研究思路与实践

首先，对传统工艺传承中的种类归纳及优势劣势、存在的问题，通过比较研究加以总结。其次，对闽南传统工艺最有特色的漆线雕、珠绣、彩塑等传统工艺进行分析，找出成功点与不足点，解决传承中的短板。再次，提出如何结合中、小学美育课程将游学和传统工艺导入，使青年人热爱传统工艺，激发其兴趣点，建设传统的工艺人才梯队，不断提供有价值的知识点。在传统技艺中结合青少年教育项目，如剪纸、彩扎、彩塑等多项传统工艺项目的普及教育，实现传统与当代生活相结合，使传统工艺在当代生活的使用中提高与发展。

（编者注：本文刊发时有删节）

传承与创新 千年窑火不断

欧阳景
（景德镇陶瓷协会秘书长）

一、源远流长的制瓷历史

从海上丝绸之路运到国外去的货物有大量的中国瓷器，其中大部分是中国景德镇所产的瓷器。中世纪欧洲皇家贵族都把拥有中国瓷器作为尊贵、奢华的象征，中国领导人出访送给外国首相、元首的国礼有很多是景德镇特制的精美陶瓷。

景德镇是一座有着悠久历史的古老城市，是中国四大名镇之一，是我国首批公布的24个历史文化名城之一。 景德镇汉代称新平，“新平冶陶，始于汉世”，至今有1800多年历史。景德镇制瓷技术成熟，并飞速发展是从宋代开始，以生产青白瓷而闻名。青白瓷是代表中国宋代制瓷最高技艺水平之一的瓷种，它确立了景德镇世界瓷都的地位。高岭土的使用，增加了可塑性，提高了烧成温度，使景德镇瓷器制造进入了二元配方（由单一的瓷石变为瓷石加高岭土），景德镇瓷器品质发生了根本的改变。景德镇郊区的高岭村成为瓷的故乡。

北宋景德年间，宋真宗皇帝对景德镇生产的瓷器爱不释手，遂把当年的年号“景德”赐予这个小镇。元世祖忽必烈在景德镇设立浮梁瓷局，是元王朝在景德镇设立的全国唯一一所为皇室服务的瓷局。明代洪武至清代宣统近 600 年间，历代帝王都在景德镇设立“御窑厂”。

1964 年经周恩来总理批准成立江西省陶瓷工业公司。 2002年景德镇市政府成立景德镇市瓷局。

景德镇瓷器素有“白如玉、明如镜、薄如纸、声如磬”的独特风格，享誉海内外。青花瓷、玲珑瓷、粉彩瓷、高温颜色釉瓷并称景德镇的“四大名瓷”。

2014年11月28日，联合国教科文组织宣布景德镇市获得联合国教科文组织全球创意城市网络正式会员城市，并荣膺“世界手工艺与民间艺术之都”称号。标志着千年瓷都景德镇又获得了一张世界级的“名片”。

二、传承与创新

景德镇悠久的陶瓷生产历史是一部陶瓷传承与创新的历史，这些传承和创新主要包括以下方面。

1. 从陶到瓷。
2. 从一元配方到二元配方（瓷石加高岭土）。
3. 高温还原焰烧成形成了“白里泛青”这一景德镇瓷器特色。
4. 窑炉燃料的改变：松柴—煤—重油—煤气（城市煤气、石油液化气、天然气）。
5. 窑炉结构的改变：烧松柴的镇窑—烧煤的倒焰窑（园包窑）—烧煤（油、

气）隧道窑—烧气的梭式窑。

6. 燃料的洁净使得窑具改变：匣钵—棚板、支柱（无匣裸烧）。

7. 窑炉的燃料和窑炉结构的改变使陶瓷烧成制度（温度、压力、气氛）易于控制，窑内上下温差减小、成品率提高。

8. 陶瓷成型方法多样：手工拉坯、印坯、各种手工雕塑（圆雕、捏雕、堆雕、微雕等）、压坯（刀压和滚压，阴模和阳模）、注浆（分空心、实心、压力、离心等）

9. 陶瓷装饰艺术不断传承创新，丰富多彩：宋代的影青刻瓷、元青花（鬼谷子下山）、成化斗彩（鸡缸杯）、万历五彩、清代粉彩、康熙古彩、雍正珐琅彩、乾隆颜色釉、光绪新彩、清末民国初浅绛彩，现代的釉中彩、颜色釉装饰以及各种综合装饰等为人类创造了丰富的人间瑰宝。

10. 陶工主要来源于两类：一类是院校毕业的称为学院派；另一类是师傅带徒弟的，这一类占大多数。

对景德镇陶瓷这项非物质文化遗产的保护，当地政府非常重视。2012 年 3 月成立了景德镇市非物质文化遗产研究保护中心，承担全市非物质文化遗产的普查、研究、保护、交流、展览等职能。制定并实施《景德镇市陶瓷文化生态保护实验区规划纲要（2012—2025）》。全市现共有非遗保护项目国家级 3 项，省级 24 项，市级 58 项；生产性保护示范基地国家级 2 个，省级 4 个，市级 14 个；非遗代表性传承人国家级 10 人，省级 41 人，市级 310 人。

（编者注：本文刊发时有删节）

千年建盏技艺的传承与创新

徐卫兵
（福建省南平市建阳区文化体育新闻出版局局长）

一、千年非遗、震古烁今，建窑建盏的发展脉络

建窑建盏是中华陶瓷文化的瑰宝。建窑是宋代八大名窑之一，位于南平市建阳区水吉镇后井村、池中村一带。建窑生产的黑瓷茶盏——建盏，早在宋代就已闻名天下，成为上至王公贵族、下至平民百姓都喜爱的“斗茶”神器。建盏釉面变幻莫测，巧夺天工，一度进贡宫廷并流传日本等海外国家和地区。苏东坡、范仲淹、黄庭坚等宋代名人都曾留下过赞誉建盏的精美诗文。建盏的烧制始于唐代，兴盛于两宋，至宋末元初衰弱，明代停烧。

中华人民共和国成立后，国家十分关心建窑的研究工作。国家文物考古队等单位都先后到建阳古窑址考察和发掘。1979 年 9 月，中央工艺美术学院等单位组成攻关小组，开始进行建窑仿古瓷试验。1981 年 5 月，经专家鉴定，仿古建盏的造型、釉色和胎骨与宋代同类器几乎无异，建盏黑釉瓷终于重现其迷人的光彩。

建阳区委、区政府高度重视建窑建盏产业发展，把建盏作为独具特色的文化“金名片”进行产业布局，建盏文化产业快速发展。“建窑建盏制作（烧制）技艺”分别于 2009 年 5 月、2011 年 5 月被列入第三批省级、国家级非物质文化遗产名录。2012 年，建阳区启动申报建盏为国家地理标志保护产品的工作，编写《建阳建盏标准》，首次提出了建盏工艺的规范生产要求；2015 年 7 月，“建阳建盏”正式被国家工商总局商标局批准为国家地理标志证明商标；2016 年 12 月 28 日，“建阳建盏”被国家质检总局批准为国家地理标志保护产品；2017 年 9 月 4 日，中国陶瓷工业协会授予建阳区“中国建窑建盏之都”荣誉称号；2018 年 5 月 5 日，福建省地方标准《DB35/T1739-2018 地理标志产品——建盏》正式颁布实施。这是福建省第一部关于建盏制瓷工艺的地方标准。

二、整体保护、活态传承，留住建盏文化的根与魂

保护的基础是传承，为此我们做了以下工作：

一是普查摸底、整体保护。设立专项资金，加大财政投入，强化建盏非遗的保护。树立建盏烧制技艺全过程的整体保护的工作思路，在保护中既重视保护活态的非物质文化遗产和与之相关联的物质文化遗产，又重视其自然和文化生态环境的营造，采取系统的整体性科学保护。

二是以人为本、活态传承。在师徒相授的传统教学模式基础上，进一步发展“产学研一体化”的模式。以保护各级代表性传承人为重点，实施非遗传承人群研修研习培训计划，逐步扩大非遗传承人群的参与面，提升非遗传承人群的总体素质，使建盏传统工艺持续发展。

三是加强交流、扩大影响。办好非遗节、建盏文化博览会和技艺研讨会，为非遗传承提供更多更广阔的研究展示交流平台。制订实施建盏传统工艺振兴计划，促进传统工艺提高品质、形成品牌、走进生活、增加就业，形成有本地文化特色的知名品牌乃至国家品牌。

四是提高认识、强化自信。坚持政府主导，社会参与的原则，制订完善建盏非遗保护工作制度和机制。加大宣传力度，提高公众对建盏烧制技艺非遗的保护意识，特别是培养当地百姓的自觉和自信，建立具有高度责任感和自觉意识的可持续发展的建盏非遗传承群体，使保护传承水平跃上新台阶。

三、立足传承、精准创新，开创非遗发展与振兴之路

一是立足传承，打造非遗文旅精品。建阳区非遗建盏的创新以“建盏”为中心和依托，科学地与同区的朱子文化、宋慈文化、建茶文化、建本文化等相结合，使建盏从单一的陶瓷品，转化为具有丰富文化内涵的工艺品，提升其附加值，形成具有建阳区特色文化元素的文创产品。同时，将建盏制作产业、文化创意产业和生态旅游产业相融合，使非遗建盏文化产业成为“书香建阳”文旅综合体的特色文化品牌。

二是精准创新，振兴传统非遗工艺。建盏除传统的“茶盏”形式外，还根据当代文化的特点，创造出大众喜爱的产品样式，如生肖、情侣、吉祥物以及建盏与文具、饰品、茶具等结合的全新的各类文创产品，成为茶道、花器、灯具、办公用品和文化纪念品。建盏在新时代的背景下，对工艺生活情感进行重新发掘，将技艺传承和品质弘扬有机地结合起来，使其融入人们的工作和生活，表现出属于这个时代审美品格的优秀产品，让“盏文化”很好地延续发展。

（编者注：本文刊发时有删节）

培养传统工艺美术传承人的模式
——以杭州刺绣传承为例

陈水琴
（中国工艺美术大师、中国工艺美术大师评审委员会专家）

刺绣，俗称“绣花”，是中国优秀的传统民间工艺美术之一。刺绣成品具有浓厚的装饰效果和艺术感染力。刺绣作为中国优秀的传统文化艺术，被国际友人誉为神奇的东方艺术。苏绣、湘绣、蜀绣、粤绣四大名绣以及顾绣、杭绣、汴绣、京绣等全国二十多个绣种被通称为中国刺绣。千百年来，民族民间的中国刺绣以其自绣自用、美化生活、表达情感而深受人们的喜爱并扎根于民间，分布于全国各地，一直传承到今天。

中国刺绣主要分为三大类：民间刺绣、宫廷绣、闺阁绣。民间刺绣用途最为广泛，也最受人们的喜爱，因此成为刺绣的主流，而刺绣又被更广泛地用于朝廷皇宫的官服、宫服制作。

随着时代的变迁、社会的发展、现代人们对生活需求的改变，刺绣的应用范围也随之慢慢萎缩，有的传统技艺还面临着濒临失传的境遇。20 世纪五六十年代，为使传统艺术得到持续的保护、传承和发扬，政府在各地相继成立了工艺美术研究所、工艺美术学校。上海、杭州工艺美术学校也于 1960 年成立，我有幸成为首届杭州工美学校的学生，学习刺绣专业。从此，一绣就是一辈子。

上海工艺美术职业学院从 2011 年开始，聘请各地的工艺美术大师在学院设立大师工作室，每年招收学艺学员，由大师亲自传授技艺、培养传统工艺后继人才。我从 2012 年开始，已经招收了六届刺绣学员，通过认真教学，取得了可喜的成绩。她们中有的已成为学院的专业老师，有的在学校毕业后，拜师在我名下，现在已成立了自己的刺绣工作室。

我认为以学校的形式培养传统工艺美术传承人是最好的传承模式，因为学校能系统、规范地进行文化课和绘画课的教学，所以学生对刺绣的理解能力会更强，悟性也更高，我指导学生的过程也会更为顺利。现代传统工艺美术人才不像老一代艺人光有精湛的技艺，而没有文化。我们要发扬“工匠”精神，更要成为有文化、有艺术修养的新一代“工匠”，而工艺美术学院就是要培养出这样的人才。

近几年来，政府对传统工艺和非物质文化遗产的保护力度逐渐加强，杭州市政府专门启动“薪火传承”活动，在小学、中学、中国美院、浙江省特殊教育学院等设立刺绣专业课程，并聘请我们去授课传艺。我倾心开发了系列衍生产品，如旗袍、围巾、钱包、绣花鞋、团扇等与人们生活密切相关的用品。当今人们对生活品质的要求越来越高，这些绣品也越来越受到人们的喜爱，吸引了更多的姑娘们前来学习刺绣。期待古老的杭州刺绣技艺从历史的长河中以它的纤纤绒丝、绵绵深情绣出美好的未来！

（编者注：本文原题为《从杭州刺绣看非遗传承的特点》，现题为编者所加；刊发时有删节）

非遗的传承保护在于坚守与创新
——以“金银细工”为例

张心一
（中国工艺美术大师、国家级非遗传承人）

作为国家级非物质文化遗产的“金银细工”项目在中国历史上占有重要的地位。它不仅继承了中国金银细工的优秀传统技艺，而且融汇了中西方镶嵌工艺和现代雕塑手法，形成了设计构思新颖、款式高雅优美、做工精致细巧、材质多样的海派艺术特色。

由于历史的变迁与发展的原因，这一传统工艺曾经面临失传的困境。在20世纪70年代初，上海还能从事此项工艺的艺人也不足十人，而且他们的年龄都已将近60岁。而在此青黄不接之际，我有幸成了此项目的传承人。在近50年的职业生涯中，也经历了一个跌宕起伏的过程，从中也使我收获了不少体会。

在上述的背景下谈非遗传承的坚守与创新感触颇深，同时也感到我们每个传承人责任之重大。以“金银细工”为例，由于其材料贵重，从古至今一直是皇家贵族所用的器物，而时代变了，那么我们所制作的作品如何去适应这个时代呢？如果不去探索研究这个问题，那么就必将是被历史所淘汰，随之而来的就会使这个非遗项目名存实亡。

因此，我们一直在不断地探索和研究解决这些难题：

第一，如何将原料成本及价格降下来，使其进入平民百姓生活。

第二，如何设计和制作出符合时代审美观的作品，并吸引更多的消费群体。

第三，如何打造一些工艺美术与实用相结合的产品，从而扩大市场。

第四，如何运用我们这一非遗传统技艺继续延伸至其他领域，使其融合与创新。

第五，如何与其他辅助材料相结合，使其既降成本又有创意。

第六，如何把现代高新科技应用于这一传统工艺上，使其更贴近时代的发展。

综上所述，当这些问题被逐一解决之后，也使我们的“金银细工”工艺项目能在复杂多变的环境中得以生存，并得到发展。以上的关键词就是在困难面前坚持创新。

所谓创新实际上是多方位的，它包括了造型、题材、工艺、技术乃至消费对象等。首先要考虑的是在传承保留其风格特点的前题下，如何进一步地去完善它的工艺，在此基础上利用其独特的工艺技术设计和制作出符合时代特征和需求的艺术品和实用工艺品。我们有许多非遗项目在传承的过程中往往是偏重于技艺及款式造型的复制、模仿，而缺乏了改进或创新。在当今的时代背景之下，我们的非物质文化遗产保护模式并不是固化的，而应该是在发展创新中求得保护，在先辈留下的技艺上，在保留继承的基础上，有所突破与进步；在艺术水准上，在传承的基础上要有所提高和创新；在其应用领域范围上要有所拓展。

作为非遗传承人，如何做好培养接班人的工作是在新时期发展中的一个问题。对于传承人而言，除了在技艺上的传授之外，在文化素养、传统历史方面也应该加强教育，使他们对于非物质文化遗产的涵义有清晰的认识。现在讲到非遗传承问题时，往往没有突出“文化”二字，认为非遗只是技艺上的传授。实际恰恰相反，缺少了“文化”，传承必定会走偏的。

（编者注：本文副标题为编者所加，刊发时有删节）

云南非遗保护的思考

赖庆国
（中国工艺美术大师）

一、民族文化活性生态博物馆

云南是中国少数民族聚居地区，虽然历史上古滇国、丽江纳西族、大理白族都曾经创造过辉煌的区域文明，但由于其特殊的区域位置和地理条件，这些都没有对云南以外的文化产生特别的影响，但也因此完整地保护了云南各种原生文化。即便是同一民族，由于交通及通信条件的限制，生活方式和文化传承方式也是各具特色。

云南不仅具有丰富的多元原生民族文化，同时也是民俗、民间传统文化丰富和拥有众多非物质文化遗产项目的文化强省。云南省由政府部门组团首次参加“广交会”，营销云南文化项目的做法就引起了所有参会展团的关注。有展商开玩笑说：“我们参会卖的是商品，而云南卖的是文化。”可见云南文化项目在现代文化经济发展项目中的优势。

然而我们也应清楚地认识到，云南之所以能够将众多原生民族文化和各种民俗、民间文化完整地保留下来，很大程度上归功于其特定的历史和特殊的地理位置，因而未被其他文化所“同质”化。但随着现代商品经济和科技的高速发展，云南传统文化所受的关注度越来越高，云南特殊的地理区位将会受到外界的影响，云南传统文化也可能因此而失去保护屏障，多元民族文化和众多民俗、民间文化也将面临资源性挑战，主要表现在城市规划“同质化”和无序、无效、无商品开发导致资源破坏两个方面。

二、保护性开发是最好的保护

通过上述分析可以得出结论，开发利用是对各类传统民族文化及非遗文化最好的传承，然而开发不当就会对其造成破坏。因此如何在社会快速发展、科技高度发达的今天还能保留非遗的特色，对我们而言是一项挑战。“非遗”虽然不是“非物”，但都依赖物质对象来承载人类的历史文化和生活行为。

“非遗”一般都具有如下特征：工艺已被现代科技所替代；属民间传统手工艺，流传不广；功能已被现代工业产品取代；只在区域、局域内流传；个性特征强烈，难以复制；一般依靠行为传承和叙述传承；同时也需要物质对象和环境适应。

针对以上特点，在开发上我们须将传统工艺、文化与现代设计创新结合起来，从而达到保护性开发的目的。

1. 创新设计。今天我们所说的传统与现代设计结合，实际上就属于创意文化方式。传统与现代设计的创新结合过程可以分解为三个层面：工艺过程；使用原材料；文化元素。在设计时要考虑几个问题：完全传统工艺或是完全现代工艺？部分工艺替代或是完全传统材料？现代材料替代还是综合材料结合？当代时尚文化元素还是传统文化元素？

2. 创新意识。 任何两种不同的文化相碰撞，一定会产生一种新的文化概念。文化的差异性越大，所产生的概念就越强烈。每一个新概念的出现，就是一次文化创新的过程，这就是文化协同创造。

（编者注：本文原题《中国当代多民族融合环境下的非遗保护现状（云南篇）》，现题为编者所加；刊发时有删节）

从景泰蓝的传承看传统技艺的创新魅力

钟连盛
（中国工艺美术大师）

景泰蓝又称“铜胎掐丝珐琅”，于元朝末年传入中国，明朝景泰年间兴起。由于当时的釉色主要以蓝色为主，故后人称之谓“景泰蓝”，距今已有600多年的历史，是最具北京特色的传统手工艺品之一。它采用金银铜及多种天然矿物质釉料为原材料，集美术、雕刻、金工、镶嵌、玻璃熔炼、冶金锻造等专业技术为一体，精美华贵，雍容富丽，金碧辉煌，具有鲜明的民族风格和深厚的文化内涵，被誉为国宝“京”粹，2006年入选首批国家级非物质文化遗产名录。

景泰蓝，是明清两代宫廷名贵重器，成为宫廷御用品为皇家贵族独享，在清代康雍乾三朝达到发展的鼎盛时期。民国年间，由于战乱，使整个景泰蓝业陷入极度萧条的境地。中华人民共和国成立后，国家出台了一系列扶持工艺美术发展的利好政策，使我国工艺美术行业得到了大的发展。1951年梁思成、林徽因在清华大学营建系成立了一个工艺美术小组，抢救濒于灭绝的景泰蓝。

从1956年公私合营成立北京珐琅厂到20世纪90年代初，企业生产的景泰蓝几乎全部出口，为中国的经济建设做出了巨大贡献。90年代以后，传统工艺美术行业迅速萎缩，企业为履行传承文化遗产的使命，适应市场变化和需求，依靠专业技术实力，把景泰蓝产品定位为“国内、国际、旅游”三大市场，并据此开发了三大文化系列，即佛教文化系列（华夏文化）、基督教文化系列（欧美文化）和伊斯兰文化系列产品。以研发满足不同消费群体、具有鲜明文化内涵和时代感的产品作为产品创新的主导方向，这些新品造型简洁、大方，有鲜明个性，装饰取材更为广泛，给传统景泰蓝带来了一丝清新的气息，形成了全新简洁、现代时尚的新一代景泰蓝，使企业逐步走出了低谷。

2000年以后，北京市珐琅厂在继承明清优秀传统技艺的基础上继续深化打造大师精品。在收藏精品的同时，积极探索拓宽景泰蓝工艺的应用领域，在室内外建筑装饰、城市景观工程等环境艺术装饰方面取得历史性突破，在生产工艺各工序严密配合并同工程技术人员联合攻关之下，相继在应用领域、生产制作工艺、创新攻关环节及装饰艺术效果几大方面有所突破，为传统景泰蓝技艺的创新发展作出了巨大贡献。

2017年，50英寸景泰蓝《盛世欢歌》大瓶，作为国礼由习近平主席赠送给日内瓦联合国总部，《四面方尊》赠送给世界经济论坛组织。这些都展现出“京珐人”通过集体的智慧，对景泰蓝技艺的完美继承和创新发展，也向世人展示了景泰蓝艺术的耀眼风采，弘扬了祖国悠久灿烂的传统文化，为国家赢得了荣誉。

（编者注：本文刊发时有删节）

非遗进校园的实践探索

陈海龙
（中国工艺美术大师）

2016年5月8日，我作为上海分会场的唯一代表参与了2016年职业教育活动周启动仪式，并通过视频连线的形式跟远在天津的主会场进行了互动。在会上我向领导汇报了我和我所带领的学生所设计和制作的作品，同时也介绍了我支持学校不同专业的学生自发成立的非遗大师班，辅导学生开展传习体验活动、体验传统技艺的实践活动等不同的教学实践工作。

与会领导在充分肯定这部分工作的基础上强调，全国的非遗传承带头人应该把技艺带到学校、带到职业教育中去，使更多的孩子了解这方面的知识，增强他们的民族自豪感，同时也鼓励他们把传统文化带出去。

在上海出版印刷高等专科学校的领导和同事的支持下，我已建立了以名字命名的大师工作室，并和我的继承人陈易等老师一起合作，共同开设了非遗工艺体验课程，形成了一个非遗传承和教授团队，让学生有机会体验拓片工艺、纸雕工艺、篆刻工艺、陶瓷工艺等多种传统技艺，在传授制作方法的同时，使他们在实践中领悟中国传统文化的魅力、读懂中国故事。我们除了对校内不同专业的同学开放体验外，还对外开放，接待一批批海外交流学生、海外来访同行、两岸三地的同行等爱好中国传统文化的人士来参与体验活动。他们的体验收获使我们体会到，非遗技能的传授、传统文化的教育，需要从体验开始讲好中国故事。

我们团队创作的大型原创青砖雕刻《上下五千年》拓片，展现从盘古开天辟地到丝绸之路，再到如今“一带一路”的壮阔发展历程，并尽可能地涵盖中国五千年来的文化、科技和社会文明的方方面面。通过这一刀一刻，每个参与制作的人对博大精深的中国传统文化的敬仰和热爱之心油然而生，这是一次实实在在的爱国主义教育实践。2021年6月，工作室制作完成的拓片作品《上下五千年》收获了被誉为全球印刷界“奥斯卡”的2021年全球卓越印制大奖（原美国印制大奖“班尼奖”），并在Screen Printing专业组中荣获两项金奖“Best of Category”“Printed Product of the Year”。

2021年，我们团队又开始了新一轮的创作，经过2个多月的努力完成了大型戏曲人物纸雕系列作品《生旦净丑》。申报由国家教育部体育卫生与艺术司指导、上海市教委主办的全国性大学生创意综合赛事“中国大学生创意节”。大型戏曲人物纸雕系列作品《生旦净丑》入围9强决赛，经过与清华大学、中央美术学院、四川美术学院等院校同场竞技，以430分的成绩荣获本次大赛创意手造类二等奖，为学校赢得了荣誉。

曾经几十年雕刻工作经历和十几年在校园和同学们一起工作的经历告诉我，做任何工作都要秉承心无旁骛、一丝不苟的工匠精神，并要以身传教感染同学。

中国是世界文明古国，有着悠久的历史文化，如何将优秀的文化传承下去，是我们这一代人的历史责任。“匠心在校园”活动的开展，不仅让同学们学到了一门传统技艺，更重要的是让同学们领悟到专心做事的工匠精神。新时代，需要培养一大批有知识、有文化、有技能的建设者和继承者，这正是“匠心在校园”活动的初心。

2022年世界技能大赛将在上海举办（编者注：该大赛已延期至2026年举办），我们也将在学校的支持下，积极引领着学生投身到世界技能大赛中去，使传统技艺的传承常态化，同时守护好这份工匠精神。

（本文由陈易执笔）

海派玉雕的曲线之美

赵丕成
（上海工艺美术职业学院玉雕专业负责人、教授，上海市工艺美术大师、
海派玉雕项目代表性传承人）

线条是中国造型艺术的灵魂，是玉器工艺之精、气、神。“一条工艺曲线”以它的力度和柔美，为海派玉雕的发展起着承上启下的作用。

1. 古玉砣工曲线之美

自古以来砣轮是玉器工艺基本的琢磨工具，在雕琢过程中会留下砣轮的痕迹，即“弧面曲线”，这是玉的语言。从红山文化、良渚文化以及商周、战国、秦汉等古代玉器中看到曲线砣工，无论是从器形外观还是装饰纹样，都能体会到曲线工艺之美，并且每段历史，玉器的造型都会从“曲线”中流露出不同的形式美感，在繁复或简洁中透射出当时玉雕的精神气质。

2. 海派玉雕曲琼神工

海派玉雕根植于久远的古玉文化，继承清代的宫廷玉雕，融汇扬州工、苏州工，吸纳、扬弃、消化一些西方的文化艺术，得到了多元的海派文化滋养。海派玉雕以海纳百川的胸怀，适应时代潮流，打造经典、追求完美的工匠精神，经几代玉工的传承创造和技艺积淀，创立了海派玉雕，并形成了承古启新、中西交融、精耕巧作、别致唯美、稳重优雅的风格特点。

海派玉雕中的器皿、人物、花鸟、动物等题材，在造型与纹饰中都会去追求不同的曲线美感。如器皿造型，在曲线、曲体中更多的是注重力度曲线的塑造；对人物和动物的雕琢中，会根据具体造型需求在力度和柔美之间加以融合或偏于一方；在花鸟线形的勾画中会更多地用柔美曲线。这种“工艺曲线”在玉雕上的运用是千变万化、丰富多彩的。在一定程度上对于“曲线砣工”的特色运用，成为琢玉风格的标志性语言，我们可从许多经典的海派玉雕中去欣赏其曲琼神工的魅力

3. 玉演敦煌气韵生动

中国画理中的“气韵生动”是艺术审美的最高标准 ，强调艺术要表现生生不息、元气流畅的天地间万物的节奏和韵律。敦煌壁画中每一根线条无不飞舞奔放，气韵涌动。“飞腾”是敦煌艺术的主要特征。

在曲线深浅的表现中，脱离了一般玉雕剔底浮雕的处理方法，而是介于圆雕与浮雕之间，曲线穿梭于不同的层次之中，既表现了空间感又增强了曲线砣工的表现力，使料体成为流动的形体。笔者所创作的敦煌之《腾飞》系列作品就是在有限的玉料中营造出虚灵和延展的空间。

一条工艺曲线融入了作者的艺术情感与精湛手艺；融合着海派的文化素养和工匠精神；贯穿于东西方多元的造型元素与造型风格，海派玉雕将在这条灵动而优雅的曲线中，得到延续、发展和腾飞。

（编者注：本文原题《一条工艺曲线：穿越古今，融贯东西——海派玉雕传承点滴》，现题为编者所加，刊发时有删节）

德化陶瓷的传承和发展

李甲栈
（中国传统工艺美术大师）

德化是个千年古县，位于福建省中部，自古以瓷闻名，陶瓷制作始于新石器时代，3700多年前的夏商时期就开始制作原始陶瓷。德化陶瓷以“白”见长，瓷雕技艺享誉天下，作为中国陶瓷文化的发祥地之一，德化人用自己的聪明才智和灵巧双手，创造出独树一帜的德化陶瓷手工技艺。2006年，“德化瓷烧制技艺”被列入首批国家非物质文化遗产保护项目。

一、传承创新，开创独特技艺

德化人依靠勤劳和智慧，用土与火锻造出特色鲜明的陶瓷技艺。唐代有诗人曾写道：“南村北村春雨晴，东家西家地碓声。”这正是对当时家家户户制造陶瓷的真实写照。特别是明代以来，以“瓷圣”何朝宗为代表的一代陶瓷雕塑大师，开创了捏、塑、雕、镂、贴、接、推、修“八字技法”，创造了温润、明净、典雅、精巧的德化白瓷，被法国人命名为“中国白”。为了让德化瓷烧制技艺这一国家级非物质文化遗产得以薪火相传，我们创办了泉州工艺美术职业学院、德化职业技术学校，培养了一支近6000人的老、中、青陶瓷艺术人才梯队，拥有中国工艺美术大师7人，中国陶瓷艺术大师12人，福建省工艺美术大师93人，福建省陶瓷艺术大师106人，德化瓷烧制技艺非遗传承人133人。

二、敢拼敢赢，谱写“海上丝绸之路”辉煌

早在宋元时期，德化瓷就伴随着泉州港的繁荣，成为“海上丝绸之路”的主要输出商品。意大利旅行家马可·波罗在他的游记中盛赞德化“制造的碗及瓷器，既多且美……”德化瓷经过印度、中东，再进入欧洲，引发了整个欧洲尤其是皇室贵族的轰动。在皇室推动下，欧洲开始了长达三百年的德化瓷仿制史，给欧洲乃至世界陶瓷业带来了深远的影响，至今全世界40多个国家的知名博物馆都有馆藏德化瓷，德化扮演了“世界文化交流使者”的角色。中华人民共和国成立后，德化重振“海上丝绸之路”雄风，2017年金砖国家领导人厦门会晤，德化陶瓷入选国宴瓷和国礼瓷。

三、发展“小工艺”，铸就“大产业”

20世纪80年代中期，我们就把目光瞄准国际市场。1985年，德化一些企业家开始走出国门，到欧洲考察市场，发现西洋小工艺瓷有巨大的发展潜力。从此，德化陶瓷企业打开了通往国际市场的大门，竞相发展，如今80%的产品销往190多个国家和地区，成为中国最大的陶瓷工艺品生产和出口基地、中国首个出口陶瓷质量安全示范区。全县电子商务运用企业有7000多家，2019年交易额127多亿元，占据全国80%的网上茶具销售市场，是全国最大的陶瓷电子商务产业基地，电商发展经验被阿里研究院作为案例在全国推广。

（编者注：本文刊发时有删节）

悦饰心裁——中国工艺与文人精神

张 凡
（中央美术学院副教授）

中国传统工艺如何与人民群众的审美新期待相结合，是当代艺术家需要思考的新时代课题。首饰是呈现人文精神、社会发展的窗口。一件首饰作品，因其体量较小，在设计、工艺、材料选用等各个环节要求极高，相互补益，共同衬托首饰服务的中心——人。

中国的诗词、书画贵在将人间烟火的精气神刻画出时代的共享与众愉，抒情感发于自然平常之物，塑造人的心灵通达高瞻远瞩之精神。古人对生命的态度，对艺术的追求，滋养我们用心去感悟时代，启发我们在溯源古代首饰工艺时，将传统与当代、工艺与艺术自然而然的生长到一起。

“化工溥至仁，生机运不停。荣观遍原野，宇宙一丹青。”宋代卫宗武的这首诗道出欣赏优秀画作的观感。一幅极具新时代气息、又极具珠宝感的画作跃入眼帘，画面一棵红色果实累累的万年青茁壮挺拔，加上“祖国万岁”四个篆书大字，一派欣欣向荣之感。这幅画是1955年国庆时，年过九十的齐白石老人以真挚的感情创作的。60多年过去了，画面激昂情绪的涌动感依然感动着观者。

“这不正是一件新时代的艺术首饰吗？”齐白石画作《祖国万岁》再度触发了我想要创作《礼赞——祖国万岁》艺术首饰的灵感，运用自己擅长的中国传统花丝镶嵌与玉雕的工艺手法来表达爱国感怀的造型形象，将自己个人的爱国情感与七十年国庆当天感受到游行人群的爱国情感叠加于齐白石老人的绘画意象中，设计手稿一气呵成。通过这件作品完成了对于中国传统花丝镶嵌创新性的转化，将自己的作品意境推至新的高度。

“物为道之成，道为物之行，大地之艺，物之道。”中国艺术的“道”是一种境界。“道法自然”要求艺术家的心灵和大自然融为一体，和天地融为一体，真正用自己的心灵倾听体悟天地自然生命的心声。古往今来中国人独珍爱石文化，石的品格、石的精神。石中瑰宝太湖石的风骨又是文人最爱。荣宝斋藏陈洪绶绘画的《红梅祥石图》中的“石”，最具特点的是绘出了太湖石的透，犹如人的七窍通一样，如此“气”方能在内部毫无凝滞的运行。这份石之境，促使我将一块清雅滋润的翡翠雕刻出陈洪绶笔下的“石”，金丝编织穿过石之透空中，创作出《生易玲珑》这件作品。“生生之为易”，灵气贯通，交融贯彻，生成盎然的生命空间，象征着文人的思想、情操、修养及处世为人之道。

悦饰心裁——我相信好的作品会打破时间、空间、文化的隔膜，点亮人们的生活、唤起对世界的好感。留存世间，感动经年。

（编者注：本文刊发时有删节）

下编 Chapter Two

海外非遗鸟瞰

ICH Overseas

日 本

日本文化遗产和非物质文化遗产的保护

[日]樋口理央
（日本驻上海总领事馆文化领事）

对于日本的非物质文化遗产，大家有怎样的印象呢？我曾在日本文化厅的非物质文化遗产保护部门工作过，非常荣幸能在这里为大家介绍日本的非物质文化遗产。落语、歌舞伎、三味线（地呗）等艺能，以及染织、陶瓷器、木工、人偶等工艺都是具有代表性的非物质文化遗产，其中的每一项都是可以代表日本的“技艺”。

此外，京都祇园祭和秋田的迎神节等，作为非物质民俗文化遗产的衣食住、职业、信仰、例行节日活动等相关的风俗习惯、民俗艺能、民俗技能等，在日本也是受保护的对象。

日本在1950年就制定了《文化遗产保护法》，对文化遗产的保护就是在此基础上实施的。该法律领先于世界范围，赋予了非物质文化遗产地位。相较于联合国教科文组织在2006年颁布的《非物质文化遗产条约》，日本早在半世纪前就已经对非物质文化遗产有了定义。

日本在战后经济高速发展时期，随着社会变革而导致传统文化遗失，因而开始对物质和非物质文化遗产进行保护。特别是非物质文化遗产，受生活习惯变化和技术革新等影响，极有可能在很短的时间内就不复存在了。因此，这样的保护至关重要。

1954年，日本设立了针对“非物质文化遗产”的指定及其持有者的认定制度。从该制度设立的价值来看，它指定了重要的非物质文化遗产、认定了持有者。而对那些没有衰亡危险的非物质文化遗产也起到了积极的保护作用。

关于这一点我想具体说一下。非物质文化遗产是指日本在历史上和艺术上具有超凡价值的“技艺”。在文化遗产保护法中，将要保存和传承下去的重要财富和技能指定为“重要非物质文化遗产”。同时，还对高度掌握该技能的个人和集团认定为“保持者”和“保持团体”，并采取必要的助成等措施。举个具体的例子。日本歌舞伎女形（男旦）演员坂东玉三郎成为了“人间国宝”。人间国宝这一名称其实并不是法定的，而是通称。正式的名称为“重要非物质文化遗产保持者”。玉三郎扮演了歌舞伎所有领域中主要的女性角色，展示了其美貌与德才兼备的高水准演技。同时，也为培养后辈和振兴歌舞伎殚精竭力，因此被认定为“人间国宝”。2008年，玉三郎还演出了中日合作的昆剧《牡丹亭》，在国际舞台上也十分活跃。

在工艺领域比较有趣的是小鹿田。小鹿田运用自古而有的“小鹿田烧”这一传统技法生产陶器。小鹿田烧是在18世纪初受福冈的小石原窑技术的影响而在大分县日田市小鹿田皿山开窑的。之后，主要用于制作日常使用的器具而沿用至今。昭和初期以后，因推进民艺运动的柳宗悦、伯纳德里奇等的到访受到高度评价。在当地一直延续着一子相传即由男子一人继承窑的习惯，包括制作上自古而有的技术和用具也常常被继承了下来。因此在1995年小鹿田技术保存会被认定为重要非物质文化遗产保持团体，并于2008年被选为重要文化景观。重要文化景观是指由当地人的生活或职业以及该地区风土形成的景观，这是理解日本人民生活或职业不可或缺的重要景观。

关于文化遗产保护，日本实施了各种各样的措施。比如，把保护文化遗产必不可少的材料制作、修理、修复技术等文化遗产选定保存技术也纳入保护对象。这些举措非常重要。因为即便物质文化遗产和传统技艺得到了保护，但是如果缺少了修复的材料和传统舞台服装的制作，就不能称为真正意义上的文化遗产保护。再者，记录文化遗产的技术、宣传非物质文化遗产的重要性（非物质文化遗产传承人和传承团体的作品展、指定民俗文化遗产的舞台表演等），也是让国民了解文化遗产保护重要性的必要工作之一。

曾经有人这样问我，到底我们为什么必须保护文化遗产呢？确实在生活中，文化遗产和我们产生关系的时刻并不多。大概不过是去旅游景点参观文化遗产时拍拍照片，又或者是在庙会上欣赏一下传统舞蹈，仅此而已。但是，我们创造出这样的文化财产和舞蹈是有历史的。保护它们，不仅能让我们了解、尊重自己的文化和历史轨迹，也有利于我们塑造了解、尊重他国文化和历史轨迹的态度。因为仅仅和本国的文化不同，就可以随意将之破坏甚至是消灭吗？我认为这样的态度是不对的。地球存在多样性，保护自己的文化，正是认可异文化存在的第一步。

日本自古尊敬中国和韩国文化，视之为珍宝守护至今。其中非常有名的便是奈良县正仓院所藏的宝物。正仓院中收藏着奈良时代深受圣武天皇喜爱的各种物品。其藏品有很多来自中国，当时的唐朝文物至今被保存在院内。在雅乐中也能看到传承着中国雅乐形式的舞蹈。

如今的日本，依然能够看到上千年前的中国和韩国文化遗产和艺术，这堪称奇迹。在我看来，这才是文化遗产保护的重要性所在。现在，文化遗产保护需要全世界一起参与，而对日中韩三国这样自古以来就有紧密联系的国家来说，了解彼此的文化遗产保护工作意义尤为重大。

日本非遗保护的独特制度
——人间国宝和艺术院会员

[日]羽田登
（日本京都工艺作家协会理事长）

在工艺的世界里，日本因风土（地形、气候、地质、习惯）而形成的固有生活文化，作为传统存在于日本全境。随着时代的变迁，传统在某种程度上似乎从未改变，但如果换一个角度看，传统似乎又一直在变化。

传统是仿古，而非墨守成规。1950年日本实施了《文化遗产保护法》，在历史以及艺术上，价值特别高的工艺技术得到了国家的扶植保护。

传统正是工艺的基础。我相信，在坚实地把握这点，进一步磨炼从父祖那里传承到的优越技术的同时，收获我们生活中出现的新事物也是我们的责任。遵循这个主旨，自1954年以来，就制定了在染织、陶瓷工艺、漆艺、金属工艺品、木制品、竹制品工艺、玩偶、玻璃、搪瓷等工艺中认定无形文化遗产和重要无形文化遗产的制度，各领域的固定人数如果有遗漏的话，会在之后逐渐补充这一制度。

此外，在1867年举办的巴黎世界博览会和1873年的维也纳世界博览会中，日本的工艺品受到认可，作为宫廷技艺员，丸艺和丸技流传后世，作为工匠艺术者得到国家制度化的就是如今的艺术院会员（固定人数制）。

现代日本的日常生活方式改变，工艺品和美术品也随之变化。如何保护、保存、扶育日本流传下来的工艺品和美术品，是我们今后的课题。

（编者注：本文为作者演讲纲要）

日本文化遗产保护的现状及面临的挑战

[日]田原义宣
(日本天龙寺宗务总长)

1949年1月26日，奈良法隆寺金堂发生火灾，法隆寺金堂壁画被烧毁。以此为契机，日本国民开始关注文化财产。同时人们注意到了文化财产保护的重要性，制定了文化财产保护的综合性法律——《文化财产保护法》。1950年8月29日起开始实施，在这之前的关于史迹名胜天然纪念物的保存、国宝的保存、重要美术品的保存等法律全部被废除。在制定“保护法”之前，日本国民对“文化财产”这一用语一般是不熟悉的，但随着社会形势的变迁，为了让这个词语适应社会时代的发展，在1975年对其进行了大修改，“文化财产”这个词的意思被分类、定义为如下几点：

1. 有形文化财产

包括具有很高历史和艺术价值的建筑物、绘画、雕刻、工艺品、字迹、典籍、古文献和其他有形文化财产的衍生品，也包括考古资料以及具有很高学术价值的历史资料。

2. 非物质文化财产

具有很高历史、艺术价值的戏剧、音乐、工艺技术、其他非物质文化遗产衍生物。

3. 民俗文化财产

对于理解日本国民生活发展不可或缺的事物，如衣、食、住、农事、信仰、每年定例的活动等风俗习惯、民族艺能及其所用的衣服、器具、房屋和其他物品。

4. 纪念物

对日本来说具有很高艺术价值的古墓、古城遗迹、旧城址、旧宅以及其他遗迹；具有很高艺术或观赏价值的园林、桥梁、溪谷、海滨、山岳以及其他名胜；也包括动物、植物、地质、矿物等具有很高学术价值的物品。

5. 文化景观

对于国民生活和农事的理解不可或缺的，根据不同地域人们的生活、农事、地域风土所形成的景观地。

6. 传统建筑物

与周围环境融为一体的历史风景所形成的传统建筑物。

在《文化财产保护法》中，根据以上的定义，特别重要的文化财产被指定为“重要文化财产”，在词头加上“重要”一词，法律上的监管会更严格。在法律中，政府将纪念物等指定为国家的国宝，再分别指定为特别史迹、特别名胜、特别天然纪念物。这样即使在特别附带的私有庭园内，没有国家的允许也不能砍伐树木。

虽然这样文化财产可以得到保护，但还是存在许多问题，主要有以下五点：

1. 文化财产所有者的问题，维持管理的困难

保存所需的资金不足（在日本，文化财产个人所有的情况很多），各种扶助制度虽然完备，但很难筹措出维持管理的合适费用。

2. 所有者高龄化，后继者不足

日本寺院神社的后继者难寻，这一现象越来越严重，寺院神社不会大量地存在文化财产所有者。

对于民间个人的情况，因为费用负担和需要耗费很多心力，有的所有者不想给子孙增添负担。

3. 保存意识和保存技术的不足

由于文化财产保存意识和技术的不足，对于问题没能做出合适的处理，例如使用的不是文化财产专用杀虫剂，而是使用了一般的樟脑等。

对于法人所有的情况，有很多负责人员并非专职，而是兼任许多其他职务。这样一来文化财产的继承就处于一个非常不稳定的状态中。

4. 未指定文化财产，对于未发现的文化财产的重视不足

很难判断所持有的未指定文化财产的价值，人们没有拥有文化财产的实际感觉，未认定的文化财产仅仅只是被人看到，后来就可能随着时间推移而消失。

5. 后继者问题

保存技术、修补材料生产技术是文化财产保护的基础，尽管它在社会层面上非常有用，但由于可以发挥技术的市场规模缩小，下一代负责人的就业机会减少，因此想要继承技术的后辈也越来越少。

虽然大致上可以分为这五个问题，但是仍然存在很多小问题。如果国民不能将文化财产作为自己的事情来考虑，不能以温故知新的想法为基础对其进行保护的话，古老的优秀作品就会消失，很难留存于后世。

百年工艺的传承方法与路径
——以永乐陶瓷为例

［日］永乐善五郎
（日本永乐烧［陶瓷］第十七代传人、京都市立艺术大学特聘教授）

我的祖先创造了在16世纪的茶道中使用的“陶制风炉”。“陶制风炉”直径约为35厘米，高度约20厘米，用陶土制作，用约1000度的温度烧制。在此基础上，还要贴上布，涂上漆，成为放在烧开水的茶釜上的高规格茶道用具。

自千利休的时代以来，我们家族作为茶道的风炉师，与“千家”渊源颇深。我的十代先祖（1770—1841）开始着手将瓷器用于茶道。最开始，我们参考了“千家”的茶道世家收藏的瓷器和富裕商人、茶道爱好者收藏的瓷器，以此走入瓷器制造之路。

在京烧传统复兴的潮流中，我的祖先的工作进展顺利。即便如此，当时人们普遍认为具有中国风的金澜手和交趾风格的烧法（今广东一部分及越南）超越了传统的京烧。当时的日本人对中国文化的强烈向往与审美有着千丝万缕的关系。彼时，整个日本正向着近代化疾驰，有识之士和有先见之明的人们再次将目光投向文明程度更高的中国。那时的文化被“风雅”和“庸俗”两个词加以区别。以中国的文化为风雅，以日本的文化为庸俗，并加以排斥。因此，祖先制作的瓷器中含有许多中国风的颜色和设计。

随着时代的变化，茶道的品尝方法也随之改变。从1900年开始，许多人聚集在被称作“广间”的大屋子里享受香茗，随之使用的具有极强装饰性的瓷器也广受喜爱。近几年，由于工艺技术的扩展，向我们定制茶器的人也在不断增加。而我们致力于表现绘画性丰富的彩绘，发扬华丽、细腻等来自先祖的绘画传统，不断追求“简朴”“寂”以及其他的审美观念，这些都是长久以来作为陶艺家传承的主要原因。

日本文化遗产的家族式传承
——以大樋烧为例

[日]大樋年雄
（日本第十一代大樋长左卫门、著名陶艺家）

在日本有着各种各样的窑户，成为代代相传的窑户看起来是一件很简单的事情，但我深切感受到实际并非如此。这需要拥有灵活应对时代变化的力量，也就是说需要拥有灵活地应对需求和供给的力量。

正如各位所知，宽文六年（1666年），时任第五代加贺藩主的前田纲纪侯邀请了身在京都的仙叟宗室（裹千家第四代）前往金泽普及茶道。当时，初代长左卫门和仙叟宗室一同从京都出发，使用位于金泽郊外的大樋村（现大樋町）等地的黏土制作茶碗等器物，大樋烧也因此得名。

而且，仙叟宗室作为继承千利休思想的孙子宗旦（千家第三代）的第四个儿子，也在该地普及了千家茶道。初代大樋长左卫门作为乐家长次郎（乐家第四代）的一名得意门生，在仙叟的指导下，凭一身的乐烧技术和理念创造了唯一的乐烧别窑，使其成为金泽独特的产物。之后，仙叟回到京都振兴裹千家，而长左卫门则留在了金泽。这成为传承了350年以上的大樋烧的基石。自此之后，大樋烧的接力棒代代相传，到我已经是第十一代传人了。

历代长左卫门将大樋烧传递给下一代，连接了长达350年以上的岁月，可以猜想这其中经历了多少苦难。例如，在第七代长左卫门的时代，也就是从裹千家的第十一代玄玄斋宗室的晚年到第十二代又妙斋宗室的时候正值幕末到明治的动荡时期，失去加贺藩保护的大樋烧曾经历了短暂的停业。那是一个经济凋零，文化、艺能不丰富的困苦时代。随着茶会减少，市场需求也逐渐下降。大樋烧始终重视传统，凭借着不断追求新的可能和追求自由的基因，克服了窘境。从这一层面来看，我感受到了不论在哪种情况下都存在的，只有血缘关系才能够形成的团结力。

为什么是一脉相传呢？作为基本单位，我可以看作是三代人，也就是说祖父、爸爸、儿子的连续。例如，我是从小看着祖父或父亲工作的样子长大的。每日伴其左右，学到了各种各样的东西。有时是赶制前紧张的气氛，有时是优秀的作品完工后，充满喜悦的气氛。每个传人都并不是有人手把手教授的，而最有效的学习方式就是去看，去感受前代的作品，从作品中去学习。

作品会传递给我各种各样的信息。传统技法固然重要，但我认为更重要的是，即使没人教我，也要学会读取祖父、父亲在制作时的思想准备、耐心和秉性。进而在客户需求日新月异的现代社会中继承和更新传统，凭借自己的努力将大樋烧扩大至前代未能达到的领域。

袭名是指一个人接受、继承长久传承的窑的各种价值和历史，是责任非常重大的任务。我当然也是将其视若宝物一般，在艺术、设计等领域，凭借自己独有的联想力和爆发力不断挑战多种活动。这或许在某些人看来，和传统是相反的。但是，我认为艺术、设计在某种意义上也是一种工艺，和前代相比界定范围变得广泛了。而且，我也觉得这种生存方式与现代社会是相符合的。

我认为，制造不仅仅是继承、守护传统和古典原来的样子，而需要时常接触从事各个领域的人，扩展自己的见识，出国增加见闻，磨炼自己的感性，经常挑战新的事物，绝不能甘于维持现状。

我最近的活动，除了发表以陶艺、工艺为中心的作品之外，还有应用了刷墙技术的室内装潢设计，意大利、米兰萨洛内的家具设计。在中国的活动则是为了在景德镇、宜兴等制造的“瓷器”“紫砂”等的古代传统中带入新的风潮，成立了“四季芳土”这一品牌。另外，在北陆地区的新干线开始营业时，监修了金泽车站的室内装潢设计、观光公交车的内外设计。我在继承大樋烧传统的同时，也作为一个艺术家参与了国内外多方面的活动。并且，我也在尽力策划扩大工艺概念的企划展、公开招募展，并致力于培养年轻作家。

我认为京都和金泽的共通点是，在一个家族中守护传统，并在一个家族中产生新的方法和革命。而这些家族通过交流，相互影响所在的城市，使其更加繁荣。

我的儿子，将来也会继承长左卫门的称号。像我向祖父、父亲学习那样，我的儿子也会努力学习，并像我一样，做出属于他自己的各种各样的挑战，丰富长左卫门的可能。

关于精神和技术的传承

[日]今井真正
（日本京都工艺美术作家协会副理事长、陶艺家）

我是来自京都的陶艺家。在我们家，最初是从我父亲开始做陶艺，现在我和我的儿子也在做陶艺，目前我们家3代人正在从事这项工艺。

在京都，传承3代是比较短的。古代的一些前辈们从400年前开始就将他们的陶艺代代相传，至今已经传至第17或第18代了。

现在有些人比古人更加严格要求技术和烧法的继承。对于我来说，比起技术的继承，我认为更应该做的是精神的传承。那些作品的风格和装饰技术传承了三代人，我们用各自的表现方法制作着不同类型的作品。在这些作品的深处有一种继往开来的精神连绵不断，把父亲、我和我儿子连接在一起。但是，三个人同时在一个窑里烧制，各自的形状和釉药等虽然各不相同，但是在同一个空间里完成作品，会产生肉眼看不见的关联性，这一点也是事实。

在艺术和传统工艺的夹缝中，每天都在纠结着寻找先进的工作，这就是我们的现状。

与我们不同，有些人把素材和技术都彻底继承下来。这些人，确确实实把数百年前的技术当做至宝一样延续到了现在。我认识的人里也有在这样的环境中制作陶艺的，但因为是在简陋的环境中制作的，所以对陶艺的感觉可能有点不同。在外部条件无法改变的情况下，他们始终坚持制作属于自己的作品，是非常值得尊敬的。

在其他陶艺师的家里，即便继承下来的部分不多，但是站在时代的高度俯瞰，也能明确地知道作品是几百年前在哪个家系里制作出来的。

我曾经听到这样一句话。“虽然没有被父亲特别指导过要做什么，但是工房里的空气也许联系着我们。”试着把这句话放到我自己家里想想，父亲也没有明确指导过我，我也没有对儿子进行过类似的指导。虽然在同一个环境下制作的陶器，但因为是各自的事情，所以要俯瞰是非常困难的，但是发现共同点不是很简单吗？

（编者注：本文刊发时有删节）

还非物质文化遗产应有的艺术地位——日本美术展在保护非物质文化遗产和传统工艺方面的做法

[日]三代浅藏五十吉
(日本美术展评审员)

一、关于日本美术展览会

1907年，由日本文部科学省主办的美术展览会（文展），主要分为日本画、油画、雕刻三个门类。在1919年改名为帝国美术院美术展（简称“帝展”），由帝国美术馆主办。

之后在1927年新增了工艺美术部门，提高了其综合性。1936年改名为新文展，并进行了体制改革，最后在1946年举办了第一届日本美术展（简称“日展”）。1948年又增加了书法部门，共五个门类，后由社团法人负责运营直至现在。日展开展至今，每年举办的展出累计有100多场次。其间，优秀艺术家辈出，为日本的近代美术发展起到了不可磨灭的作用。

历年10—11月的秋天，从精锐艺术家到中坚作家等在日本具有代表性的艺术家们都聚集在这个展览会上，影响力和知名度相当高。

二、日展如何保护日本的传统工艺

自从1927年第八届帝国美术院美术展（由帝国美术馆主办）新增了工艺美术部门以来，为了使自身的作品和工艺美术这个名称相匹配，作家们踊跃推出了各种新颖的杰作。这种在传统的技艺、技巧上融入了作家独创元素的作风被奠定下来。日展的主流作品是一些追求造型之美、具有工艺感觉的，而不是取决于“用”，也就是不取决于是否具有实用性的作品。当中有使生活变得丰富多彩，追求造型的作品，也有注重美术、艺术性的作品。以追求创新，融入多种多样的元素、带给人们耳目一新的感觉的作品居多，这也是让日展受到青睐，兴盛至今的一个重要原因。

(编者注：本文刊发时有删节)

日本“老字号”的生存之道
——“不变·流行”的商业模式

[日]三田康明
（日本京都府商工劳动部副部长、公益财团法人京都产业21专务理事）

一、什么是“老字号”

所谓“老字号（老铺）”，是指保留着日本古来的传统、风格，正统且有信用的品牌。“老字号”一词源于自动词“仕似す”，因此“老字号”的含义是从“相似”“模仿”等词义转化而来，到江户时代演变为“不断传承、守护祖业”的意思。《广辞苑》中对“老字号”的解释是，“自祖先历代传承且繁荣的店铺”，因此“老字号”已经不单纯是“继承”，“与时俱进不断继续成长”也成了“老字号”的必要条件了。

日本拥有众多“老字号”。它们从祖业中形成了日本独特的“家制度”，演变为家人与家仆精神上的纽带以及团结之心。在日本，持续了100年以上的企业数量在2.4万家以上。创业于1912年以前的企业多达24570家，其中早于江户时代的企业有145家。按行业排名来看，酿酒业数量最多，有784家，其次分别为旅馆·酒店（630家），酒类零售（594家）、布匹·服装零售（592家）、租房中介（538家）等。“老字号”中，大多是资本金不足5000万日元，员工不足50人，年销售额不足10亿日元的中小型企业。

据调查，日本经济低迷的1999年，全国80%以上的企业赤字。而这一时期，“老字号”企业的业绩却能保持29%增长。由此可见，“老字号”经受住了低迷经济的考验。

二、不变的“经营哲学”——“家训”

“老字号”品牌“大丸”坚守“先义后利”的理念，实行“义为先，利在后”的原则，以道义优先，再考虑利益，秉承“顾客至上”，如此企业才会繁荣。

“老字号”品牌“富山药业”则坚守“先用后利”。即先让客人使用，客人满意之后，再收取费用，从而实现盈利。

而“近江商人”指的是将总铺设在江户、大阪、京都的商人的总称。在“近江商人”传承的经营哲学中，“三方都好”最为重要。三方包含了卖方、买方和社会。卖方好指企业对企业自身的责任；买方好即企业对顾客的责任；社会好即企业对社会的责任。

三、顺应时代潮流的老字号

“老字号”在不忘初心的同时也不断改善以顺应时代，继承从创业期以来的经营理念、经营哲学，渡过几次危机后，更以苦难为契机，珍惜自身在社会上的信用，不断发展壮大“老字号”品牌。

（一）传承事业，累积创意

早期阶段，“老字号”就着眼于事业的传承，并为之创造必要的环境，因此比起血缘和利益，“老字号”更加注重事业的永久持续性。老字号的祖业（企业 / 店铺）很多，祖辈都是从长子幼年时期就有意识地培养其为继承人，没有继承人的情况或者长子不适合做继承人的时候，就将入赘女婿或者领班立为店主，把他们培养成传承老字号经营精神、经营哲学、经营理念的后继者。

（二）以“家训”和“永续性”为核心的老字号企业的商业模式

在危机时期，老字号企业会团结一致，以渡过难关。工作上扎扎实实、勤勤恳恳，不断努力并积累创意，说这就是老字号企业的商业模式。他们并不是突然就有“大突破”，而是累积着凝聚心血的“微小变化”，这种厚积薄发的努力，正是他们反转逆境的原动力。

四、坚守与创新

追本溯源，“老字号”企业也是风投企业。老字号的经营哲学是从长远的视角，贯彻成本意识，以适宜的经营模式来平衡传统与革新。坚守“顾客第一”的原则，重视本业的坚实经营、重视品质、传承企业理念并具备处理危机的能力，同时积德行善为社会作贡献。通过创新满足顾客对商品、服务的需求，改变流通、销售渠道的模式，以符合时代形势，以本业为前提，更新全新的事业，将家训、社训、企业方针等转化为适合当下的语言。

五、“老字号”商业模式的持续发展

纵观过往，越是经得起重大危机考验的老字号品牌，越能持续健康成长、蓬勃发展。“老字号”们通过坚守蕴藏在“老字号”家训、社训中可持续的商业模式；重视本业的“适宜经营”的商业模式；保护该保护的、改变该改变的商业模式；贯彻顾客第一、致力于社会贡献的原则，调整并实现最适合整体的商业模式。

日本非遗传承项目
——金泽传统文化保护项目“百工比照”介绍

原 智
（日本金泽美术工艺大学工艺科金工教授）

一、实施“百工比照”的背景

从1600年到1860年持续约260年的江户时代期间，日本金泽受到振兴藩文化的政策影响，美术工艺等脉脉相传，开出了独有的文化之花。在当时的江户城中，设置了和现在的工业试验场相同的“御细工所”这一设施，致力于工艺文化的继承和保护。这也是现在金泽工艺美术的基石。而且由于在第二次世界大战中没有受到空袭，具有过去风情的街道也完整地保留到了现在，是仅次于京都的日本屈指可数的观光城市。

金泽是积累了漆工、染织、金属工艺、陶瓷器、金箔制造为主的各种各样的传统工艺历史的工艺城市。

2008年，金泽市制订了传统工艺品产业的行动计划。从人才培养（制作方活跃的城市）、产品开发（创造新工艺的城市）、信息发送·扩大销路（发现手工工艺价值的城市）、普及启发（生活在工艺中的城市）这四个方面来勾勒未来，并展开了多种多样的对策。像这样积极采取对策的城市，只有金泽。

该行动方案的期限是从2008年到2019年，并分别对四个领域设定数值目标，确认每年达成度的体制。

在金泽美大负责的行动方案的普及启发领域的事业中，包括了平成“百工比照”的收集制作。

二、关于“百工比照”

距今约300年前，加贺藩第五代藩主前田纲纪在全国收集纸张、各种漆的涂布样本、描金画等技法的样本、织物、架子五金、铁片、木材等工艺资料后整理的一大标本集，被称为“百工比照”。“百工”是指各种工艺或工匠，“比照”意味着比较对照，共包括2000件以上的内容。现被指定为国家重要文化财产。

当时的收集内容有令专人制造的各种各样的标本样本，购买的各地产物，回收用于建筑物的某一部分的现存物品等的实物资料。除实物之外，还有用图示意、制作样机、与设计样簿相同的绘制内容。将江户时代前期到中期，也就是说日本半个近代的工艺技术传承到了今天。

三、关于平成的“百工比照”

平成的“百工比照”是为纪念市制施行120周年，由金泽美术工艺大学和金泽市自2009年起共同开始着手实施的。

由专攻工艺、艺术学的教员等组成的调查收集小组，拜访了日本全国的产地，收集了涵盖染织、金属工艺、漆工、陶瓷4个领域约5000件的工程样本、技法样本、产品样本、道具以及材料。

重新认识江户时代的金泽集大成的、被指定为国家重要文化财产的“百工比照”的历史、文化意义，应该将其意义活用到现代中。基于从学术面和产业振兴观点的角度调查、研究、收集、公开现代的“百工比照”，以期为今后日本的工艺文化集成，以及传统产业的振兴作贡献。

该事业按照三项内容推进。

1. 收集。进行传统工艺的产地调查，在当地收集具有特色的产品、样本。收集传统的工艺技法、工程样本的制作以及使用的材料和道具。

2. 记录。 对产品、样本、工程样本、道具·材料等相关内容进行记录。

3. 活用。为了实现日本工艺文化的继承和产业振兴，对资料进行公开和培训、活用。

该事业的进程如下：2008 年 5 月设立金泽创造城市推进委员会；2008 年 10 月 29 日向联合国教科文组织提交申请；2009 年 6 月 8 日得到联合国教科文组织的承认，金泽市被联合国教科文组织认定为创意城市。

（编者注：本文刊发时有删节）

日本博物馆、美术馆保护传统文化的方法与成效

[日]越智裕二郎
（日本兵库县西宫大谷纪念美术馆馆长）

一、《博物馆法》、学艺员制度——能够保持谨慎处理作品的制度

756年设立的正仓院的藏品传承至今，可以看出日本具有基本的尊重古文物的传统。鉴于日本高温多湿的气候，到了春、秋这样温湿度适宜的季节，一般会给作品、资料通风。按照惯例，操作的人选也是限定在特定范围内。

第二次世界大战后，《博物馆法》得以制定并施行（1951年12月），国家登记在册的博物馆负有配置"学艺员"的义务，大多数博物馆都遵守着这一规定。学艺员资格可以通过文化厅考试或者在大学修到获取该资格所必须的62个学分的方式获得。但在博物馆学的学分构成中，作为学艺员实习，在博物馆进行约两周左右的实地进修是必须的义务，也就是说，学艺员必然会学习到作为博物馆资料的绘画、工艺作品的处理方法。

如果从事学艺员这一职业，还必须通过各个招人的博物馆、美术馆的考试，大致具备研究生及以上的知识是必要条件。在日本，学艺员在欧美的博物馆管理员制度基础上，首先必须要掌握实际的藏品处理知识。

一旦进入博物馆工作，学艺员首先要能承担藏品的常设展示工作，在那里向前辈学习每一个作品的处理方式，一边处理实际的藏品，一边学习作品的状态、处理方法，学会关于作品的知识后，进一步在前人研究的基础上拓展自己的研究。

日本的博物馆正是由于仅能由熟习藏品处理的几个人来处理作品的做法，才使作品保全能够更好地传承下来。

另外，关于旨在进一步提高学艺员作品处理能力的进修制度，全国美术馆会议、日本博物馆协会正在牵头探讨。学艺员除需熟悉藏品的温度管理，作品保护盒，检查、修复流程等常识外，关于美术作品捆包作业人员，日本博物馆协会还通过设立"美术作品捆包运送技术取得者"资格，每年举办资格认定考试等措施，进一步提升这方面的能力。

二、文化勋章、人间国宝

1935年建立的文化勋章制度，是颁给在科学、艺术领域做出杰出贡献的人的奖项，还有得奖者在这之前获得的文化功劳者（被授予年金）奖，这些奖项的获得者中也包含很多美术家（画家、工艺家）。得奖后，不仅是他们的名字，他们的作品也更广为人知，他们制作的作品被以博物馆为首的展会更多地展示给观众，更多地被馆藏。

以1949年法隆寺金堂的火灾为契机，翌年《文物保护法》得以制定。依据其中第71条第2款，被国家指定的重要无形文化遗产传承者的人，通常称为

“人间国宝”，通过媒体的宣传，伴随着这些个人被人们所熟悉，他们的技术也受到了人们的高度尊重（不仅是工艺，音乐、戏剧也包括其中）。可以说这些名家作品林立的传统工艺展、代表日本的展会日展，在优秀工艺品制作技术的切磋琢磨、保存、向一般观众普及作品方面发挥着重大作用。

（编者注：本文刊发时有删节）

冲绳县工艺品的保护项目概览

［日］小桥川顺市
（日本冲绳县工业产业协动中心理事长）

日本冲绳县工艺品的保护措施是通过两部法律和一部条例来进行推进的。两部法律分别是《文化财产保护法》《振兴传统工艺品产业的相关法律》，条例是《冲绳县传统工艺产业振兴条例》。

《文化财产保护法》中对重要非物质文化财产、非物质文化财产持有者和持有组织的认定基准进行了规定。

截至 2019 年 5 月，冲绳县工艺品的重要无形文化财产指定种类如以下所示：

指定时间	指定种类	持有人以及持有组织	指定种类代表人等
1973年4月30日	喜如嘉芭蕉布	喜如嘉芭蕉布保存会（21人）	代表人：平良敏子
1977年10月6日	久米岛紬	久米岛紬持有团体	代表人：桃原祯子
1978年4月26日	宫古上布	宫古苧麻织保存会（37人）	代表人：新里玲子
1996年5月10日	红型	玉那霸有公	各个认定（人间国宝）
1998年6月8日	首里织物	宫平初子	各个认定（人间国宝）
2000年6月6日	芭蕉布	平良敏子	各个认定（人间国宝）

按照相同法律，国家选定保存技术如下所示：

指定时间	指定种类	事业协同组合名称	主要产地
1975年2月17日	久米岛紬	久米岛紬事业协同组合	久米岛町
1975年2月17日	宫古上布	宫古织物事业协同组合	宫古岛市多良间村
1976年6月2日	读谷山花织	读谷山花织事业协同组合	那霸市读谷村
1976年6月2日	读谷山棉纱	读谷山花织事业协同组合	那霸市读谷村
1976年6月2日	壶屋烧	壶屋陶器事业协同组合	那霸市读谷村
1983年4月27日	琉球絣	琉球絣事业协同组合	南风原町
1983年4月27日	首里织	那霸传统织物事业协同组合	那霸市
1984年5月31日	琉球红型	琉球红型事业协同组合	那霸市
1986年3月12日	琉球漆器	琉球漆器事业协同组合	那霸市、丰见城市
1987年4月18日	与那国织	与那国町传统织物协同组合	与那国町
1988年6月9日	喜如嘉芭蕉布	喜如嘉芭蕉布事业协同组合	大宜味村

续表

1989年4月11日	八重山棉纱	竹富町织物事业协同组合； 石垣市织物事业协同组合	石垣市 竹富町
1989年4月11日	八重山上布	竹富町织物事业协同组合； 石垣市织物事业协同组合	石垣市 竹富町
2008年	知花花织	知花花织事业协同组合	冲绳市
2017年1月26日	南风原花织	琉球絣事业协同组合	南风原町
2018年11月7日	三线	三线制作事业协同组合	那霸市

按照冲绳县传统工艺产业振兴条例，传统工艺制品的指定种类如下所示：

指定时间	指定种类	事业协同组合名称	主要产地
1998年6月12日	八重山交付	石垣市织物事业协同组合	石垣市竹富町
1998年6月12日	琉球玻璃	琉球玻璃事业协同组合	冲绳全部区域

按照县文化财产保护条例，指定文化财产如下所示：

指定时间	指定种类	事业协同组合名称	代表人等
1973年7月30日	红型	冲绳传统红型保存会	城间荣顺
1974年1月17日	正宗首里织物	冲绳传统首里织物保存会	祝岭恭子
1975年4月10日	读谷山花织	读谷山花织保存会	比嘉惠美子
1978年4月1日	八重山上布	八重山上布保存会	新垣幸子
1997年8月8日	琉球漆器	琉球漆器保存会	前田孝允

这些工艺品代表了冲绳县的历史和文化，在推进本县的主要产业——观光产业的振兴措施的过程中，冲绳亚热带气候的地理特征，以及被评为世界文化遗产的组踊等琉球艺术文化，都获得了世人非常高的评价。

（编者注：本文原题《冲绳县工艺品的保护措施及成效》，
现题为编者所加，刊发时有删节）

韩 国

自采纳《保护非物质文化遗产公约》以来韩国政府在非遗保护方面的实践与影响

[韩] 姜敬焕
（韩国国立无形遗产院院长）

一、背景

2016 年 11 月，在埃塞俄比亚举行的保护非物质文化遗产政府间委员会第十一届常务会上，“济州海女（女性潜水员）”被列入人类非物质文化遗产代表名录。在 2001 年“宫廷宗庙祭祀礼乐”被列入代表名录之后，韩国共有 19 个列入教科文组织的非物质文化遗产名录。

“济州海女（女性潜水员）”列入名录让韩国人民希望与众不同的韩国文化受到关注和推广。为了庆祝“济州海女（女性潜水员）”列入名录，国家非物质文化遗产中心（NIHC）关于济州海女的特别展览也受到了广泛关注，得到了非常热烈的响应。

自 2003 年 10 月在联合国教科文组织大会采纳《保护非物质文化遗产公约》以来，《非遗公约》迅速成为保护非物质文化遗产应遵循的国际规范。韩国于 2005 年 2 月加入了《非遗公约》，成为第十一个缔约国。然而，即使在颁布《非遗公约》之前，韩国也一直致力于为保护非物质文化遗产方面建立先进的国家制度。基于这一经历，韩国从第一阶段开始就积极参与《非遗公约》的起草进程，例如在 1993 年就向联合国教科文组织提出“人间国宝”的概念，并在 1998—2001 年组织了专题研讨会。

加入《非遗公约》后，考虑到《非遗公约》的精神和国内社会变迁，韩国保护非物质文化遗产可归纳为以下四大类：扩大非物质文化遗产的范围；将政策方向从原始形式转变为利用（促进）非物质文化遗产；社区的能力建设和扩大社区的参与；积极的国际合作。

为此，韩国关于保护非物质文化遗产的政策一直在不断变化、演变和发展，比如起草单独法案，并建立独立的非物质文化遗产负责组织。

二、韩国就保护非物质文化遗产的制度概述

在讨论韩国关于保护非物质文化遗产的制度变革之前，我想简要介绍一下韩国的非物质文化遗产保护制度的历史。

1962 年颁布《文化遗产保护法》之后，韩国开始制度建设，以保护其传统文化。当时被称为韩国经济发展的开始阶段，同时还被称为民族认同的现代国家建设时期。

韩国的非物质文化遗产保护制度的要点可分为以下几类：指定非物质文化遗产名录和传承人；建立分级传播机制；让非物质文化遗产传承人教育下一代传承人，并向公众公开技艺。另外，非物质文化遗产名单分为中央政府指定管理的重要非物质文化遗产，和由地方政府指定管理的指定非物质文化遗产。

对于这两种情况，指定非物质文化遗产意味着承认人类的无形资产，所以指定非物质文化遗产应同时认可其传承人（技能持有者）来指定无形资产。在被指定为非物质文化遗产时，传承人的技能和艺术被认为是“原始形式”，并且原始形式的传承人应将技艺传播给传播者。传承机制由以下内容组成：从技艺持有人到学徒（担任助理），从学徒到毕业生（非物质文化遗产技艺持有人向已接受培训三年以上的人颁发结业证书）。

自 1965 年以来，非物质文化遗产证明文件项目也是以非物质文化遗产为原型出台的，旨在为学徒教育传播机制提供替代方式，应对非物质文化遗产传承人老龄化引起的非物质文化遗产变化和损害。

韩国的非物质文化遗产保护制度为保护韩国传统文化的特征和特点作出了巨大贡献，过去半个世纪以来防止了现代化浪潮和欧美化的过度破坏。但是，也出现了诸多挑战，如在执行政策的过程中缩小了非物质文化遗产的范围，阻碍了非物质文化遗产的创造性传播和发展——其原因是由于社会环境的变化，保持原有形式，传承机制的排他性和垄断性，学徒传播机制的有效性受到了限制。

在这一点上，《非遗公约》对改善韩国非物质文化遗产保护制度产生了重大影响。为了能够与时俱进地进行发展，韩国非物质文化遗产保护制度通过起草单独的《非物质文化遗产法案》《非物质文化遗产保护和促进法案》以及建立国家非物质遗产中心对非遗进行保护。

三、自 2003 年采纳《非遗公约》以来，韩国政府在非物质文化遗产保护方面的实践与影响

1. 扩大非物质文化遗产范围

《非遗公约》在广义上界定了非物质文化遗产的意义，即包括传统知识和生活习俗。据此，修改后的《非物质文化遗产保护和促进法案》扩大了《非遗公约》中的非物质文化遗产范围，因此可以保护诸如传统知识，口头传统和生活习俗等多种因素以及现有的技能和艺术技艺。

在不久的将来，我们将计划根据非物质文化遗产的多元化范围进行整体学术研究，所以预计非物质文化遗产数量将被并入非物质文化遗产保护体系中。

2. 从监管非物质文化遗产传承人到推广非物质文化遗产

自 2016 年 3 月起执行的《非物质文化遗产保护和促进法案》包含各种非物质文化遗产推广政策，并且废除了之前的原始形式概念。

此新法案建议将“原始形式”的概念替换为更先进的“模式形式”概念。“模式形式”是指“构成非物质文化遗产价值的基本特征”和“在一代代传播过程中被揭露出来和保留下来的独特的价值、技能或知识”。

因为非物质文化遗产可能在没有秉承原始形式的条件下得到广泛应用，因此关于非物质文化遗产的表演、教育、展览以及支持都有所增加。此外，韩国已经实施工艺品的认证制度和银行体系，以提高产品的信任度和激发市场。此外，对于非物质文化遗产传承人的初始阶段，支持传统的技术发展、咨询以及教育有了可能性。

为了引导政策方向的转变，国家非物质遗产中心于2013年成立，该机构是文化遗产管理局的附属机构。国家非物质遗产中心是关于非物质文化遗产的系统研究、传播和推广的第一家行政机构。

国家非物质遗产中心根据各种设施为非物质文化遗产传承人提供空间，通过各种非物质文化遗产项目来提高公众的非物质文化遗产意识。

然而，政府的作用就像一种支持非物质文化遗产传承人培养其自主能力的“底水”。通过与非物质文化遗产传承人和社区合作，国家非物质遗产中心致力于让非物质文化遗产更贴近日常生活，同时追求文化多样性和人类创造力。

3. 建设社区的传播能力和参与度

我们不能在没有提及与社区关系的情况下讨论非物质文化遗产。《非遗公约》将非物质文化遗产定义为社区和团体为了对自己的环境及其与自然和历史的互动作出响应而重新创建的产物。非物质文化遗产由寻求文化多样性和人类创造力的社区和个人保护或重新创造。

然而，因为成员之间的非物质文化遗产社区也可以拥有多元利益，另外本身还具有动态特性，因此非物质文化遗产社区的范围有时候是非常模糊和多样的。特别是在这个城市化社会中，不可能像以前一样期望传统的农村公社。

在韩国，还有一些非物质文化遗产元素仍然具有非常具体的社区，如宫廷宗庙祭祀礼乐或绳索舞。但是，还有一些社区是整个民族的非物质文化遗产元素，比如“阿里郎”或“泡菜和越冬泡菜文化”。所以考虑到这两种情况，就需要对社区进行讨论。

与前者相关的是，韩国最近重点关注的领域是被称为“毕业生”的年轻传播者的能力建设计划。通过分享仅集中于传承人的支持机会，他们有更多机会进行表演、展览和教育，以建立传播能力。

之后，为了扩大非物质文化遗产社区，在有师承制的情况下引入了与大学教育相关的新传播系统。被选为非物质文化遗产传播机构的学院应将非物质文化遗产课程并入其必修科目。非物质文化遗产传承人也将参与其教育和研究过程，这些学院的毕业生将被公认为师承制的“毕业生”。与以前的专用体系相比，预计新的开放体系将培养更多的“毕业生”。

2005年以来国家非物质文化遗产中心与地方政府合作实施的“非物质文化遗产城市项目”，在中央和地方政府共同组织下，该项目包括制定非指定非物质文化遗产要素的详细目录，以及表演、示范和交流，从而鼓励对当地非物质文化遗产的认定和维护，提高当地非物质文化遗产社区的自主能力。

此外，文化遗产管理局和国家非物质文化遗产中心将使用网站和社交网络服务以及例会来增加非物质文化遗产传承人和社区的参与机会。使用在线和离线工具的非物质文化遗产传承人和社区的沟通渠道将在不久的将来得到进一步扩大。

4. 非物质文化遗产领域积极的国际交流

2003 年联合国教科文组织采纳《非遗公约》之后，韩国有志保护超越国界的亚太地区的非物质文化遗产。

根据《教科文组织与韩国的协定》，作为《文化遗产保护法》的专门机构，由教科文组织赞助的亚太地区非物质文化遗产信息和网络中心于 2011 年成立。凭借其主要功能、信息和网络，该机构由 48 个成员国、非政府组织、有关组织、社区和个人专家组成，主要进行各种非物质文化遗产保护活动。

此外，韩国在 2007—2014 年向联合国教科文组织非物质文化遗产领域赞助了 6 万美元。通过这些政府开发援助资金，蒙古、斐济、老挝、塔吉克斯坦和不丹等地进行了各种非物质文化遗产项目保护，比如确定非物质文化遗产名单、出版非物质文化遗产图书和建立非物质文化遗产数据库。

同时，国家非物质文化遗产中心每年都会邀请联合国教科文组织组织专门的非物质文化遗产表演和展览，并且还积极与其他国家的非物质文化遗产相关组织建立联系。

基于建设和平文化的精神，联合国教科文组织建议多国提名遗产。韩国的“驯鹰术”和“拔河”就是通过多国提名的。在确定共同遗产的普遍性和多样性过程中，韩国将继续努力遵守多国提名。

四、未来挑战

自 2003 年联合国教科文组织采纳《非遗公约》以来已过去十几年时间，但是韩国近几年才开始重组关于非物质文化遗产的法律基础和组织。但是可以看出《非遗公约》对于韩国非物质文化遗产保护政策产生了重大影响。

韩国面临着进入文化政策新阶段（可以取代以前持续半个多世纪的非物质文化遗产政策）的挑战。此时此刻，可持续发展可以成为全球和国家层面所要求的非物质文化遗产政策目标。

为了让非物质文化遗产促进可持续发展，有必要提高人们对于非物质文化遗产的意识，扩大非政府组织、社区团体和个人的参与度。另外也应促进非物质文化遗产相关组织之间的国际合作网络。

通过提名人类非物质文化遗产代表名单，国家非物质文化遗产中心将继续扶植能提高人们对于非物质文化遗产的尊重及其知名度的项目。今后，还将制定监管韩国等国列入非物质文化遗产要素的制度。

借此，韩国非物质文化遗产保护政策不仅仅是传播非物质文化遗产要素的技能，而且还可以为维护社区内非物质文化遗产的社会和文化意义作出贡献，丰富人文学科的文化多样性和创造力。

韩国非物质文化遗产保护的创新经验

[韩]赵显重
（韩国国立无形遗产院院长）

一、韩国国立无形遗产院

韩国国立文化遗产研究院是韩国文化财厅直属的政府组织。坐落于全州市，履行联合国教科文组织的《保护非物质文化遗产公约》。通过保护、传承和交流等多种方式全面推广非物质文化遗产。基本职能是举办传统的表演和展览，为非遗传承人和公众开设培训课程，管理文献和开展研究，与国际组织等机构交流、合作，维持公共关系。

二、韩国的非物质文化遗产保护

1. 非物质文化遗产保护机构的法律文书

国内法有2016年通过的《非物质文化遗产保护和促进法案》。

2. 韩国非物质文化遗产的内容和特定因素

韩国非物质文化遗产包括以下7个方面：传统的表演艺术和艺术；有关工艺、艺术等的传统技能；有关韩国医药、农业、渔业等的传统知识；口头传统和表现形式；衣食住行等传统生活方式；民间宗教等社会仪式；传统游戏、节日、实用艺术和武术。这些非物质文化遗产的特定因素包括：传统的表演艺术和艺术；有关工艺、艺术等的传统技能；有关韩国医药、农业、渔业等的传统知识；口头传承的传统及表达；衣食住行等传统生活方式；民间宗教等社会仪式；传统游戏、节日、实用艺术和武术。

3. 非物质文化遗产保护的目的

通过创造性地传承传统文化，使公民能够通过保护和发展非物质文化遗产的方式来理解并运用该文化，从而提升公民的文化素质，并促进人类文化的发展。

4. 国家非物质文化遗产大师、机构的认定标准

主要包括对以下几个方面的认定：

（1）大师：根据总统法令规定的能够掌握非物质文化遗产专业技术和艺术技能的人；

（2）表演机构：根据总统法令规定的能够掌握非物质文化遗产专业技术和艺术技能的机构；

（3）传承人培训助教：从毕业生中选出，协助大师或法令认可的表演机构进行传承人教育；

（4）认证培训生：已完成了由大师或法令认可的表演机构开展的3年传承教育并获得证书；

（5）奖学金培训生：经大师或法令认可的表演机构推荐而获得奖学金。

5. 非物质文化遗产保护的新趋势

过去，传统工艺与客户交流的环节是工艺→市场→客户，现在传统工艺与消费者交流环节变为工艺→市场（产品、项目、场地、人员、市场、公关、互联网）→客户，市场环节的内容变得更为复杂。

非物质文化遗产保护呈现了新的发展趋势：趋同性、原作、艺术及应用三块相结合；艺术与设计相结合。

手工艺项目发展表现为三个特点：

（1）合作。手工艺产品使用流行和实用的设计进行创作，与现代技术合作，利用现代技术传承传统工艺。这其中具体包括与传承人（大师、助理教练、认证培训生）和顾问合作；参与推广活动（例如巴黎的手工艺博览会）。

（2）教育。主要包括两方面，一是手工艺产品的应用方面，包括练习传统工艺的技能；通过研讨会和案例研究等长期教育方式，创建一个连接传统与现代手工艺品的制作和展示的系统；加强传承人可持续发展的能力；开展关于传统艺术和实践训练技巧的研讨会；开发将传统手工艺技术与现代设计相结合的产品。二是工艺品的修复。通过对传统工艺文物形态（技术、材料、颜色、比例等）的分析和研究，为制造和运用工艺品奠定基础。具体包括：开展传统工艺技术发展的实践培训；注重分析和研究传统文物的形态（技术、材料、颜色等）。

（3）实习。通过建立非物质文化遗产创意工作室，进行工艺品价值的再创造与传播，提高传承人的创新能力和专业技能。包括创意作品的策划和制作；外部交流；教育。

韩国非物质文化遗产的资助制度

[韩] 朴相国
(韩国文化遗产研究院院长)

韩国首次制定《文化遗产保护法》时，为了保护认定的文化遗产，规定必要时从国库全额或部分补助其经费。另外，虽然该法规定了公开认定文化遗产的义务，但是对于重要的非物质文化遗产的公开，该法律规定：“重要非物质文化遗产的传承人除特殊情况外，每年必须公开重要非物质文化遗产一次以上。”

《文化遗产保护法》将传授教育制度化。1982 年 12 月 31 日修订的《文化遗产保护法》规定，在预算范围内，国家承担全部教育所需经费，同时允许接受传授教育的人获得奖学金。还规定“传授教育所需经费可在预算范围内由国家负担”“文化公报部长有权向接受传授教育的人提供奖学金”以及“由总统规定关于传授教育和奖学金支付的必要事项”。根据该法律及相关施行令，政府正在提供多种公益支援来支持文化遗产的认定、非物质文化遗产保护的专门教育和人才的培养。其内容如下：

1. 每月支付专项补贴

(1) 向非物质文化遗产传承人、传授教育的助教、传授教育的机构和团体支付专项补贴，作为开展传授教育等传承活动的基本经费。

(2) 经文化遗产委员会审议，可以在一定期间内每月向接受指定非物质文化遗产项目传授的学生提供奖学金。

2. 特殊援助金

(1) 重要的非物质文化遗产的传承人中，很难定期开展相关项目的传授和教育的，在经过文化遗产委员会的审议后，可以每月给予一定的特殊援助金。

(2) 每月向缺乏传承人的非物质文化遗产传授机构和团体给予一定的特殊援助金。

(3) 每年向生活困难的非物质文化遗产传承人提供一次生活补助特殊援助金。

(4) 经文化遗产委员会审议，向被认定为濒临失传的或传承薄弱的项目传承人每年提供一次特殊援助金。

3. 丧葬援助金和住院慰问金

(1) 非物质文化遗产传承人或传授教育助教死亡时，提供丧葬援助金。

(2) 非物质文化遗产传承人或传授教育助教住院 10 天以上时，每年支援一次住院慰问金。

4. 重要非物质文化遗产公开活动的援助

对于非物质文化遗产传承人或传授教育团体主办的公开的非物质文化遗产的展示和演出等活动，每年支援一次活动援助。包括工艺领域作品的展示、演示和联合公开活动，然后，支付规模在核准活动计划书后，在支付额的范围内进行调整支付。

5. 支持非物质文化遗产普及宣传

（1）支持非物质文化遗产的海外演出和相关展览策划、非物质文化遗产的相关海外推广及宣传、相关传统文化交流、筹划提高国家形象的相关海外演出和展览。

（2）支援相关主题的地区庆典或国际活动，审查市、道或国际活动的主管机关支援申请书，选定支援的庆典或大会、选定参加项目和对象、支援参加地区庆典和国际活动。

（3）经文化遗产委员会审议，向被认定为濒临失传的或传承薄弱的项目传承人每年提供一次特殊援助金。

6. 援助非物质文化遗产的传承和促进活动

（1）给予指定研究示范学校运营援助，来支持其开展传承活动，以便继承当地传统文化。

（2）给予传承装备及传授教材制作援助，为重要非物质文化遗产的传承活动提供传承装备（乐器、服装、乐谱、剧本集、影像资料、装备、宣传品等），主要援助薄弱项目的传承。

7. 援助工艺领域的特别活动

（1）购买非物质文化遗产传承人的展出作品并提供参展补偿费：国家资助重要非物质文化遗产传承人、传授教育助教、接受传授者的部分作品，并奖励其参展；通过支付演出酬劳来援助其参展和演出的所需资金。

（2）支援与工艺有关的团体开展海外交流展示和销售活动。

从 1973 年开始，各地以传承人的传授活动地为中心开始建立传承教育会馆。传承教育会馆由国家和自治团体共同出资建设。此外，除了拨款或建立传承教育会馆外，制度上还有医疗补助、重要非物质文化遗产学分认定制度、产学兼任教师制度等。

（编者注：本文原题《韩国城市化进程中所面临的非物文化遗产保护难题及其对策》，现题为编者所加，刊发时有删节）

利川陶瓷披上“设计”的外衣

[韩] 赵炳敦
(韩国京畿道利川市政府市长、联合国教科文组织韩国委员会教育小组委员)

一、利川陶瓷产业集群

韩国最具代表性的陶瓷之乡——利川市被联合国教科文组织评定为工艺及艺术领域的创意城市。本市以“陶瓷”为媒介与韩中日乃至与世界各国开展交流，宣传韩国工艺文化，正在以利川陶瓷产业集群计划为主，致力于进一步发展陶瓷产业。

1. 概念

作为代表性地区特色集群，利川既代表韩国的陶艺村，又是陶瓷产业的聚集地。同时，利川市被指定为陶瓷产业特区，具有比任何其他集群地区更集中于陶瓷这种地方特产品的产业结构，并带有强烈地方品牌色彩。

2. 特点

第一，具有以陶瓷为中心汇集各种产业的地区特色；第二，具有坚实的文化艺术基础；第三，是具有文化艺术看点、购物、体验（美食、住宿、体验）形式的文化旅游名胜。

3. 结构

利川市成立了韩国唯一的陶艺高中，通过中小学、大学陶瓷课程，培养有能力的专业陶艺人才。还拥有利川世界陶瓷中心、韩国陶瓷振兴财团（原世界陶瓷博览会财团）、陶瓷研究支援中心、窑业技术院分院、青江文化产业大学等研发机构，以及利川陶瓷产业协同组合、海刚陶瓷美术馆、陶瓷艺术村、世界陶瓷双年展及利川陶瓷节等陶瓷相关机构设施，掀起了陶瓷热潮，因此是一个市场营销基础设施发展较好的地区。

二、利川扶持设计项目

利川陶瓷产业集群项目在2007年以“利川市陶瓷产业集群开发研究”的基础上，认识到利川陶瓷设计开发的重要性，通过扶持陶瓷设计及市场营销，正在增强陶瓷产品及市场营销竞争力的步伐。从2008年到现在，通过扶持陶瓷设计商品项目，开展产学研合作活动，正在开展系统的工作。

具体设计开发案例有：

1. 方彻柱设计企划——传统与现代以及创新（自行开发）

东国窑赫山方彻柱制作的地球图案坛子2007年被誉为“韩国高丽青瓷最现代和最高境界的作品”，永久展示在美国史密森博物馆。利川目前拥有第41号京畿道非物质文化遗产砂器匠等6名韩国名匠、12名利川市名匠，不仅传承了传统陶瓷的命脉，还起到了在传统技法中融入现代设计的带头作用。

2. 柳光烈设计

韩国名匠柳光烈在传统陶瓷技法中融合门迪尼设计，提出了在“传统”中融入“超现代设计”的可能性。

3. 林恒泽、李秀京设计

韩国名匠林恒泽为现代美术家李秀京提供自制陶瓷碎片，李秀京用陶瓷碎片完成了《翻译的陶瓷》作品，2012 年参加了德寿宫项目。他通过参加此项目把韩国陶瓷文化价值和通过传统技法制作的韩国传统陶瓷引入到现代美术中。

三、今后设计发展方向

利川市根据 2007 年利川陶瓷集群项目计划实行了有关设计的政策。今后，为了紧跟时代潮流重新完善本项目宗旨，制定有关法律制度，奠定设计创作基础，搞活流通，为创造世界级设计品牌的利川陶瓷而努力。

（编者注：本文刊发时有删节）

韩国的粉青沙器

[韩] 崔成在
(韩国传统文化大学文化遗产大学院院长)

粉青沙器是14世纪中叶至16世纪中叶约200年间在韩国制作的陶瓷器的一种，特点与中国的磁州窑陶瓷相似。

粉青沙器是粉妆青沙器的简称，是1930年又玄高裕燮先生为区分高丽时代制作的青瓷和高丽末期朝鲜初期制作的粉青沙器而命名的。虽然本质上两者都传承了青瓷，但后者反映出了当时朝鲜的时代精神。

粉青沙器是指在含有3%～5%铁成分的粗糙的灰青色胎土上，用白土装饰的沙器（沙器在朝鲜时代与瓷器混用）。粉青沙器最大的特点是，在器物表面扮装白土的过程，以及扮装后利用工具进行施纹或用毛笔画铁画装饰各种图案，并与白瓷一起在窑中烧成。只是以镶嵌技法施纹的粉青沙器虽然大体上属于青瓷的范畴，但由于它在朝鲜时代制作的时代性和造型特征与其他的粉青沙器相似，所以也将其列入粉青沙器的范畴。

14世纪中叶高丽时代末期，由于在官窑制作青瓷的陶工们分散在全国各地，因此全国范围内的粉青沙器的表现及制作技法相似，但根据制作时期和地区不同，材料的利用和纹样的处理方法略有差异，并且其发生、发展、消灭的时期也不同。因此分析粉青沙器的多种特征，比起按地区生产的窑厂划分，更多地会根据全国范围的"施纹手法"来划分种类。

粉青沙器根据施纹手法主要分为镶嵌粉青沙器、印花粉青沙器、雕花粉青沙器、剥地粉青沙器、铁画粉青沙器、归也（Guyal）粉青沙器、弹嘣（Deombeong）粉青沙器等。各式各样的装饰、表现技法都是单一的，或者有2—3种施纹技法相互补充，随着图案的混合而展开。

粉青沙器是从高丽末期的镶嵌青瓷开始，随着朝鲜时代的逐渐演变，发展形成了含铁的、深灰青色、粗糙的胎土和利用白色釉底料对比的多种图案装饰技法，这样的表现技法形成了粉青沙器独特的造型性。后期随着白瓷产量的逐渐增加，在向往白瓷的时代趋势下，白土扮妆全面铺开，经过一段扮妆成白瓷一样的过程，最终被白瓷吸收，从历史舞台上消失。从14世纪中叶到16世纪中叶，比青瓷和白瓷留下更多陶瓷表现性的是粉青沙器，与青瓷、白瓷一起在韩国陶瓷史上留下了鲜明的形式，14—15世纪适应了从高丽到朝鲜时代激变期的环境，具有粘土、火和匠人创造的韩国陶瓷自然主义美感的天然特征。

另外，粉青沙器以自由奔放的精神性、极大化物性的丰富表现力和讽刺诙谐的多样性，包含了现代作家们所关心的表现主义绘画的要素，直到目前为止，它仍能给予艺术家们许多灵感，并且以多样的交融和尝试延续其脉络。

（编者注：本文原题《韩国粉青沙器的现代传承》，现题为编者所加，刊发时有删节）

伊 朗

从跨学科的角度看丝绸之路的意义

［伊朗］雷扎·达比内贾德
（伊朗马利克国家博物馆馆长）

由于其历史背景和地理位置，人们一直将伊朗文化认为是“跨学科”的研究。伊朗文化是一种不断受到其他文化（包括邻近文化和非邻近文化）持续而广泛的影响的文化。根据它们之间的联系，这些文化中的每一类都对伊朗文化产生了各种影响。当然，它们也受到伊朗文化的影响。这一领域的研究趋势之一就是跨学科的伊朗学。面对非伊朗文化，跨学科的伊朗学总是提出一个问题：它们属于伊朗文化中的哪一类文化。它们的文化联系产生了什么？如何产生？另一方面，它们的文化联系对彼此产生了什么影响，这些影响的具体表现又通过什么作品来体现？

在该体系中，对伊朗和中国互动的分析揭示了新的角度。虽然这两种非邻的文化往往不存在直接的文化联系，但是，在不同的历史时期，它们通过不同的方式建立了文化联系。人们将伊朗南部称之为“海上丝绸之路”或“香料之路”，通过这条路线，两地部分人民之间形成了各种互动经验。当然，这些经验偶尔也提供了直接联系。伊朗和中国之间的另一条沟通路线是“陆地丝绸之路”。丝绸之路是一个机遇，可填补两国领土的非近邻距离，并在两种文化之间形成文化联系。在这个问题之后所出现的问题是，丝绸之路形成了怎样的联系？它对文化交流有什么影响？为了回答这些问题，我们必须知道丝绸之路的文化特征，并描述和解释其与文化交流之间的关系。

从跨学科的角度来看伊朗研究，丝绸之路成为一个重要的边界，一个文化联系的边界，一个文化领域的边界，而非联系的分离处、结合处和所属地。丝绸之路在伊朗和中国的文化领域中被认为是文化的联系渠道。由于这条道路的漫长及其活动的连续性，伊朗和中国之间的最多联系都起源于这个地方。但问题是，这个联系通道和其他边界之间有什么区别？从地理上看，伊朗与中国之间的地理距离存在着不同的民族和文化，根据这一模式，丝绸之路不仅包括两种文化的联系，还包含着一系列文化，我们不能期望通过一种文化来传播文化信息。它必须与其他文化直接相关，文化信息在传递过程中，都融合了自身文化和其他文化，从而形成了包含其文化信息的故事。因此，所传播的信息可能没有原始形式，甚至可能无法区分其中所传播的哪一类文化是其他文化。所以，文化传播面临着多重的文化内涵，甚至导致文化贸易发生在一个更隐蔽的层面。我们没有真正意识到从中国传播到伊朗的信息，反之亦然，因为贸易不仅仅是跨越式发展的，它同时也伴随着一种转变。

另一方面，伊朗不是丝绸之路上的最终或最初目的地，而是这一路线的发源地，人们可以“在路上”获益。因此，其文化占比超过了经济占比。秉承这一观点，我们可将丝绸之路视为文化联系和转变工厂，它将一系列文化表现带入一个循环之中，然后把其中的一部分带入另一个循环之中。

从这一角度来思考，虽然伊朗文化和中国文化在总体上似乎是最不相似的，但通过分析这些转变，我们可以找到它们之间的联系，并找出每种文化信息都发生了什么变化。如果保持这一趋势以及文化表现的分层，那么两国文化将会变得更加紧密，因为它们找到了切入点（比如时间）。而在这一知识背景下，它们彼此不仅变得更为熟悉和普遍，而且这两种文化也变得更为熟悉和相似，它们在塑造其文化方面的作用也变得更加明显。

这就是丝绸之路如何成为一条交流、相识和认知道路的过程。因为我们无法在它们之间找到明确的边界，而是形成了一条双向文化交织的边界。我们如何识别那些构成“文化愿景”的文化界限或延伸？如何理解其意义？这种理解是通过分析文化表现的延伸来实现的，即在不同的文化表现中，我们可以观察到传播和转化过程。其中一些表现形式是非物质遗产或活的传统文化，这些事物体现了这些信仰间的背景，而另一些表现形式则反映在历史遗迹或物质遗产中，即在历史建筑或博物馆中所保留下来的奇迹。

现在出现的问题是，丝绸之路的地位及其对当前趋势的文化影响是什么？如今的发展情况如何？

如果从跨学科的角度来对丝绸之路进行审视和分析，那么这条文化和历史道路必定会出现，我们在此基础上可以阅读文化信息，还可以获得关于当前文化的不同理解。我们可以一起探索构成丝绸之路遗产部分的数据和文物。

每 种文化都表达了其相似之处，从而导致出现了 系列的认知问题，并揭示了各种文化的多样性。通过这种对文化现象的共同理解，文化和民族变得越来越紧密，有时甚至更为相似。事实上，丝绸之路作为一项共同遗产，可以通过交流以及双向或多方面的研究来弥合当今的鸿沟，使各国更紧密地团结在一起。

一方面，似乎每一种文化都了解其本身，但它又不是非常熟悉另一种文化。是否建立这种认识取决于某种文化的交流以及共享。为了建立此类交流，保护丝绸之路遗产的中心或机构可以发挥特殊的作用，而博物馆作为保存、维护、展示和研究历史和文化古迹的中心，可以最大限度地发挥对各类文化相互认可的能力。拥有悠久历史和古迹的博物馆可以用这些作品作为共同交谈的切入点。通过这一切入点，人们可以在这些作品中发现隐藏的层次和文化贸易。此外，艺术博物馆可以发现以往相互的艺术影响，并将继续使其成为与如今进行艺术对话的一个机会。在人类学中心和博物馆领域，我们也可以找到同样的文化对话视角。事实上，他们应该把丝绸之路视为其作品和收藏的一个角度，并将丝绸之路作为一个可持续文化交流的边界来进行讲述。

如今伊朗和中国之间的文化纽带需要创建一条文化研究链，以便在实践过程中建立一条认知道路，并在这条道路上分享每一种文化。这样，丝绸之路将能够拉近当今的文化紧密性，并跨越历史成为现代联系。

秘密花园
——伊朗绘画与中国国画中“花鸟”的共性

[伊朗] 梅迪·塔米齐
(伊朗伊斯法罕现代艺术博物馆馆长)

波斯文学一般通过外在表现来指向隐藏的内部特征。因此,转喻和隐喻在波斯文学中起着重要的作用,要认识这些符号的概念,就需要把握词义的本质。

东方文学、文化和艺术中的“蕴意”是人民心灵的产物,是他们在这个地区的生活经验所表现出的广阔概念。例如,绘画不仅仅是一种“形象制作”的行为,更是一种忘我的状态,艺术家摒弃了自身和周围的物质世界,从而遁入一个原始纯真的境界中去。

即使是在他们创作的准备阶段,东方的画家和书法家们依然经历着“忘我”的境界,在他们的画布面前,在他们笔下的线条中,这种境界创造出了一个完全不同的、超脱物外的领域,而这种转变恰恰正是“爱”的产物。

爱情在波斯文学中有着特殊的地位。有些时候,在爱人的眼中能看到自己的外表和性格;有些时候,相爱的人彼此相守,共同约定誓言,共同走过爱的道路。他们是爱情的神鸟(西莫格),在花园和草地上寻找他们的所爱。这些爱的概念成为艺术家创作画作的灵感来源。图画开始有自己的生命,如花、鸟、藤蔓图饰,装饰着封面、笔架、镜子、织物器皿,各种装饰品和珠宝、地毯、窗户和墙壁,因此它们可以在生命中的每一个时刻永生。

“爱”一直在伊朗的视觉艺术和文学作品中拥有举足轻重的地位。“爱”是一个普遍共识,不需要另外的翻译或解释。从视觉艺术的角度来看,有时“爱”表现为一幅肖像,而在文学作品中,它时常被描绘为一组神秘的密码。

文学上关于秘密调情的内容都与艺术家的种种不道德幻想有着紧密的历史联系。这二者的融合表现为一种叫做“花与鸟”的艺术风格。“鸟”是一个一直歌唱到黎明的痴情人,给心爱的人带来快乐。当它最终因精疲力竭而进入梦乡时,它会梦见心爱的人(花)在黎明时绽放的情景。鸟闭上眼睛有时意味着清晨小憩,有时意味着它在心爱的人面前羞怯。鸟是飞翔和自由的象征,那种飞翔在安全、平和、宁静的天空中所带来的自由;天空是无限的象征,从束缚人类的地球上解放出来,使我们可以飞越一片比我们居住的层面更高远的广阔空间。有时,“鸟”被认为是对死者精神的一种隐喻,可以接近那些被遗忘的死者。

从这个方面来说,“鸟”这个意象是往来于人间与天堂的两个世界的旅者。“花和鸟”的意象在全世界都有其表示。关于花的种类,花的颜色和数量,以及不同本土文化中的鸟的种类,这些概念上的小差异可能会被研究。

本文的目的是探讨伊朗绘画中的花鸟与中国国画中的花、树、鸟的形态和意义的共性,以及深入了解中国画中各种鸟的形态和意义。因为通过多年的不同国家之间的文化交流，特别是通过丝绸之路，以及中国和伊朗之间的文化交流，这种意义和形式的交流，赋予了它们在形式和内容上的相互理解和一致的地位。

花，尤其是玫瑰，是爱和感情的象征。鸟是自由的象征，挣脱世俗的枷锁，是一个即使生命危在旦夕也坚持与情人见面的爱人。爱不需要被翻译或解释。在东方文化的定义中，幸福是伴随着精神感知和灵魂满足而获得的。在所有伊朗的画作中，无论其创作中使用的技术、材料或功能如何，都能观察到大量花和鸟的图像，无论是分开的还是组合的。这幅作品是对伊甸园的参照，伊甸园中散布着鲜花和鸣禽，灵魂像一只羽翼轻盈的小鸟一样在花丛中漫步；同时，它也是对爱人关系的一种超现实表现。

在萨非王朝时期，伊朗艺术家开始普遍使用单张“花和鸟”图案。由于跨文化交流日益频繁，与其他国家的文化和艺术交流取得的成就日益扩大，其中用于互动的主要路径之一就是丝绸之路。“花和鸟”在萨非王朝时期仍然是艺术家们最喜爱的主题之一，它的最终结构和构图在卡贾王朝时期得到了完善，直到今天，它仍然出现在许多艺术家的作品中，同时还保留着著名的“花鸟”的特点：使用鲜艳的色彩，以及这种艺术形式的金色颜料，还有我讨论主题中一直提及的暗示——也就是爱。

中国传统绘画中也存在类似的意象——花鸟。中国艺术中“花鸟”的概念、技术和艺术表现与伊朗艺术中的主题略有不同。例如，图纸更自然，颜色更有限；更生动、宁静；这些“鸟”具有根据中国民族信仰进行解释的含义。幸福、财富、健康以及对幸福和快乐的向往等定义是这些概念的一部分。有时“鸟”和“花”分开进行阐述，并且在艺术品中，这两个意象之间的关系并没有表达出关于“互相迷恋”的概念。

另一方面，伊朗和中国对于“花鸟”的共同点在于它们通常不会是人类形态的意象；它们正寻找着一个思考和体验道德的机会。这些概念——无论它是什么——它都是一个崇高的、高贵的、进步的概念；它是一个非常明确的体现，概括了追寻“人道”生活的艰险道路。无论它是什么，是爱、热情还是幸福，都是一个高贵的人的体现。

这个问题不在于伊朗或中国的“花鸟”的艺术形式，而在于如何把这些视觉元素呈现给世界上所有人。这种方法应在几个世纪后依然能发挥功效，而且必须经久耐用。我们关注的是那些建立了以宽容、对话和感情为基础的文明的人类。这种文明拥有健康的社会生活，同时开放并充满尊重地与其他国家交流文化、艺术、政治和经济。

无休止的战事早已不复存在，除了投入军队的物质开支外，还有人力资源和大量的文化和社会开支将随风而去。如果所有这些资源中的一部分，以及摧毁这些资源的欲望，都花在了艺术、文学和哲学的展示、教育和讨论上呢？

多亏了这些世俗的牵绊，今天的艺术发展已经接受了与批评有关的概念。艺术风格和主题都已经发生了变化，和往常一样，任何形式的艺术都是人类最具活力的表现，是一种不受限制的边界的扩张现象。它会找到自己的路。艺术的接受者，在世界任何地方，都会对传达给他的东西有超然的理解。鸟在花丛或树旁的形象，虽然在构图上有所改变，但在其隐藏的层次上，它始终是爱和快乐等概念的典型代表。

作为伊朗艺术协会的代表，我认为自己正是爱的深层信息的传达者。首要的愿望是和平、友谊和对他人的爱。这种信息，多年来一直在追寻的道路上徘徊，不论何时它来到何人身边，都会触及他的身体和灵魂，并在自己的道路上继续前行下去。

让爱在道路和大地上自由漫步，不顾边境和关卡的阻挠，触摸到我们的灵魂深处。让爱的小鸟在我们的耳畔歌唱，让我们被爱包围和感染。就像唱歌的小鸟一样，我们将以牺牲生命为代价来换取这个物质世界的所有风花雪月，只有这样，在充满希望的黎明到来之际，我们才能在这个秘密花园中睁开双眼。

丝绸之路上的细密画艺术渊源

[伊朗]阿里·阿斯加尔·塔基韦迪
(伊朗细密画艺术家)

在中国汉代，火药、丝绸、香料、药物、玻璃、皮革制品和纸张都是通过丝绸之路这条道路运输的。

丝绸之路形成了一个贸易网络，从公元前130年开始就经常使用。它通过贸易活动连接了古代世界的不同地区。艺术和文化交流是这条道路最重要的方面。这种艺术，特别是波斯细密画、宗教、哲学、语言、知识和建筑，与丝绸之路沿线的货物和商品一起交换和分享。

丝绸之路将中国连接到古代伊朗的领土，特别是乌兹别克斯坦的撒马尔罕。

由于这条路的交通量巨大，人们发现了一些已经刻在山上和岩石上的铭文和浮雕。一些伊朗城市的山中雕刻的岩石浮雕，如克尔曼沙赫的松科尔郡的贝希斯敦山，仍然可以看到。

丝绸之路的考古研究始于19世纪，欧洲考古学家对此进行了许多研究。一些发现的考古物品现保存在俄罗斯圣彼得堡博物馆。

伊朗和中国的艺术通过丝绸之路相互产生影响。波斯细密画对中国艺术的影响更大。

由于瓷器是在塞尔柱王朝从中国进口的，伊朗艺术家受到了中国艺术的启发，开始使用瓷器的装饰图案和形状。然而，值得一提的是，瓷器进口到伊朗之前的几年，伊朗装饰和彩绘的陶器已经通过丝绸之路被送往中国，随后远东的视觉艺术文化开始受到伊朗图案和狩猎场等图案的启发。

伊朗人是细密画的创始人和先驱，细密画也被称为“最小自然”。这种伊朗艺术自古以来就在伊朗流行。但因为丝绸之路，这种绘画风格流传到中国，再从中国带回新的艺术风格回到伊朗。

丝绸之路在萨珊王朝也很重要。帝国的主要收入来源是通过伊朗和丝绸贸易的过境商人收取的通行费。在此期间，中国从伊朗进口羊毛、地毯、宝石和织物，并向伊朗出口丝绸。萨珊王朝的经济发展和贸易繁荣对伊朗和中国的艺术和文化产生了巨大的影响。敦煌地区的洞穴是伊朗萨珊王朝艺术对中国影响最大的地方之一。地下洞穴中有一些壁画，反映了萨珊艺术的影响。壁画中的银色边缘是典型的萨珊艺术。敦煌画的另一个特点是以红色为背景，这也表现了萨珊艺术对中国画的影响。这是萨珊王朝时期的一个常见的艺术特征。

在萨珊王朝时期，绘画在中伊关系中发挥了重要作用，这是伊朗和中国艺术相互影响的明显证据。法国学者雷奈·格鲁塞认为，萨珊王朝与中国艺术品的结合，导致了吐鲁番艺术风格的产生，其美感和成熟度无与伦比。

已故教皇在其题为《伊朗艺术》的杰作中，论述了从公元前5世纪到公元8

世纪伊朗绘画艺术对中国的影响，也就是说，伊朗细密画对中国绘画产生了13个世纪的影响。

（编者注：本文刊发时有删节）

地毯图案中的波斯和中国元素

[伊朗]侯赛因·博海
(伊朗“一带一路”基金会主席)

在地毯主题中，主要使用三类图案：几何图案、传统或风格化图案、自然图案。几何图案是由曲折、多边形、十字和星星的变化和组合构成的，蜿蜒曲折，主要用于边界。从早期使用的简单锯齿到复杂的钩状形式，其特征是有角度的“运行波”或“希腊钥匙”，这也是非常古老的。在高加索、伊朗中部和印度，小三叶（三叶形）图案被用作防护条纹。常见多边形是菱形和八角形。马耳他十字是经常使用的，就像伽马十字或万字符一样。纯几何恒星通常基于十字形或八边形。这些图案中有许多是原始而古老的，可能起源于篮子编织和相关的芦苇席编织，因为这种图形在这两种技艺中都是天然的。但在地毯编织中，它们主要保存在中亚、小亚细亚和高加索地区的作品中，包括绒面结和平面编织织物。

16 世纪和 17 世纪波斯地毯的主要风格化图案之一是所谓的阿拉伯式图案，这个模糊的术语通常是指一个复杂的卷藤系统（scrolling-vine system）。在一种常见的波斯装饰图案中，两个不对称的图形以一个锐角交叉，构成形似百合状的图案，然后又朝相反的方向描绘曲线，进一步发展出一套卷轴系统（scroll system）。这种高度个性化的形式始于中国的周晚期（公元前 600 年左右），特别是在一些铜镜上，并在汉代（公元前 206 年至公元 220 年）得到了很好的发展。它在 12 世纪出现在波斯的陶器和建筑灰泥装饰上，可能受到了中国形式的影响。

直接源于中国的是云结和云带，或丝带——两者都至少在汉代使用过，并在此后有着持续的历史。云结是阿拔斯王朝时期波斯宫廷地毯的一个特征，一直延续到 18 世纪末。云带在 16 世纪的地毯上变得很重要，波斯设计师以特别的优雅和技巧运用了它，也许这种图案在土耳其宫廷地毯上用得最漂亮，但这在很大程度上归功于波斯的灵感。随着 15 世纪奥斯曼土耳其的战争，云带和云结图案从叙利亚纺织品设计转移到小亚细亚，成为 16—17 世纪土耳其地毯的典型代表。

棕榈是风格化图案的第二个主要类别，在从小亚细亚到印度的大量地毯设计中占据主导地位，起源于亚述人对棕榈树的风格化设计，棕榈树是活力的象征，经常与月亮联系在一起。东方地毯设计中发现的主要棕榈的形式直接源自 4 世纪以来纺织品设计中流行的风格，并经常受到中国的影响。16 世纪和 17 世纪早期的图案精美而逼真，像中国牡丹这样的花朵有时会与更具风格的莲花竞争。披针形叶通常与棕榈（尤其是东波斯设计中的）联系在一起，通常是风格化的。圣杯、扇子和半棕榈，都是从棕榈演变而来，用于东方地毯，也用于 17 和 18 世纪的欧洲设计。

在自然植物中更突出的是柏树和开花的果树，分别象征着永生和复活。柳树和茉莉花在阿拔斯时期花瓶地毯上很显眼，郁金香在土耳其宫廷地毯上也很显眼。许多小叶状和花的形式却不特定指向某种植物。到16世纪中叶，自然主义的红色或粉色玫瑰在欧洲设计中广泛流行。在欧洲影响下，这些图案出现在19世纪后期的东方设计中，尤其是波斯设计。

除自然植物之外，最重要的说明性主题是那些与花园和狩猎有关的主题：许多小鸣禽（在波斯，尤其是夜莺）、雉鸡（凤凰）从中国传进来，在16世纪很受欢迎；孔雀、狮子和半传统的狮子面具，有时用作棕榈花纹的中心；老虎、猎豹、熊、狐狸、许多种类的鹿、山羊，经常以跳跃的形态出现；除此之外，还有长相凶猛的中国龙和温顺的麒麟；鱼偶尔在池塘或溪流中游动，或按照惯例成对出现在地毯边缘的盾牌或纹章中；猎人是最常见的人类形象，他们通常在骑马；音乐家和天使偶尔也会出现。

程式化和自然主义词汇的基本主题几乎总是关于生育力或富足。例如，阿尔达布尔时代的波斯地毯上有一个巨大的金色星形徽章，它由自古以来象征太阳的多尖玫瑰花结发展而来。它的中心有四朵莲花漂浮在一个灰蓝色的小池塘上，代表了天堂的雨水之源。因此，徽章象征着两大基本生命元素——太阳和水。作为其神奇力量的证明，由卷须和花朵组成的复杂系统由此产生。

东方地毯设计即使是在小细节丰富的地方，也总是强调朴实的表面图案；而欧洲的设计更倾向于绘画的虚幻效果，通常使用阴影和类似图画的构图，并结合建筑主题甚至肖像。这种趋势在17和18世纪的法国地毯中尤为显著。

除地毯设计中包含的个别图案所固有的象征意义之外，整个设计——实际上，地毯本身也可以是象征性的，就像一些最早的波斯设计一样。

（编者注：本文刊发时有删节）

斯洛伐克

斯洛伐克《保护非物质文化遗产公约》的执行情况

[斯洛伐克] 拉多斯拉夫·瑞盖吉
(斯洛伐克文化部文化遗产司司长)

一、概述

斯洛伐克的传统民俗文化是一份珍贵的文化遗产，它是由一代又一代的斯洛伐克人民、少数民族和居住在我们领土上的外来民族创造的。民俗文化的多样性是我们祖先能力和创造力的独特表现，保护和支持这种文化多样性是斯洛伐克国家政策的主要目标。斯洛伐克共和国文化部设立的一些特殊机构：斯洛伐克非物质文化遗产中心（位于斯洛伐克国家传统舞蹈公司的专业机构），其活动内容主要为记录、存储、处理、归档和制作传统的民间文化。

在传统民俗文化和民俗表演领域，斯洛伐克共和国文化部是以下三个民俗表演和专业表演组织的创始机构：斯洛伐克国家传统舞蹈公司、“记叙”艺术团和“年轻的心”舞蹈剧院。

国家文化中心为非专业剧团的民俗表演提供专业知识和方法支持，还监督国家业余艺术比赛（包括民间传说）。国家文化中心保存了斯洛伐克共和国举办民俗表演的档案记录。

这些组织根据其成员资格、创始人员、是否专业（或业余）、与传统文化的紧密联系以及其登台方式分为三类：（村）民俗群体、民俗学团体和儿童民俗学团体（非专业，不受国家当局管辖）和专业艺术团（国家或自治机关为创办人）。

目前，斯洛伐克共和国约有 1000 个不同的民间机构（约 420 个儿童民间团体，180 个民间团体，400 个民间小组），聚集了约 40000 名活跃的传统舞蹈演员。

村民俗组成员必须是相关村的居民。这些团体的剧目，尤其是那些成员主要来自于能根据自己的经验记住传统舞蹈的老年人的剧目，是研究传统舞蹈形式和其他合奏的宝贵资源。在有着丰富、持久和鲜活的舞蹈传统的地区，仍然有可能满足当地传统舞蹈剧目的即兴形式。

斯洛伐克的手工艺品由民间艺术制作中心负责保管。斯洛伐克共和国文化部的其他类型机构也以某种特定方式与非物质文化遗产有关，例如斯洛伐克国家博物馆等。

在斯洛伐克，传统的民间文化有两种形式——初级和次级。第一种形式主要表现在自然环境中，通过接触和交流而形成的真正的传统民俗文化。第二种形式主要表现为风景民俗学——通过制度化的交流，如民俗学团体或民俗学节日，在当前环境中生活的艺术发展、风格化的现象。第二种形式主要由区域文化组织网络支撑，是传播传统民间文化信息最常见的方式，而第一种形式没有任何制度化网络的系统支撑。这些内容由斯洛伐克科学院研究所（SAV）记录在案，然而，这些研究所的研究成果都不适合在大众中传播。

此外，风景民俗常被民间观众误认为是传统民俗文化。这种情况促使传统民俗文化的主要形式思考向公众开放的必要性。教科文组织的文件和规范性框架，特别是《保护非物质文化遗产公约》和《保护和促进文化表现形式多样性公约》，对于关怀传统民间文化非常有帮助。斯洛伐克共和国于 2006 年 4 月批准了这两项公约，从而奠定了立法基础。

随后，斯洛伐克文化部成立了非物质文化遗产保护委员会，初步框定了保护传统民间文化的概念。斯洛伐克政府在 2007 年 8 月通过了第一个法案，第二个在 2015 年通过。为贯彻落实这一理念，斯洛伐克非物质文化遗产中心于 2008 年 4 月成立，斯洛伐克文化部于 2008 年 12 月批准了确定这一理念战略目标的传统民间文化保护计划。

二、维护传统民俗文化的构想

这一构想的主要任务是创造帮助传统民间文化发展的条件和工具，使其在自然环境中得以保存，使其不从斯洛伐克人民的文化意识中消失，受制度的保护。此外，它还应该继续为现在和未来的几代人提供服务。

整个概念侧重于四个基本主题：教育和信息传播、文献归档、渠道支持、跨学科与国际合作。这些基本主题由以下项目表示：1. 传统民俗文化鉴定与清查；2. 电子百科全书和传统民间文化文献；3. 传统民俗文化中心数据库（传统民俗文化数字基金）；4. 斯洛伐克非物质文化遗产名录；5. 教育；6. 出版；7. 国际合作鉴定和清点传统民间文化。这是所有任务中最广泛的一部分。

本项目的目标是建立一个收集、处理和存储信息的系统，该系统应审查斯洛伐克所有地区传统民间文化的生活或保存现象的发生和条件。斯洛伐克的各个村庄为基本单位，与 20 名专家团队合作，编制了方法，作为处理和保存传统民间文化现象的指导。该方法以 6 张工作表的形式发表，包括以下方面的基本分类和详细描述：地点、文化用地和定居地、社会和精神文化、物质文化、美术文化、艺术文化。这种方法已成为斯洛伐克整个非物质文化遗产保护体系的基础。

三、电子百科全书

该项目是为广大公众（专业人士和非专业人士）识别和发掘传统民俗文化的第一步。电子百科全书是与斯洛伐克科学院民族学研究所合作进行的一个广泛项目。工作过程中有 62 位学者利用了类似出版项目的经验，如《斯洛伐克民族志地图集》和《斯洛伐克民间文化百科全书》。工作进程始于 2008 年，完成于 2011 年。电子百科全书包含来自斯洛伐克传统民间文化的 1800 多个条目，并辅以图片、录音和录像等说明性样本。每个条目包含元素的简短描述，包括图片、音频或视频示例，以及与主题相关的其他条目的引用。条目可以按登记表、字母顺序或主题顺序搜索。

四、传统民俗文化中心数据库

中央数据库项目包含了整个传统民间文化文献的技术和组织部分。本项目的任务是创建一个数字、虚拟的空间，用于存档和保存有关传统民俗文化的数据。所有信息都是从各种来源中提取的——电子百科全书、传统民间文化目录项目、现有地区和私人档案或藏品的数据，以及战略档案，包括斯洛伐克科学院、斯洛伐克电影研究所（斯洛文斯克电影公司）或斯洛伐克国家博物馆等与储存档案有关的机构的数据。

中央数据库的重要部分是传统民间文化的数字基金项目。该项目在全国范围内发挥着保护文化遗产的作用，试图通过其活动，以数字形式保护古老的民间传统文化形式。本项目由政府资助。项目持续时间为2015年3—11月，其主要目标是对传统民间文化现象进行清查、收集和数字化，并为数字化创造技术基础。

该项目涉及超过45名外部员工，他们协助收集、获取与传统民俗文化相关的数字。内容网站的方法论基础是我们对传统民俗文化的分类目录项目。电子百科全书已经成为建立与传统民俗文化有关的新权威的基础。员工们一直在收集信息，尤其是从该地区的私人或社区档案中。这使我们能够获得有关传统民间文化的独特信息，而这些信息不包括在档案馆、博物馆或其他机构中的信息。

然而，另一方面，它意味着需要对来源采取非常敏感的方法的具体要求，大多数信息和材料对其所有者也有非常个体的意义，必须直接在其来源地进行数字化。因此，我们能够组装大量的传统民间文化的数字对象：成千上万的数字化图片、数百小时的录音和录像，以及大量的插图，现在大部分正在等待下一步的处理。

这个项目使我们获得了各种各样的知识。可以说，它不仅对传统民俗文化的中心，而且对传统民俗文化的总体传播具有重要意义。其中一个积极的结果是收集了大量的新信息。其次，创建新的数字化工作场所将有助于对未来收集的材料进行后期处理，并帮助其他机构协调他们在创造传统民间文化方面的努力。

此外，通过建立适当的方法，为其他学科参与非物质文化遗产的文献记录和保护奠定了基础。传统民间文化信息的“诀窍”已经向公众展示，并对其进行了识别和记录。因此，该项目将有助于通过融入当代文化生活的方式，为传统的现代推广和普及奠定基础。尽管项目的第一部分已经完成，但这是未来几年的一个长期项目，我们要负责其永久可持续性。

五、斯洛伐克非物质文化遗产名录

在准确执行2003年《保护非物质文化遗产公约》的情况下，斯洛伐克对非物质文化遗产的保护与传承和各区域的合作密切相关。非物质文化遗产中心主要负责编制两份国家名单：斯洛伐克非物质文化遗产代表名单和斯洛伐克最优保护方法登记册。文化部每年都会呼吁各方提交提案。第一次提名是在2010年5月。

实际上，斯洛伐克的非物质文化遗产代表名单上有23个名额，在斯洛伐克保护非物质文化遗产的最佳实践名单上有 3 个活动。在联合国教科文组织“人类非物质文化遗产”代表名单上，斯洛伐克已有 4 项国家和 2 项跨国提名。一个自愿的公民协会，将来自全国的非物质文化遗产领域的专家聚集在一起，并命名为斯洛伐克人种学协会。该协会被正式认可为联合国教科文组织 2003 年公约委员会的咨询机构。自 2018 年底起，斯洛伐克在委员会评估机构中获得了专家成员资格，任期四年。

六、教育

很明显，复杂的非物质文化遗产保护方法需要从基础开始入手，将保护文化遗产的信息传递给最年轻一代和最基础的小学。专家组提议创建一个贯穿主题的“区域教育和传统民俗文化”。 这不是一个特定的课程科目，“贯穿”是指教师可以通过许多不同的科目传达信息。 该项目得到了教育、科学、研究和体育部的批准，自 2009 年以来一直是国家教育计划的一部分。在项目早期，我们意识到缺乏文献和其他可用材料来支持关于这一主题的学校课程。 在实施下一个项目时，我们考虑并解决了这种缺陷。

七、欧盟拨款

由于从社会运作计划信息化、记忆和资助机构的发展以及国家基础设施的恢复中获得了大量资金，文化部成功地为广泛的数字化创造了条件。各种各样的物质载体、现象和表现形式，记录了整个斯洛伐克的文化遗产。传统民俗文化和非物质文化遗产的现象和表现在几个项目中成为数字化的主题，例如：

数字化博物馆（斯洛伐克民族起义博物馆）：除了物质文物的数字化外，该项目还包括传统舞蹈文件（由民族学和民族音乐学的外部专家协调）和传统工作流程的剪裁和补充（由来自民间艺术生产中心专家协调）。

非物质文化遗产中心 2015 年实施了一个专门的国家项目：传统民俗文化数字基金。

除上述项目外，其他国家项目的产出还包括非物质文化遗产文物的数字化，例如：2015 年下半年，国家教育中心实施了国家奥委会的项目数字化和多媒体展示产品，其中包括对来自这个机构的档案；国家数字视听项目（斯洛伐克电影研究所和斯洛伐克电视台档案的数字化）；计划数字图书馆和数据档案馆（斯洛伐克国家图书馆）；规划罗马文化文献和信息中心。

所有这些国家项目的部分成果都发布在门户网站——斯洛伐克文化遗产网上。国家教育中心管理的门户网站一直不断更新。

目前，文化部的一个部门通过综合区域运营计划协调拨款，调动区域内的创意潜力，项目将侧重于支持创意产业，其中的形式还包括支持手工艺人。这是保护斯洛伐克非物质文化遗产的概念的关键部分。实际上每一个部分都是重要的，在决策我们应该更加重视的领域时，我们得出的结论是，只有当我们的关注是多方位的，并且各个部分相互匹配和适合时，文化遗产的价值才能得到最好的保存。

斯洛伐克文化遗产的保护及国家博物馆的角色

[斯洛伐克] 布拉尼斯拉夫·帕尼斯
(斯洛伐克国家博物馆馆长)

2012年3月10日，斯洛伐克共和国的居民记住的不是斯洛伐克议会大选，也不是一年中第一个春意盎然的日子，而是那件可悲的事情——克拉斯纳霍卡(Krásna Hôrka)城堡付之一炬。不幸的是，这一事件以及随后多年的重建表明斯洛伐克文化历史遗迹重建系统存在缺陷。

在斯洛伐克，建筑物特别是国家历史遗址，由国家、自治区、市等建立的基金会等机构进行管理。在后续的几十年里，历史遗址的管理和保护没有得到足够的重视，没有充分资金分配给管理人员作为日常维护（如在布拉迪斯拉发建造的斯洛伐克爱乐乐团，正在进行重建的斯洛伐克国家美术馆）。特别是建筑物的部分重建和小型建筑物的重建，部分资金来自于募捐和斯洛伐克共和国或欧盟的其他扶持计划，但这些建筑物的管理机构却无权获得足够的财政资源，这些年不再看到大规模的重建和维护，却一再收到许多建筑物处于紧急状态的报告。

总体而言，斯洛伐克目前的历史遗迹保护状况令人堪忧。现在是斯洛伐克重建历史遗迹的时候，是成立专项基金的关键时期，应维持专项基金处于良好的运作机制下，由此来满足文化遗产建设不同的需要。许多文物正处于支离破碎的状态，民众期望文化遗产的所有者和管理者能给出明确的意见。

国家保护历史遗迹的基本方向和态度是确立了2017—2022年保护历史遗迹基金的战略目标。斯洛伐克共和国文化部的指出："这些建筑物是斯洛伐克共和国精神和物质文化遗产的一部分，是公民身份、智力、历史意识和爱国主义的源泉。它们是一种表达容忍克制、公民凝聚力以及族裔和宗教群体之间理解的手段。"应建立专项基金用于国家历史遗迹的保护和重建，国家历史遗迹不仅是宝贵的文化资产，也是经济发展的重要因素。历史遗迹的修复和适度的利用有助于提高生活质量，增加就业，并带动其他产业的可持续性发展。保护历史遗迹是一项公益事业，是具有里程碑意义的举措，使国家能够将其战略目标按照步骤、有序地转化为管理好历史遗迹的具体的可操作性的措施。

尽管可以得出结论，斯洛伐克共和国已经建立了相对较大的国家历史遗迹保护制度，历史遗迹保护办公室在各地设有分支机构，有数百名雇员，负责履行历史遗迹的修复制度。斯洛伐克共和国已经通过了改革实施方案所覆盖到的战略目标以及行动计划，该计划受到了数千名文化系统从业人员和志愿者的热情支持。

那么，缺少什么？最常见的答案当然是钱。斯洛伐克共和国文化部文化政策研究所2020年公布的统计数字表明，斯洛伐克修复古迹的债务总额约为40亿欧元，这是一笔可观的数目。当然，就斯洛伐克的国内生产总值规模，不可能假定可以拨出大量资金用于古迹的更新，我们无法想象在历史古迹上的投资额。斯洛伐克的所有历史遗迹基金包含约 12000 栋不同业主的建筑物。

据了解，并不是所有遗迹都处于紧急状态，其中许多都得到了维护，许多已经成功地重建。历史遗迹的修复涉及建筑师、设计师、修复者、艺术史学家、策展人等众多专业人士。自从 2012 年以来，参与克拉斯纳霍卡城堡修复的就有 150 ～ 200 名专家。重建克拉斯纳霍卡城堡或受联合国教科文组织保护的斯皮什（Spiáské）城堡的目标是实现原创性和技术性的建设。然而，我们遇到了专家人数过少的问题，或者缺乏学习的问题。这个问题将在未来几年内继续存在。

斯洛伐克国家博物馆认识到存在的问题。因此，有人向文化部提出一个可能的解决办法，以“实施国家大型项目”的形式，确保在今后十年内为斯洛伐克至少 15 处认定的国家历史遗迹的重建和修复提供资金。拟议的项目以及国内战略材料还借鉴了捷克国家文化宝藏方案的成功实施。我们的计划估计花费约 4 亿欧元。

国家文化宝藏项目是确保为中央政府机构斯洛伐克共和国文化部认定的最重要的古迹提供至少十年的经费。国家文化宝藏项目不要求来自单一的国家预算，在良好的管理和时间设定下，国家文化委员会行政人员将有能力为重建个别国家历史遗址做充分的准备。在实施中，该项目不仅涉及文物管理人员，而且还创造在修复古迹等方面（建筑设计、建筑材料建造、建设能力等）人员的就业机会。

此外，我们还依赖于创建与有效利用重建后的相关新产业。文化古迹作为重要的旅游目的地也将支持文化旅游业的发展，文化旅游将在更广泛的区域创造新的就业机会。该项目还有一个重要的附加值，它将改善该区域和树立整个斯洛伐克作为一个拥有丰富和良好的文化遗产管理能力的国家形象。

国家文化宝藏项目的优点是具有系统性，其财政跨度将分为十年，可能更长。该项目的实施可以实现国家愿意为修复历史遗迹提供资金的可能性，而且可以逐步支出成本计算，这不会给国家预算带来高额资金需求的负担，而是在整个项目实施期间按比例分配。

项目在实施的第一阶段从现有技术状态、项目文件和建筑许可证的角度分析了遗址的状况。第二阶段，将绘制一个对象列表，进行详细的技术审核。在实施这一步骤时，可以与斯洛伐克技术大学合作，特别包括与建筑学院、艺术史学系、哲学系、历史遗迹研究系进行合作。技术审核后，根据结果可以进行补充历史遗迹研究，开展修复研究，并将项目档案提升到建筑许可的水平。第三阶段，实施最苛刻和最长的阶段，对建筑物的供应商和实施进行分阶段评估。第四阶段，实现工作目标与对象的高效关联，例如利用建筑物作为该区域的文化中心等。项目的总持续时间相对较长，兼顾到局部建筑的修复和重建处于不同的准备阶段，因此，修复工作可以同时开展。在准备执行项目时，必须考虑到能够实现修复的建设能力。例如，斯皮什城堡通过了罗马式宫殿和哥特式宫殿（第一阶段）的重建，同时，对下一阶段的修复方案进行修订，以重建城堡的其他部分。以克拉斯纳霍卡城堡为例，2020 年开始公共采购第一批建筑工程，拟议的时间表只是一个框架，将为每个历史遗迹制定单独的详细计划和重建时间表，目的是制定一个切实可行的计划。

拟议的项目提案只是处理当前情况的途径之一，其结果将是一个历史遗迹的修复系统，确保其受到持续维护，这在很大程度上可以从遗迹的自身收入实现——门票、租金等。修复系统不会是一个简单的过程，它必须是一个缓慢和深思熟虑的行动系统，旨在建立一个可持续的历史遗迹，而不需要更严格的至少50年的修正。

任何周全的项目或是系统都无法完全阻止不幸的发生，如 2012 年 3 月 10 日发生的不幸事件，但良性的运作系统可以把可能产生的影响和损失减少到最小。

多瑙河上的宝库
——斯洛伐克非物质文化遗产概况

[斯洛伐克] 伊凡娜・瓦拉・玛格托娃
(斯洛伐克共和国驻上海总领事馆总领事)

被称为欧洲“心脏”的斯洛伐克是一个特殊的国家，即使在这么小的区域，你也能在繁华的城市街道找到一切，包括从自然宝藏和历史古迹到丰富的民俗文化和现代娱乐项目。你可以享受斯洛伐克提供的美丽和独特的环境，探索其壮丽的自然风光，丰富的历史、文化和传统。你会发现斯洛伐克是一个很棒的度假选择。

斯洛伐克是一个城堡超级大国，共有220座城堡和城堡遗址。如果还不够，可以把425个庄园加进去。斯洛伐克拥有世界上第一个民间建筑保留地——奇摩木村（Cičmore）、世界上最高的祭坛（创作者帕沃尔大师花费了10年用林登木雕刻完成）、1600多个温泉、世界上仅有的四个此类洞穴之一——奥奇丁斯卡阿拉贡洞穴、最大的洞穴滴石——克拉斯诺霍尔斯卡洞穴、世界上唯一拥有精确太阳时间的钟表——在基苏斯（Kysuce）地区的奥尔德比斯特里察（Starábystrica）。

如果你听到有人说斯洛伐克是欧洲的心脏和中心，那不是开玩笑：在斯洛伐克中部克雷梅基・贝恩，古老的圣约翰教堂旁边，你可以找到一块标记欧洲地理中心的石头。

根据《孤独星球》2019年欧洲最佳旅游地榜单，斯洛伐克的高塔特拉山已经被评选为“今年夏季欧洲最佳旅游目的地”。

旅游书出版商将高塔特拉山脉描述为“蜿蜒的山峰和飞流直下的瀑布的神奇景观”，棕熊在那里仍然能繁衍生息，高塔特拉斯山脉还有很好的徒步旅行地形，在冰河湖泊上划船或溜冰，在海拔较高的山间小屋中享受传统的款待。

探索这个地处欧洲心脏的鲜为人知的目的地，你会发现数以百计的有趣和意想不到的秘密，几乎遍布每个村庄、城镇和山谷。独特的城堡、洞穴、温泉、民间建筑、欧洲死海、著名的凯尔特人小镇、欧洲荒野等，都是斯洛伐克独特的旅游目的地，在世界其他地方很难找到。不要害怕远离城市的旅游线路，除了这个国家美妙的大自然，很多独特的惊喜也都在等着你。

传统手工艺是非物质文化遗产保护的重要组成部分

[斯洛伐克]达纳·克鲁卡洛伐
(斯洛伐克国立传统文化产业中心主任)

一、背景介绍：民俗艺术创作中心（ÚĽUV）的建立和运作

在19世纪末和20世纪初期，通过建立社团与合作社，斯洛伐克诞生了民间制作组织。伊莎贝拉协会成立于1895年，是第一个也是最大的专注于扶持和开发家庭生产制作的组织。

1910年，在马丁创立了利帕国内民间工艺合作社，1918年在斯卡利卡创立了代特瓦生产合作社。1938年，斯洛伐克家庭手工业促进协会在布拉迪斯拉发成立。这些协会仅仅集中在民间手工业生产的一部分，主要是刺绣及其在面料和蕾丝花边上的应用。关于其他材料以及一些非纺织集团很少受到关注，所以未能建立全国性组织。这些协会和合作社的活动一直延续到20世纪上半叶。

我们的故事始于1945年12月，根据总统第110号令，民俗艺术创作中心在布拉格成立，并在布拉迪斯拉发设有分支机构。中心成立后，我们积极开展研究、文献编制、开发、创作、推广和营销活动，旨在保持传统民间工艺制作，以其创造性来适应现代生活的需要。民俗艺术创作中心通过建立合作社的方式，许多著名手工艺世家的代表都在这些合作社里工作过。独具特色的民间工艺满足了当代思想理念的需求。

二、经验分享

1. 政府支持，平台搭建

根据关注民间艺术和工艺制作的SNR机构发布的第4/1958号法令，文化部负责斯洛伐克民俗意识形态与艺术的监督。产品的制作和销售支持、研究和组织由布拉迪斯拉发民俗艺术创作中心负责。因此，民俗艺术作品获得了一个文化和社会功能。

民俗艺术创作中心是文化部下属的国家档案机构，其职能为民俗艺术创作的全国文献资料中心。其主要活动保留了知识、技能传递的连续性，并保存民俗艺术创作的艺术价值和地域特征。

它对斯洛伐克民俗艺术创作的现状进行研究、记录和监测，不断鼓励新作品的创作，并系统地维护专有数据库，以“ÚĽUV”品牌统一批准和发行产品型号。它在斯洛伐克共和国带领着广大的全国创作者，为新客户开发系统提供咨询服务，发掘有才华的创作者，并帮助他们进一步发挥艺术才能和技艺。通过与设计师的合作，民俗艺术创作中心开创了该领域的创新发展，鼓励匠人、设计师和设计专业学生之间开展创造性的合作。

民俗艺术创作中心建立并管理区域工艺中心，区域工艺中心在民俗艺术创作教育、咨询和信息中心范畴内运作。它也开展自主编辑、展览和图书馆活动。

自2008年以来，还通过建立民俗艺术创作博物馆开展活动。

2. 重视理论研究与实践探索相结合

（1）民俗艺术创作研究与档案

自成立以来，民俗艺术创作中心就十分注重研究和文献工作。1950—1988年，民俗艺术创作中心成立了一个独特的服装文献基金，其中有斯洛伐克近90种民俗服装的书面、摄影和手绘素材。

自2008年以来，这些物品和文件属于民俗艺术创作博物馆ÚĽUV的基金，该博物馆是斯洛伐克唯一一家记录传统民俗艺术创作的博物馆机构，一项专门职能是记录文化组织民俗艺术创作中心自1945年起至今对民俗艺术创作的转变和形式的影响。

（2）关注当今的民俗艺术创作，传承工匠精神

从一开始，民俗艺术创作中心就与斯洛伐克的生产商合作，在国内制作具有极高审美水平的手工艺产品。最初，它寻找的是最早出现的个人生产环境中的合作者，后来还支持一些濒临或已经失传的技术在曾经不存在这些技术的地区的发展。

三、多渠道推动民俗艺术创作

民俗艺术创作中心努力确保现有的斯洛伐克传统艺术生产和手工技艺不会失传，或使已经失传的手工技艺重返人间。中心寻找、支持和引导工匠，专家顾问为他们提供建议，如何使传统技艺制作的产品拥有良好的质量，并且能够畅销。

中心成功将靛蓝印花布收录进“斯洛伐克非物质文化遗产代表名录”。2017年，与其他四个国家（捷克共和国、匈牙利、奥地利和德国）共同申请将靛蓝印花布收录进联合国教科文组织的“世界遗产名录”。此外，我们还申请了将焊锅工艺列入“斯洛伐克非物质文化遗产代表名录”。

拥有极高艺术创作水平的民俗艺术创作人才会被授予“民俗艺术创作大师”的称号。从2014年起，斯洛伐克文化部通过民俗艺术创作中心颁发该称号。到2016年，已有斯洛伐克的406家制造商被授予了该称号。

除了丰富多彩的活动，民俗艺术创作中心与国外同类机构有着多年的合作。1994年，成为欧洲民间工艺美术联合会（EFACF）的成员，也是唯一的斯洛伐克代表。2007年，成为国际蕾丝花边和刺绣花边组织（OIDFA）的成员，该组织目前包括来自35个国家的花边蕾丝制作大师。2009年，成为国际博物馆协会（ICOM）的成员，是唯一代表博物馆利益的国际组织。2011年以来，成为世界工艺协会（WCC—欧洲）的成员，该组织是教科文组织认可的国际非政府、非营利组织。

（编者注：本文刊发时有删节）

阿根廷

阿根廷联合国非物质文化遗产：探戈、菲勒特彩绘与恰马梅研究

[阿根廷]巴勃罗·奥布雷贡
(阿根廷共和国驻上海总领事馆总领事)

2009年阿根廷（同乌拉圭一起）的探戈正式列入世界非物质文化遗产名录。这是一种诞生于19世纪80年代，起源于阿根廷和乌拉圭之间的自然边界拉普拉塔河地区的音乐和舞蹈风格。探戈诞生在这些国家贫困的港口地区以及非洲后裔为主的社区，在港口的风月场所和酒吧里经常出现探戈表演。20世纪初探戈逐渐被大众接受，1915年，探戈在欧洲时尚界风靡一时。

探戈的舞步从早期的欢快风格演变为更加流畅的舞厅舞步形式。它的一大特征之一是舞伴间的亲密拥抱，身体紧密接触或保持一点距离。探戈的美妙之处在于，不需要遵循所谓的规范，可以融入自己的即兴表演，放大个人对音乐的反应和表达音乐的感觉。探戈是二人搭档，一方引导一方跟随，逆时针方向拥抱着穿过探戈舞厅。

它的音乐形式是二进制的（诗歌和合唱），并随着时间的推移从盛行的二四拍演变为四四拍、四八拍或其他节奏。早期的探戈活泼好动，但到了1920年，音乐和歌词的风格变得非常忧郁。探戈音乐的乐器以班顿琴为核心，这是一种起源于德国的手风琴，声音类似于风琴，在20世纪最初十年开始用于探戈。探戈典型的管弦乐配置是两把小提琴、钢琴、低音提琴和两个乐队。虽然探戈只能用乐器演奏，但通常会有一名歌手使用一种叫伦法多的俚语歌唱，这种俚语起源于布宜诺斯艾利斯市的下层社会，并从那里传播到河板地区附近的其他城市。探戈歌手通常会赋予歌曲更多的表达和情感。

2015年，菲勒特彩绘成为阿根廷第二个列入联合国教科文组织非物质文化遗产代表性名录的项目。这是一种用于装饰设计的传统绘画技术，将鲜艳的颜色与特定的文字风格相结合。它起源于19世纪末的布宜诺斯艾利斯，最初是一种用来美化运送食物的畜力车的装饰品。随着时间的推移，该绘画技术迅速扩展到全国，对流行的城市美学产生了强烈影响，并发展为一种艺术形式。因其在公共空间中高频出现，所以被认为是一种流行艺术。

菲勒特彩绘可以被视为城市公共汽车和卡车上的一种装饰，也可以用于设计商店招牌和家庭装饰。19世纪末和20世纪初的欧洲移民带来这项技艺，对流行的城市美学产生了强烈影响。它所使用的图像与城市传统相关，在这之上融合了社会和宗教的元素，形成了一种集体记忆。圣人、受人尊敬的政治家、音乐和体

育偶像被用于较为流行的设计。谚语有时也被用于设计中。这项技术从绘图开始，然后转移到支架上，再使用合成漆、彩色清漆和特殊的长柄刷子来完成绘制。

阿根廷第三个非遗项目是在 2020 年列入非物质文化遗产代表名录的恰马梅。这是一种音乐、舞蹈和诗歌交织在一起的文化表达，主要活跃在阿根廷的诺特斯特地区和科连特斯省。它呈现了非洲、欧洲、美洲和瓜拉尼文化在过去几个世纪中对该地区的融合贡献。

恰马梅舞蹈的节奏可以是快乐和活泼的，也可以是悲伤或讽刺的，这带给恰马梅多种不同的风格。一种亲密拥抱形式的舞蹈是恰马梅的一大关键，在这种舞蹈中，参与者相互拥抱，跟着音乐走即可。另一个关键因素是萨普卡伊（sapukay），通过发声或哭泣，伴随着手势和动作来传达快乐、悲伤、痛苦和勇敢等情绪。

恰马梅源于伏尔加德国移民带来的莎蒂希舞，受到瓜拉尼很大的影响。恰马梅音乐先与 20 世纪初到达该地区移民的西班牙吉他和欧洲手风琴相结合，使用的原始乐器是小提琴和比尤埃拉琴；后融入了吉他、口琴、双排全音阶按钮手风琴、班多钮和低音提琴。唱腔源于礼拜歌曲。历史上，歌词和诗歌是用瓜拉尼语（当地的母语）写成的，而当今是用尤帕拉方言传播的，尤帕拉方言是西班牙语和瓜拉尼语的结合体。恰马梅音乐和舞蹈提供了极高的地区辨识度，在阿根廷扮演着重要的社会角色，因为它们是社区和家庭聚会、宗教庆典和其他节日活动的重要成分。

恰马梅表达了热爱自己的土地、当地动植物、宗教信仰和“生存方式”等价值观，这是一种瓜拉尼语表达方式，强调的是人类、自然和精神领域之间的和谐。

（编者注：本文刊发时有删节）

多元化大师
——阿根廷手工技术和程序的传承

[阿根廷]罗克萨娜·阿马里拉
(世界工艺协会拉丁美洲理事会副主席)

传统工艺的技术和程序形成了一个将民族或社区的物质遗产和非物质遗产联系在一起的领域。这一领域包括阿根廷不同手工文化的遗产和展示这种文化的巨大生物多样性，得到了《保护非物质文化遗产公约》的认可。阿根廷于2006年通过第26118号法律，承认《非遗公约》的合法性，使非物质文化遗产及其特殊性得以保护。下面按照原材料和主要手工领域进行分类介绍。

角和骨骼

角工艺是从使用便携式工具开始的传统。角在热水中浸泡加热几天，然后进行抛光、雕刻、烙画、油漆或雕刻。目前，生产用角制成的mate饮料容器是阿根廷东北部地区的代表，也是一个重要的流行的创造。再往南去的布宜诺斯艾利斯，骑马者的马镫是用公羊角和牛角制作的。全国刀柄和鞭子手柄使用角来制作的情况也非常普遍。工匠们还会借助角和骨头演绎出不同的作品，比如珠宝。

陶艺

陶瓷是阿根廷第三大手工领域，有着众多的陶瓷艺术家，它有着丰富的前西班牙传统方式。在当今的阿根廷领土上，共存着传统的本土陶器和西班牙克里奥尔人或葡萄牙和印第安的混血儿认定的陶瓷，这些陶瓷的灵感来自于过去或现在的土著文化。

皮革

阿根廷是一个有着传统皮革工艺的国家。关于传统的本土皮革技术，最重要的技术之一是帕朗哥尼翁，这是一种由巴塔哥尼亚的特韦尔切社区手工制作的皮革。本土社区的其他重要技术是马普切人、瓦尔佩人和可拉人工匠的生皮和制绳工艺，这证明了骑马文化是如何扎根于土著社区的。

植物纤维

阿根廷展示生物多样性的手工领域之一当然是篮筐。阿根廷在其18个生态区中有多种植物纤维。在阿根廷的南端，塞可南和矢根当地的社区用产自火地岛(Tierra del Fuego)的芦苇玛皮(一种植物名)制作篮子。

在其他地方，篮子和袋子都是用柑橘、柳条、榆树、薄荷油、伐木、棕榈叶、藤条、毛片和芦苇做成的。其中一些工艺遗产需要采取紧急的保护措施。

木材

阿根廷的手工木材传统与该国18个生态区的生物多样性有关。土著工匠雕刻和装饰了不同的木材。今天，它代表了一种经济活动，并与他们的历史和世界观有联系。不同的图案应用在不同的场景，如狩猎活动，儿童游戏等。

金属

阿根廷的银器类工艺是金属领域最重要的传统，有着悠久的历史。仍存在于胡胡伊省的银器类在金银丝工艺品中有其最重要的表达方式，以银器和金匠学校的制度化为标志，是新一代银匠的创造性创新。在21世纪，在土著人的自我认识的过程中，马普切人本土银器传统恢复了。

其他材料

2015年，联合国教科文组织将来自布宜诺斯艾利斯的菲勒特彩绘列入非物质文化遗产的代表性名录。菲勒特彩绘是一种用印刷版和彩色语言开发的图像技术。这项技术是由19世纪末和20世纪初的欧洲移民带来的，这强烈地影响了流行的城市美学。菲勒特彩绘协会组织一个有200多名参与者的年会，并有越来越多的女性艺术家参与。

纺织品

纺织品在阿根廷是最重要的工艺。这是由于原材料的多样性和可用性，大量的男女工匠使用这种材料。阿根廷国家纺织工匠登记处共有6623名女工匠和349名男工匠。在巴塔哥尼亚的圣克鲁斯省、丘布特省和内格罗河省，大量养殖的绵羊提供了优质的羊毛，这是传统工匠的主要原料，还包括最近开始回收的驮马纤维。

在这次围绕阿根廷主要工艺的短暂旅行中，许多有非物质文化遗产的区域还未被提及到。在2003年《非遗公约》中所体现的一套教科文组织陈述、定义和建议是这一领域的公共政策，也是对保护其工艺遗产感兴趣的团体和社区的指南。从这个意义上说，它是解决工艺知识问题的有效工具。在疫情时期，男女手艺人的非物质遗产向我们揭示了一个深层意义：在一个健康的环境中，拥有强大的艺术、可持续的生产和祖传的知识，将为我们提供一个可持续的未来。

（编者注：本文刊发时有删节）

图库曼的非物质文化遗产——来自埃尔塞尔卡多（蒙特罗斯）的兰达纺织艺术

［阿根廷］露西拉·加林兹
（阿根廷图库曼省文化部工艺领域负责人）

一、兰达——非物质文化遗产

兰达是一种刺绣花边，这是一种来自阿根廷图库曼省埃尔塞尔卡多镇的妇女在400多年里一代代传承的传统技艺，又名malla bordada（刺绣网丝）。当今所知的兰达是图库曼省专门用白色或米色的细棉纱，分阶段进行制作的：首先是织网格布，然后刺绣，最后上浆。用这种技术制作的一些特色产品包括桌布、桌垫、披肩、花边和服装、手帕、毛巾等。

认识兰达传统文化，通过它的社会及历史发展脉络，能够帮助我们很好地了解女手艺人突出的个性特征。

这项技术是在17世纪图库曼第一次殖民建立时期被引入的，距离现在的埃尔塞尔卡多镇有2千米。兰达是殖民时期的名门望族作为服装的贴花，它被认为是精英阶层的女人的作品。但在19世纪，由于该区域社会和生产力的重组，它成为该区域女性普遍拥有的一项技能。

兰达是一个特殊的文化作品，将我们与世界联系起来。作为一门手工艺，它通过自身的独特属性带有强烈的地域特色，这是一种与兰达女织工一生相伴的艺术，是一种独特的表达形式，她们从中表达自己的内心世界和体验。这就是为什么每个兰达都是独一无二的。基于这种文化遗产和随时间的推移而构建的不同标准，每个兰达女织工都实现了在每一件作品上所要表达的独特的个人风格。

这种纺织艺术的传承并不局限于社区。在纪念阿根廷国家独立200周年期间，兰达成为该省社会文化生活的一个象征。2015年，图库曼省凭借它的非遗保护品质，宣布其为非物质文化遗产。同年，国家文化部创建了一个名为Las Randas del Tiempo, Modelo de Salvaguarda del Arte Textil de El Cercado埃尔塞尔卡多的项目，兰达被提名为联合国教科文组织的非物质文化遗产保护名录。

二、兰达的本地保护和增值经验

在过去十年里，埃尔塞尔卡多的兰达是当地、省、国家机构感兴趣的主题，这些机构采取一系列行动推动保护工作。蒙特罗斯市政府和图库曼国立大学，建立了一个由不同的演员组成的方案，其中演员包括埃尔塞尔卡多的群体。并组织了兰达节，图库曼文化部和国家文化部还通过阿根廷传统和创新工艺市场项目。由于努力促进对这一纺织艺术的高度认同，这一计划推动兰达保护进入一个新的阶段。

其中一个项目被称作“埃尔塞尔卡多的兰达参与设计项目”，它是为了回应其所在城镇旅游推广的要求而创建的，特别创造了一个集体空间，以向游客展示他们的兰达。这个项目主要是在进行集体地图绘制的工作室里进行的，最终结果在两个方面呈现：一方面，通过建立兰达女织工的综合空间（包括兰达生活博物馆、公共厨房、图书馆等）展示这项传统工艺；另一方面，通过兰达集体空间，展示和出售他们的兰达，并提供参观生产车间和与手工艺人会面的服务。

另一个项目是创建移动兰达博物馆，进行名为“兰达女织工自传”的集体展览。在这个综合展览中，25 位手工艺人创造了一个凸显个人特征的兰达，每个人都在其中编织着她的生活和历史，所以每一件作品都是一幅自画像：“在一件艺术品中，集合了不同时代的兰达女织工。每个自传的兰达都附有一个由其作者编织的文本。这些纺织文本讲述了她们的个人生活。简而言之，向我们展示了一种社区生活的方式，以及代代相传的传承价值。”

这两种体验展示了一种群体形式的结构是如何巩固的，并如何在家庭、社区和社区网络中持续下去。这种传统手工艺之间的合作模式对手工艺人是一次重要的学习和经验分享、提高创造力的过程。

（编者注：本文刊发时有删节）

埃 及

通过国际合作保护和推广埃及文化遗产

[埃及] 沙芭·阿卜杜勒·拉泽克
(埃及国家博物馆馆长)

埃及近年来经历了一次文化复兴，在政府的支持下，各相关方面正在积极努力，促进和传播埃及的文化遗产和文明。考古方面最近也有重大发现，例如埃及考古队于 2020 年 10 月和 11 月在塞加拉发现了 150 多具棺木。目前有来自超过 25 个国家的约 250 个考古队在埃及工作，另有约 80 个埃及本地考古队。2019—2020 年，一支埃及—中国联合考古队在卢克索的蒙图神庙进行了进一步挖掘。此次埃及—中国首次联合考古任务是埃及文物部与中国社会科学院签署合作协议以后的一个成果。

埃及旅游和文物部还批准了几项海外法老展览，例如题为“拉美西斯大帝与黄金法老”的展览，将在美国、英国和法国的五个城市举行。该展览的藏品将在美国得克萨斯州的休斯敦自然科学博物馆、加利福尼亚州旧金山的德扬纪念馆、马萨诸塞州波士顿的城堡大厅，英国伦敦的伦敦展览馆和法国巴黎的拉维雷特博物馆展示。此次巡展于 2021 年 11 月开始，将于 2025 年 1 月结束，共有 180 件展品。

埃及旅游和文物部与不同国家签署合作备忘录，以促进和保护文化遗产。我们最新签署的备忘录包括 2022 年 1 月 22 日与韩国签署的谅解备忘录，旨在加强我们各自博物馆部门之间的合作，并对国际研究人员提供帮助。

埃及还参加了世界各地的世博会，例如作为主宾国参与了 2022 年在匈牙利举办的第 45 届 HUGEXPO 旅游展，展馆宽 150 平方米，形状像一座古埃及寺庙。最近，埃及在 2022 年迪拜世博会上展出了在塞加拉考古中最近发现的一具棺木，这次考古行动也是埃及最高文物委员会秘书长领导的。

埃及国家博物馆在促进和支持文化遗产方面的作用可以从多年来我们与国际同行开展的许多项目中看到。最近也是最大的一个项目是欧盟资助的“改造开罗埃及（国家）博物馆”项目。这一为期三年的项目（2019—2021）由欧盟资助，由“促进包容性经济增长计划”提供 300 万欧元的捐款，体现了埃及与欧盟之间的非凡合作。该项目汇集了来自欧洲五大古埃及文物藏品博物馆的埃及学者及其同事，它们分别是：意大利都灵埃及博物馆、英国伦敦大英博物馆、德国柏林埃及博物馆和纸莎草纸珍藏、法国巴黎卢浮宫博物馆和荷兰莱顿国立古物博物馆。

与埃及旅游和文物部以及开罗大学和艾因·夏姆斯大学埃及学者指导委员会合作的项目框架包括若干目标：

1. 修复四个展览的藏品并成为永久藏品的一部分；

2. 与旅游和文物部一起实施详细的可持续发展战略愿景 / 总体规划；

3. 支持向联合国教科文组织申请将开罗埃及国家博物馆列为世界遗产。

埃及国家博物馆正在进行四大系列永久藏品的改造，作为博物馆 22 个专题馆综合整修的一部分。该项目还包括对上层 2 号房间的翻修，在 2022 年晚些时候将剩余的图坦卡蒙系列藏品转移到大埃及博物馆之前，该房间暂时保存着它们。将展出的四大系列永久藏品包括王朝前期和早期藏品、旧王国专题、塔尼斯专题和晚期 / 古罗马专题。联合国教科文化组织（UNESCO）世界遗产委员会已将埃及国家博物馆列入 2021 暂定世界遗产名录。

埃及与中国的合作

埃及是与中国建交的第一个阿拉伯和非洲国家，中埃关系非常特殊。纵观历史，文化交流一直是促进埃及和中国关系的最重要手段之一。丝绸之路不仅是两国之间贸易的载体，而且在历史上连接两种文明方面也发挥了文化作用。目前，文化交流已取代丝绸之路，巩固了两国人民之间的友谊和理解。

1931 年，中国第一个学术访问团来到埃及，在阿兹哈尔学习。1932 年至 1941 年期间，埃及各领域的研究人员访问了中国，与中国的科学和教育界建立了联系。1956 年两国正式建立外交关系后，为两国之间的文化关系奠定了坚实的基础。1956 年，埃及首次向中国派遣教育访问团，同年，埃中友好协会成立。

2002 年 7 月 21 日，“埃及文化历史周”在北京世界公园举行；埃及也被列入中国人民最喜爱的旅游目的地名单。近年来，中埃关系保持稳定、不断发展，在政治、经济、文化、科技等领域都开展了合作。两国高层互访，特别是中国国家主席胡锦涛对埃及的访问是促进两国不同领域合作的举措之一。阿卜杜勒 • 法塔赫 • 塞西总统最近于 2022 年访华，对两国深化政治、经济和文化关系具有重要意义。

埃及国家博物馆和开罗中国文化中心也进行了丰富的文化交流合作。近年来的一大亮点是 2018 年开罗大学孔子学院在埃及国家博物馆举办的文化日。孔子学院的学生们展示了各种表达中国文化和生活的艺术表演，包括太极拳、中国民乐演奏、舞蹈和歌唱等。学生们还进行了书法、折纸以及一些手工艺表演，展示了中国文化的不同方面。

埃及国家博物馆国际合作历史

一个多世纪以来，埃及国家博物馆在揭开古埃及的许多谜团方面发挥了，并将继续发挥非常重要的作用。来自世界各地的埃及学家认为这是他们的第二个家园。如果不多次参观开罗的埃及国家博物馆，对古埃及的研究就不完整。埃及国家博物馆是 20 世纪埃及博物馆学发展的普遍象征（启发了其他重要专题馆，如都灵、巴黎和柏林的专题馆）。

“巡回展览”始于 19 世纪，当时埃及参加了 1867 年 4 月 1 日至 11 月 3 日在巴黎举行的世界博览会。埃及通过从埃及国家博物馆（当时位于开罗郊区，就在博物馆现在所在地的北面）运送一些藏品参与了此次展览。自那时起，埃及国家博物馆在埃及学领域的巡回展览和联合合作中发挥了历史作用，并继续成为该领域的主要领先博物馆之一，参与了许多埃及珍宝巡回展览。

埃及博物馆还与开罗的国际考古机构、外国大学和驻埃及大使馆合作，举办了大量临展。

让我展开来讲一下：

法国

2007年（9月9日至10月13日）：纪念法国东方考古研究院遗址考古发现25周年（1981—2006），同时纪念法国东方考古研究院成立100周年（1907年，穆尼拉宫）。

德国

2008年（11月19日至1月15日）：会见过去：埃及100年，德国开罗考古研究所1907-2007年。

2016年：西奈：字母表的起源；波恩大学

2017年：图坦卡蒙的未开发宝藏：黄金应用

2019年：王权的出现，公元前4000年的埃及；波恩大学

波兰

2007年（10月21日至11月21日）：波兰考古在埃及70年；华沙大学波兰地中海考古中心。

澳大利亚

2008年（2月4日至3月4日）："欢宴"埃及和澳大利亚在埃及学领域合作25年纪念；与澳大利亚驻埃及大使馆合作。

美国

2006年：美国对埃及考古学的贡献；与埃及的美国研究中心合作。

多米尼加共和国

2018年：多米尼加埃及考古十年：塔波西里斯大教堂发掘；与多米尼加驻埃及大使馆合作。

英国

2018年：在玻璃上捕捉埃及：文物档案部的摄影珍品。

此次展览是文物部和大英博物馆合作的埃及文献项目：玻璃底片数字化和保存（2017年3月至2018年4月）的成果。这些历史性的玻璃底片提供了有关埃及古代遗址、纪念碑、博物馆陈列和日常生活的重要史料。它们也是早期摄影方法发展的重要证据，也证明了埃及在艺术和文献摄影发展中所扮演的重要角色。

埃及国家博物馆：帮助来自世界各地的国际研究人员

藏品登记收集管理和文档部（RCMDD）成立于2007年1月。RCMDD负责监督

博物馆的集中管理系统，以纸质和数字形式保管、维护和记录开罗埃及国家博物馆的所有藏品。其职责之一是通过当面或者邮件方式接收学者的相关请求，包括库存和位置研究、与博物馆部门负责人协调实物摄影请求、并与学者跟进。

埃及国家博物馆在国际合作中考虑无障碍设施问题

2019 年，位于开罗的意大利文化研究所考古中心、埃及国家博物馆和安科纳的塔蒂尔·斯塔泰尔·奥梅罗博物馆开辟了一条专用盲人通道。行程包括 12 件埃及艺术杰作，每件作品都是由埃及石头制成的，比如花岗岩和杂砂岩，还带有盲文标签和电子音频设备。

说“纸”：保存在纸莎草纸上的埃及古代文化

[埃及]艾哈迈德·阿卜杜拉齐兹·穆斯塔法
（埃及共和国驻上海总领事馆总领事）
[埃及]莎拉·穆斯塔法
（埃及古物学者）

纸莎草纸在文化传承中扮演着一个重要的角色，它是连接物质和非物质文化的载体。古人日常生活中的通信、日常交流、宗教祈祷、咒语由于种种原因而被记载在古代的“纸”上。

首先，“papyrus”这个单词本身指一种从当地植物纸莎草中提取的书写材料。这种植物生长在沼泽地或缓慢移动的水里面，原产于埃及和一些非洲国家，包括埃塞俄比亚，并沿着约旦河谷一直到意大利西西里岛的地区。这种植物的茎在古埃及被称为“dm”，并被用于制造书写原材料，这个词也有“文件”或“加工”的意思。虽然在旧王国时期的墓葬中，有关于这种植物收割的描述，但没有用该植物制造书写材料工艺的文字记录。埃及学家和考古学家不得不依靠不同的步骤来理解书写材料是如何用该植物制作出来的：即通过现代实验，研究原材料的构成和史料历史账目（如由老普林尼所作的记载）。

在大多数情况下，纸莎草茎被切成条状，以重叠的方式排列成几层。随着最后一层草茎被敲打并晾干，最终得到一个草茎形成的纸张。这是一种卷筒纸，而不是类似于同时代别的地方出现的单层纸。这些卷筒纸根据实际的用途，再用一把锋利的刀对其进行切割。然而，有些纸莎草卷纸是由不同的纸莎草茎层组成，可以容纳一个长文本，文本通常是纵列排版的，如葬礼记事或行政卷宗。

至于古埃及人是如何将这些纸莎草卷纸连在一起，看一眼坐着抄写的雕像就能知道很多：纸莎草卷纸会水平展开，有时会被放在读者或作家的膝盖上。抄写员也会使用一个包含手写笔和一些墨水的抄写板来记录内容。文字本身通常是从右到左读。

目前还不能确定纸莎草纸的制作工艺和使用的具体历史年代。最终，纸莎草纸从埃及出口到古希腊。再后来，从旧王国时期到希腊罗马时期，纸莎草纸由于各种原因被大量使用。事实上，已经从这段历史时期的寺庙、坟墓、行政中心和宫殿中发现了纸莎草纸。皮埃尔·塔莱在2013年发现的瓦迪伊尔加尔夫纸莎草纸是世界上最古老的纸莎草纸之一，对我们了解胡夫金字塔建造相关材料的运输过程至关重要。瓦迪伊尔加尔纸莎草纸上有一位名叫梅尔的监工的日记，他的日记记录了有关胡夫金字塔建造过程中的日常活动。

此外，还有一些其他性质的纸莎草纸文件：一些记录外科和内科实践性质的纸莎草纸，如埃伯斯纸莎草纸，或数学性质的纸莎草纸，如莱茵纸莎草纸。另一些包含与葬礼典礼有关的宗教文本，如《亡灵书》，或刻有文学故事的纸莎草纸，如韦斯特卡纸莎草纸。在古埃及的后期，即罗马时期，纸莎草纸也被用于记账、盘点库存、请愿和收税，它甚至用于记录旧约（奥克西林库斯纸莎草纸）。

值得一提的是，从华盛顿到开罗，世界各地几乎所有埃及藏品通常都有纸莎草卷纸。尽管如此，众所周知完好地保存纸莎草卷纸是极具挑战性的，因为它容易由于过度潮湿或干燥而分解。

（编者注：本文刊发时有删节）

亚历山大的非物质文化遗产保护现状

[埃及]哈立德·拉乌夫
(埃及亚历山大希腊文化研究基金会副会长)

亚历山大市的历史经由不同时代创造打磨而成，其形成过程受到不同群体和民族的影响。因此，这座城市的非物质文化遗产是多种多样且独特的，可以最大程度上反映亚历山大市的世界性身份，回顾其历史积淀。因此，我将尝试展示亚历山大市非物质文化遗产的部分表现形式。

亚历山大市是埃及第二大城市，历史悠久，享有盛誉。作为一个世界性城市在历史上聚集过各个民族、国家和语言的不同群体。因此，除了丰富的历史和有形遗产外，该市也拥有多样而辉煌的非物质文化遗产。2003年联合国教科文组织《非遗公约》确定的五种非物质文化遗产在亚历山大市都有所体现。包括口头传统和表达、表演艺术、社会实践（包括仪式和节日事件）、知识和传统工艺。

我会尝试解释非物质文化遗产是如何被保护和实施的，谁对此有所了解，谁会从中受益，并解释人们如何合理利用、推动和市场化各种非物质文化遗产，以使他们造福城市居民。

亚历山大市的非物质文化遗产不仅可以同城市的活动相联系，从而促进当地经济和旅游业的发展，它还可以加深亚历山大人的民族忠诚度和认同感。此外，它可以被很好地应用于创新主题旅游、步行旅游和创意旅游宣传活动中。

亚历山大在希腊罗马时期是埃及的首都，自建造至今也是埃及的第一大港口和商业中心。它拥有由各个时代的贡献者们建筑而成的丰富的有形和非物质文化遗产。然而，这种丰富的遗产并没有得到充分利用，城市中当前的客流量与它所应有的不相称。这是由于遗产使用面临着许多问题和挑战。其中包括文件问题、当局之间缺乏协作、对非物质文化遗产的忽视、对非物质文化遗产认识的缺乏、博物馆对遗产的促进作用不足以及法制化管理的缺失。找出这些问题和挑战才能解决它们。

一、亚历山大的非物质文化遗产

亚历山大市的非物质文化遗产是多种多样的。非物质文化遗产的五种形式都可以在亚历山大市看到。比如亚历山大市的方言囊括了意大利语、希腊语、摩洛哥语和土耳其语的词汇；“苏菲练习法（Sufi practices）”与阿布·阿巴斯·穆（Abou al-Abbas al-Moursi）的事件有关；渔民的特色歌舞和赛义德·达维尔（Sayyed Darwish）的音乐有关。其中还包括一些传统工艺，如黄金首饰和渔网。最重要的是，亚历山大市的非物质文化遗产以其独特的菜肴为特色，以各种海鲜菜肴而闻名。这些菜肴还受到摩洛哥、意大利和希腊菜肴的影响，因为这些民族都曾在亚历山大市定居。因此，亚历山大菜肴富于地中海的特色和风味。虽然亚历山大市历史悠久，地位重要，拥有多种有形和非物质文化遗产，但这些遗产在旅游业中还没有被充分利用。这座城市的游客接待量没达到应有的水准，在旅游业中也没有占据与其遗产相匹配的适当位置。

二、亚历山大的口头传统与表达

亚历山大方言是这个城市的独特遗产，至今仍然鲜活。这种方言的显著之处在于它见证了居住过的所有民族对城市的影响。它包含了意大利语、希腊语、摩洛哥语和土耳其语的词汇。这些词在日常生活通信中被持续使用，直到它们成为方言的一部分。亚历山大方言用复数代替第一人称的单数形式，这是受住在亚历山大的摩洛哥人的影响。它也包括许多希腊语和意大利的词汇和名称，如“frisca”(在海滩出售的一种新鲜意大利甜品)，“tramway”(意大利语的“电车”)，“kat”(土耳其语中意为“房子的楼层”)，“karakon”(土耳其语中的“警察局”)，“zalabia”(用糖或蜂蜜油炸的摩洛哥甜品)，“mastaba”(希腊语中意为“在房子和商店前面的座位”)等。虽然这些词语都来自其他语言，但大多数新一代的亚历山大人并不知道，他们认为这些词就是阿拉伯语。

三、亚历山大的外国团体

在 1900 年，意大利语是亚历山大的第一语言，而后是法语、希腊语、英语和阿拉伯语。在 1950 年之前，许多外国人生活在这些城市，城市鼓励他们开放商业，带来专业知识，以埃及为家。加麦尔·阿卜杜勒·纳赛尔（Gamal Abdel Nasser）将苏伊士运河国有化后，许多外国社区成员被建议、要求，某些情况下甚至是强制离开。今天，留在埃及的外国居民很少，但他们对埃及文化的影响是永远存在的。无论是在建筑上，在当地的商店名称中，还是在街道上讲的阿拉伯语口语中，这些外来团体都在埃及留下了印记，而留下来的人仍把埃及作为他们的家。

最后再让我们谈谈在我看来最重要的一件事——文学。爱德华·摩根·福斯特（E.M. Forster)、劳伦斯·达雷尔（Laurence Darrel)、康斯坦丁·卡瓦菲斯（Constantine Cavafis）和斯特拉蒂斯·蒂斯卡斯（Stratis Tsirkas）这样的名字如雷贯耳，因为他们中的每一个人或每件作品都探讨了当时的许多问题，更不用说他们通过艺术的方式对文学和人道主义作的贡献了。

四、对非物质文化遗产的忽视

就像建筑一样，亚历山大的非物质文化遗产正面临着被忽视的危险，这种危险最终会导致它的消失。非物质文化遗产面临的问题相当严重，因为它的消失意味着一种身份或特性的消失。非物质文化遗产使人具有归属感和延续感，在界定国家认同中起着至关重要的作用。它是一种感知的心态和观察的方式，包括音乐、舞蹈、食物、口头传统、技能、知识和许多其他表现形式。如果传统的歌舞和赛义德·达维尔的音乐因为太过古老而被西方的现代音乐所取代，如果传统的亚历山大菜肴被快餐取代，如果亚历山大方言消失了，如果遗弃了传统和习俗，那就意味着亚历山大人失去了他们的身份。

到目前为止，亚历山大的非物质文化遗产只保存在旧一代的记忆中，为记录这些遗产而做的努力是少之又少的。甚至它只属于那些还在日常生活中实践这种传统的人。这意味着，如果继续忽视非物质文化遗产，不把这些遗产完整地记录下来，我们就可能会失去这笔非物质文化遗产的财富，而亚历山大市的新一代也将被剥夺身份。

我们需要的是所有利益相关者、人民、部委、非政府组织，特别是教育和文化部门之间的协调……

只有这样我们才能展望更光明的未来，将历史传承到下一代。

亚历山大大学在非物质文化遗产保护方面的作用

[埃及]阿卜杜勒·阿齐兹·哈萨尼·穆罕默德·康索瓦
（埃及亚历山大大学副校长）

一、亚历山大大学在保护亚历山大遗产方面的措施

1. 建造博物馆。

2. 成立亚历山大海洋考古与文化遗产中心。

3. 艺术学院建有考古学博物馆 。

4. 中央图书馆建有手稿和稀有书籍博物馆 。

5. 重新记录 AWAYAD I.E. AWLAD 阿里部落的习惯法和追踪整个过去五十年间发生的变化。

6. 文化遗产的保护。重点是保护有形文化遗产，包括艺术品、建筑、考古和博物馆收藏。保护活动包括预防性保护、检查、文件记录、研究、治疗和教育。

二、亚历山大大学在保护亚历山大遗产方面的成效

亚历山大大学成立以来的主要目标之一就是保护亚历山大遗产。

亚历山大中央图书馆建有手稿和稀有书籍博物馆，图书馆藏有多达 41888 册的参考书籍，其中包括诸如《阿齐兹超现实主义》等罕见遗产书籍，以及皇室图书馆藏书。它还藏有罕见的照片和相册，如来自皇室的阿克萨清真寺相册和法伊扎（Fayza）公主婚礼相册，约 30 万篇论文、1 万册 66 种科学杂志，以及 30 种阿拉伯语的旧期刊和外语。

还有一个特殊的手稿、书籍、图片和地图博物馆，展示亚历山大市的城市发展并记录其文化遗产。

2009 年，亚历山大海洋考古与文化遗产中心成立，这是欧盟的一个项目。该项目旨在建立一个专门的研究生研究中心，在海洋考古学方面提供不同层次的教育和培训，并开发符合欧盟标准的海洋考古和文化遗产研究生文凭课程和硕士学位。

重新记录 AWAYAD I.E.AWLAD 阿里部落的习惯法和追踪整个过去五十年间发生的变化。这个研究项目的目的是重新审视 1966 年进行的人类学实地研究项目的研究结果。AWLAD 阿里的记录发生在 18 世纪初。AWLAD 阿里将经济、亲属关系和政治关系领域的社区生活中的各个方面编纂如下：

本研究根据工作目录收集关于埃及西部沙漠 Al Saadi、Al Murabitteen 和 Al Gemiaat 部落的习惯法和民族资料。它旨在记录和归档游牧民族传统生活方式和价值观的变化，并追踪埃及沙漠中社会变化和文化发展所带来的的影响。

此外，亚历山大在文物考古方面也开展了一系列卓有成效的工作。

（编者注：本文作者现为亚历山大大学校长，文章刊发时有删节）

阿拉伯书法及其特点与它在创造力、灵活性和和谐性方面的独特性

[埃及] 穆斯塔法·埃马里
(阿拉伯书法艺术家)

阿拉伯书法是阿拉伯–伊斯兰身份的象征，如今在阿拉伯世界，政府和民众对阿拉伯书法艺术的兴趣正在与日俱增。对阿拉伯书法感兴趣的国家并不局限在阿拉伯国家内部，还包括土耳其、伊朗等一些非阿拉伯国家。因此出现了来自印度、中国和菲律宾等非阿拉伯籍书法家的作品。尽管随着电脑绘图的发展，阿拉伯书法出现了一定程度的衰退，但是阿拉伯书法仍然保持着很高的地位。

阿拉伯书法艺术是伊斯兰文化遗产的重要组成部分，其根源可以追溯到几个世纪以前。阿拉伯字母结构上能够通过延伸、旋转、交错、重叠和组合等方式获得不同的表达和几何形式。因此，各种形式和类型的阿拉伯书法是世界上最漂亮的字体之一，它是一门与国家遗产息息相关的艺术形式。

没有哪个国家像阿拉伯和伊斯兰国家那样喜爱书法艺术，因为它是阿拉伯和伊斯兰国家的遗产和文化不可分割的一部分，也是一种传递思想的交流工具，所以人们为它感到自豪并无比珍惜它的存在。 此外，阿拉伯书法的发展从语言的初始阶段到高级阶段（口语表达、书面语言、社会交际），与阿拉伯的语言和文化发展息息相关。

阿拉伯字母结合了实用主义和美学艺术，因此得到了发展和繁荣。由于宗教对书法形式的发展产生了巨大的影响，使得书法成为阿拉伯–伊斯兰文明的重要支柱之一，因为它代表着一般的书写形式。 阿拉伯书法的特点是灵活性，它伴随着每一项技术的发展，而每一项技术的发展，如石器、硬币、布匹、纸张、计算机等又都与文字有关。

阿拉伯字母的特点是表达自身，有时字母本身就具有从单词中抽出的含义。因此，卓越神圣的《古兰经》中的某些章节会以一些字母开头，例如，《努奈，以笔及他们所写下的（言辞）盟誓》نۚ وَالْقَلَمِ وَمَا يَسْطُرُونَ。因此，阿拉伯字母对艺术家来说具有其艺术价值。阿拉伯字母还具有灵活性的特点，这丰富了阿拉伯字母所包含的形式和意义，而这些形式和含义源于美学和哲学价值。

和大多数文字的书法作品一样，阿拉伯书法包括许多不同的字体，各有各的优点和特点。总体而言，不同字体的阿拉伯字母结合了有机与几何，介于灵活与严谨、运动与稳定、优雅与稳定之间。

前面提到，阿拉伯书法是一种身份的象征，其价值和象征意义不可否认，因此阿拉伯书法入选联合国教科文组织非物质文化遗产名录也是对这一身份的认可。埃及有许多元素值得列入“世界遗产名录”，无论是有形的还是无形的，埃及都有望成为联合国教科文组织名单中贡献最大的国家，这是埃及应得的，因为

它拥有一个古老的文明。

阿拉伯书法有多种字体。在此简单介绍一下。首先是库法体（Kufi），它与伊拉克的库法市有关，是最古老的阿拉伯书法形式之一。接着是卢格阿体（Reqaa），它是最常见的阿拉伯字体，因为它易于书写。其次是纳斯赫体（Naskh），它是编写《古兰经》的文字，并被大量阿拉伯手稿采用。此外，还有苏勒斯体（Thuluth），这种字体被专家描述为“所有阿拉伯字体的起源”。当然，还有如波斯体（Persian）、迪瓦尼体（Diwani）和摩洛哥体（Moroccan）等多种字体。书法字体的这种多样性促使了“胡鲁菲亚（Hurufiyya）艺术运动”的出现，从此它被认为是一种美术，为此在阿拉伯和伊斯兰国家举办了许多艺术展览。

将阿拉伯书法列入联合国教科文组织非物质文化遗产名录，有助于在当地社区推广非物质文化遗产，特别是阿拉伯书法艺术。联合国教科文组织认为非物质文化遗产是保护文化多样性的重要因素，而了解非物质文化遗产有助于文化之间的对话，并鼓励不同文化之间的相互尊重。阿拉伯书法是阿拉伯文字以灵活的方式表达一致性、和谐、美的艺术实践，同时指出这是一种可以通过正规和非正规教育传递的实践。教科文组织还表示，阿拉伯书法最初的目的是为了让文字清晰易读，以后逐渐发展成传统和现代作品的阿拉伯伊斯兰艺术。阿拉伯文字的灵活性提供了无限的可能性，即使在一个单词中，字母也可以以多种方式扩展和转换，创建出不同的形状。

传统技术使用芦苇和竹茎等天然材料制成笔，并使用蜂蜜、黑烟灰和藏红花的混合物制成墨水。至于纸，它是手工制作的，经过淀粉、蛋清和明矾处理。工匠和设计师还使用阿拉伯书法来改进艺术，例如大理石和木雕、刺绣和金属雕刻。

联合国教科文组织解释说，阿拉伯书法在阿拉伯和非阿拉伯国家都很普遍，每个人（男人、女人、儿童）都在寻求体验，这种体验正在以非正式或正式方式传播。

匈牙利

匈牙利履行联合国《保护非物质文化遗产公约》的情况说明

[匈牙利]艾斯特·克桑卡·塔卡斯科
（匈牙利露天博物馆非物质文化遗产理事长、联合国教科文组织驻匈牙利代表处非物质文化遗产专家委员会主任）

匈牙利于2003年加入联合国教科文组织《非遗公约》，并于2006年通过第38号法案《保护非物质文化遗产法》，由文化遗产部依法在本国施行该公约。

2008年，文化遗产部部长成立了专门咨询机构，即现在的联合国教科文组织非遗专家委员会匈牙利国家委员会。2009年，教育和文化部（今为人力资源部）将施行《非遗公约》的协调工作由国家层面下放到匈牙利露天博物馆。博物馆旋即成立非遗理事会，作为专门协调处理《非遗公约》有关实施工作的机构。

《非遗公约》规定，各缔约国应核实本国现存的非物质文化遗产。为此，匈牙利文化部向国内各社区、团体和个人发出公开呼吁，要求他们将各自的非遗项目提交登记到国家非遗名录。申请登记的非遗项目需项目所有者填写申请表并提交必要的文件。除个别特殊情况外，由清查匈牙利非遗项目的工作机制统一指挥。在专家的指导下，项目所有者主动完成了鉴定、明确和制定现有非遗项目的保护计划的程序。这一流程完全符合《非遗公约》的原则。

匈牙利非遗项目名录大全以及全套申请材料均可登录www.szellemiorokseg.hu网站查阅，国家每年都会在欧洲文化遗产日开幕式上公布列入非遗名录的申请项目。

匈牙利最重要、最著名的活动是在国家文化遗产日和圣灵降临节上的非遗活动，即匈牙利露天博物馆举办的非遗国际会议。实践证明，对遗产名录进行全面、详细的介绍，让民众亲自接触体验到非遗项目，能够极其有效地普及非遗，促进《非遗公约》目标的实现。

国家级的各类沟通网络已经建立，将匈牙利露天博物馆的非遗理事会、不同领域的专家以及项目所有者等协作方联系起来。非遗理事会设立了全国非物质文化遗产县级协调员网络，负责普及非遗的重要性，在项目所有者与当地专家之间传递信息、咨询民意，协调开展地级和县级非遗项目登记，组织各级论坛、展览和活动。非遗理事会还为列入国家非遗名录的人群建立了非遗主动保护者朋友圈，为他们提供进一步的培训和指导，并作为交流有关非遗保护的经验和想法、讨论国家名录申请流程的论坛。项目所有者还可以互相邀约，相互学习实践非遗保护的第一手经验和方法，从非政府机构的个体角度维护非遗保护的策略和形式。

活着的传统——匈牙利国立遗产中心在非遗传承方面的作用

[匈牙利] 宏泰·安吉拉·艾斯特
（匈牙利国立遗产中心市场规划部主任）

匈牙利遗产中心是国家政府机关，成立于2001年，旨在保护和保持喀尔巴阡盆地的传统文化遗产，并融入今后的文化生活之中。为此我们付出了各种努力，例如艺术表演、民俗记录、教育（活态传承），以及当地的、国内的和国际的民间艺术活动等。其下属单位（如匈牙利国家民族舞蹈团、民俗档案馆、民间应用艺术博物馆及教育部门）也以自己独特的方式作出了贡献。

匈牙利遗产中心提供种类繁多的活动项目。活动内容覆盖面广，从小孩到老人，从颇有兴致的游客到专业人士，包罗万象。各个机构高品质的艺术表演如匈牙利国家民族舞蹈团的精彩演出及其他舞蹈节目、表演秀、民族舞表演和喀尔巴阡盆地的音乐家演奏等，不仅让专业观众享乐其中，同时也是全球各地的音乐厅和室外舞台的一个重要组成部分。

我们的教育活动能满足参与者的爱好与兴趣（我们提倡“自己动手”），但我们也可以提供严格的专业培训。学校、幼儿园以及教师是我们的优先受众群体，因为他们是未来的希望。因此最近我们也为他们开发了一些相应的项目。

（编者按：此文为作者的演讲纲要）

传统与遗产的魅力
——探索匈牙利传统民俗服饰的色彩美

[匈牙利] 辛莉薇
(匈牙利共和国驻上海总领事馆文化领事)

如果匈牙利人在谈论马提奥（Matyó）民间艺术，在批评某人外表时，我们自然会想到一句对于马提奥民间艺术的赞美谚语：“你没有马提奥刺绣。”

马提奥民间艺术极其独特，其特点是丰富多彩的刺绣和图案。它是匈牙利最美丽、最著名的民间艺术之一，起源于匈牙利东北部地区，即迈泽克韦什德（Mezőkövesd）小镇。2012 年，马提奥民间艺术成为联合国教科文组织世界遗产的一部分。马提奥民族服饰采用简单的亚麻刺绣，每种颜色都有自己的含义。

黑色是大地的颜色，生命和收获从中萌芽；红色是欢乐的颜色；黄色是夏天、太阳的颜色；蓝色是悲伤和逝去的颜色。第一次世界大战后，出现了绿色，作为哀悼的颜色。为了纪念在战争中牺牲的士兵，围裙的边缘绣上了绿色的装饰。最初，床单末端、衬衫袖子、枕头角和围裙底部都用其装饰。也许最知名的刺绣图案是“matyórózsa”或“马提奥玫瑰（Matyó rose）”。在广阔的匈牙利平原上有一句流行的谚语最能形容马提奥人：“即使肚子咆哮，服装也要光鲜亮丽。”不管马提奥有多贫困，他们在特殊场合穿的衣服和齐腰刺绣的连衣裙都必须是“穷困潦倒中的华丽服饰”。

考落乔（Kalocsa）民间艺术起源于 19 世纪。最初针线只是白色，刺绣图案只由小孔组成。所谓的“孔绣”在匈牙利变得尤为流行。只有少数妇女会画刺绣图案，但有许多人擅长刺绣。构图很简单，排列也很清楚。这些图案来源于大自然，成串的葡萄、紫丁香、山谷里的百合花、玫瑰、勿忘我、紫罗兰，让人赏心悦目。

19 世纪末，考落乔刺绣艺术经历了创新：设计图案上的小孔被填满了，但也有许多艺术家喜欢把这两种针线活儿结合起来。随着艺术家们的创造力越来越强，装饰图库也在不断增多，出现了郁金香、百合、辣椒、玉米穗等图案。传统的白色刺绣转变为黑色、蓝黑色、蓝红色风格。20 世纪初，绿色、粉色和黄色逐渐流行起来。传统服饰、礼服的颜色随着穿着者的年龄而变化。新娘穿着最鲜艳的匈牙利刺绣，年长妇女的衣服颜色不太鲜艳，颜色的色调是深色的。蓝、紫、绿色的组合给人一种悲伤的气氛。这就是所谓的“szomorúpamukos”考落乔风格刺绣。

是什么令匈牙利传统婚纱礼服成为世界上最美丽的服饰之一呢？相比于当今的时尚，如果传统匈牙利婚纱礼服色彩越多，会更为美丽。每个地区的婚纱礼服会有所不同，但都会有一个相似点：每件婚纱礼服都会有透明蓝和亮粉色，这两种颜色代表着对孩子的希望和祝福。

让我们一同分享中国和匈牙利的民族传统服饰的相似与不同之处，互相了解，一起发现匈牙利文化的美丽。

（编者注：本文刊发时有删节）

乌克兰

乌克兰女性绘画的传承与创新

[乌克兰]伊琳娜·阿基莫娃
(乌克兰前国会议员、乌克兰女性艺术家研究会会长)

一、乌克兰的女性艺术有着悠久丰富的传统

乌克兰女性艺术(以及欧洲的女性艺术)在20世纪初开始蓬勃发展。当时欧洲的社会变革带动了女性劳动力比例的增加以及倡导平权的新妇女运动的发展。这些变化为乌克兰女性艺术家提供了现代培训和从欧洲艺术运动多样性中学习的机会。巴黎的民主艺术氛围对许多乌克兰女性艺术家的专业发展产生了重大影响。

在1930—1980年,当社会现实主义在艺术中占据主导地位时,乌克兰女性艺术家提出了非常多元化的艺术和文体发展方式。著名的乌克兰艺术家塔季扬娜·亚布伦斯卡(Tatyana Yablonska,1917—2005)在她生命中的不同时期绘制了以社会主义复兴风格为背景的宏大画作,以乌克兰西部民间图案为基础的装饰性图画以及由乌克兰西部民间图案构成的平衡优雅的肖像和风景画。她的工作获得了国际认可。1997年被联合国教科文组织宣布为"亚布伦斯卡(Yablonska)年",2000年她在剑桥被评为年度女性。

现代乌克兰女性艺术家不断寻找新的艺术创新方法,她们采用不同的风格和不同的材料。她们大部分都是从乌克兰的文化传统中吸取灵感,将它们放在国际艺术的现代潮流的框架中,并赋予她们个人的艺术观。 例如,纳塔利娅·科里 - 伊万纳克(Natalia Korf-Ivanyuk)创作时将油画和平面相结合。她热衷于研究种族动机以及现在与过去的关系。她的静物和平面画有着独特的民俗印记。奥克萨娜·切培莉可(Oksana Chepelyk)除绘画外还使用照片、录像和纪录片来分析文化的伦理、哲学和社会方面。

我也属于乌克兰女性艺术家这一现代群体,提供了我自己对文化、社会和伦理问题的哲学思考。在过去的三年中,我把我的关于和谐的艺术研究集中在人际关系上,这种关系可以通过国家文化传统和创新之间的建设性妥协以及创意多样的观点达成。

所以,现代乌克兰女性的艺术将文化传统与创新结合起来。

二、女性的艺术需要支持

女性艺术是全球艺术景观的一部分,不论性别如何,艺术都是按照普遍规则发展的。女性艺术家对生活的创造性反思与艺术家的个人性格有关,而非纯粹的性别维度。然而,"女性艺术"这个术语的存在反映了女性艺术家由于性别偏见

在获得培训和就业机会不平等、出售她们的作品和获得认可方面所面临的挑战的漫长历史。这不仅仅是过去的现象。根据国家妇女艺术博物馆的统计，当今有51%的视觉艺术家是女性，而78%的画廊代表多为男性。

三、乌克兰女性艺术研究协会（UAFRA）推广女性艺术

乌克兰女性艺术家面临的挑战和世界上其他国家一样，尽管得到了传统机构（如艺术学院、国家和地区艺术博物馆）的支持，但乌克兰女性艺术家在博物馆和画廊中的代表性依然薄弱。因此，政府机构需要由非政府组织来补充。我是乌克兰女性艺术研究协会的创始人和领导者。我们的协会联合来自不同艺术领域（视觉艺术、文学、音乐等）和艺术研究领域的女性，是一个非党派组织，欢迎任何关于女性艺术、女性艺术政治关系以及加强艺术性别平等的公正的讨论和项目。我们期盼女性艺术成为国家和文化遗产的重要组成部分。

（编者注：本文刊发时有删节）

乌克兰雕塑的过去、现在与未来

[乌克兰]奥列格·平丘克
（乌克兰文化部顾问、基辅当代艺术中心主任、著名雕塑家）

截至2014年，乌克兰发现了2000多种特里波利文化的遗迹。它们分布在15个地区：大部分在德涅斯特河中游、纳普鲁蒂和纳布珠茨地区，少数位于第聂伯河地区。人口达200万。特里波利村的人们创建了一个小社会。他们的农业和畜牧业水平很高，社会等级是有区别的，工作是有组织的。超过1000个可塑性雕塑证明了他们高水平的文化。材料是木头、石头和黏土。图像是人形小雕像，主要与女性形象以及动物形象有关。

在风格上，特里波利雕塑与在小型猛犸骨雕塑《维纳斯女神》上体现的雕塑的传统和形式相关，精美的陶瓷形式和装饰是特里波利文化的特点。

而北部黑海地区的古城始建于公元前7世纪，这些城市以其独特的艺术表达手段和悠久的创作风格成为原始雕塑现象的起源。

这些城市中存在许多雕塑作品，一开始大多数是希腊大陆的大师作品或现成的从希腊大陆运来的雕塑作品，其中有的是希腊古典名家的作品。例如在奥尔比亚和切尔索内斯雕像的基座上刻有铭文，其中提到了普拉克西特尔（Praxitel）、普利柯莱特（Policlet）、斯特拉尼德（Stratonide）这些公元前5世纪著名的雅典雕塑家的名字。

古黑海沿岸城镇的雕塑可以分为两类：第一是专业雕塑作品，其作者或是访问的大师，或是大师们有才能的学生或当地人，他们的水平并不低于大师；第二是业余雕塑家或手工艺者的作品，这些作品有着雕塑的原创性，传达着作者的思想。

1971年，考古学家鲍里斯·莫佐列夫斯基（Boris Mozolevsky）在托尔斯塔亚·莫吉拉（Tolstaya Mogila）坟墓中发现了一个黄金的斯基泰胸鳍。这一发现被联合国教科文组织命名为20世纪人类最伟大的考古发现之一。

异教石雕《塞西亚女性》《茨布鲁克斯基崇拜》等则标志着中世纪在乌克兰境内的开始。10世纪以来，雕塑主要与基督教有关，尽管根据教条，大量雕塑是被禁止的。古代俄罗斯寺庙的装饰使用石浮雕、雕刻圣像壁和圣像。在基辅的教堂保存着各种各样的雕刻板，这些雕刻板由装饰图案和和浮雕构成。著名的遗迹有圣迈克尔金圆顶和基辅佩切尔斯基修道院的浮雕，以及于基辅提托教堂废墟中发现的带着孩子的奥迪吉里亚圣母的浅浮雕。

到了16世纪，乌克兰西部开始传播新趋势和想法，文艺复兴晚期和风格主义时代的纪念雕塑开始流行。利沃夫自此开始成为意大利、德国、佛兰芒和斯拉夫文化的思想和传统的交汇点。意大利人的影响力正是意大利文化水平高的见证。利沃夫文艺复兴时期的雕塑是建筑师和雕塑家圣索维诺在威尼斯市形成的风格中发展而成的。下面简要介绍介绍一个各个时期的著名雕塑家。

约翰·乔治·平泽尔（John George Pinzel.）是18世纪中叶的加利西亚地区巴洛克和洛可可的代表雕塑家、利沃夫雕塑学院的创始人。在18世纪杰出的欧洲艺术家中，没有一个雕塑家比约翰·乔治·平泽尔更神秘。历经200年的遗忘，直到最近十年，平泽尔的作品才开始对外开放。鲍里斯·沃兹尼茨基（Boris Voznitsky）评价他的木雕为“乌克兰的米开朗基罗”。

伊万·马托斯（Ivan Martos，1754—1835）是当时在俄罗斯帝国首都工作的乌克兰最著名的古典主义时代雕塑家。雕塑家最著名的纪念碑有莫斯科的米宁和波扎尔斯基纪念碑、阿尔汉格尔斯克的罗蒙诺索夫纪念碑、格鲁济诺村的阿拉克谢夫庄园的保罗一世纪念碑、塔甘罗格的亚历山大一世纪念碑、赫尔松波托金的叶卡捷琳娜二世的纪念碑。 其中最成功的是纪念总督将军“敖德萨公国”的黎塞留公爵纪念碑。米开什（Mikeshin）在基辅创作了波格丹赫梅利尼茨基纪念碑。

到了20世纪初期，探寻和实验需要新途径和新想法。世界规模的艺术家创新者无疑是雕塑中立体派的创始人亚历山大·阿克朋克（Alexander Arkhipenko），他的作品极大地影响了包括欧美的建筑和设计在内的现代艺术的发展。他丰富了20世纪雕塑的语言，把空间作为构图的有机和有力表现元素。21世纪初的乌克兰雕塑则获得了更后现代主义和国家认同，保持着革命乐观主义，开拓出独立的乌克兰雕塑的发展前景。

（编者注：本文刊发时有删节）

乌克兰珠宝设计的创新现状

[乌克兰]斯坦尼斯拉夫・多罗金
(乌克兰著名珠宝设计师、瑞士巴塞尔世界设计大赛金奖得主)

在如今这个信息更为流通、科技逐渐取代技能的社会，珠宝艺术的边界和类型正在变得模糊。能发掘和发展珠宝艺术传统的艺术家是什么国家、什么地域，或是在什么时间、运用了什么经历发现的并不重要，重要的是他们为艺术和文化的进一步发展、流通和宣传做出了不可磨灭的贡献。

不幸的是，近代乌克兰的珠宝艺术并没有能代表历史的独特风格和传统。这是因为它在不同时期频繁遭受各种其他国家的影响。在20世纪很长一段时间，乌克兰隶属于苏联，在那里有关珍稀金属的工作与活动都被国家垄断。这打破了两代人之间的传承：知识从老师传到学生的过程。这种禁止对珍贵金属进行个人研究的理念和稀缺的专业学校在很长一段时间里阻碍了乌克兰的珠宝艺术发展。在这之前，乌克兰经历过哥特、文艺复兴、巴洛克、洛克和新艺术时期风格的影响。

乌克兰的部分区域曾属于波兰、立陶宛、匈牙利和俄罗斯。那段时间珠宝艺术的成就主要归功于扬・贾尔扬纳（Jan Jarzyna）和约瑟夫・马歇克（Yosyp Marshak）于19世纪末和20世纪初举办的研讨会和讲习班。此外，土耳其帝国的艺术和文化也对乌克兰部分地区造成过影响。

在更早的古代，乌克兰的很多区域曾遭受黑海地区的希腊艺术、斯基提亚动物风格、萨马提亚文化和哥特派的影响。这些都是斯拉夫艺术和基辅罗斯艺术的基石。随着拜占庭帝国的基督信仰的降临，人们对于文化和艺术（包括珠宝艺术）的观念有所改变。后来，蒙古人和鞑靼人结束了基夫斯基艺术的辉煌发展。以上时期对乌克兰珠宝艺术的影响还不曾被世人深入地学习和研究过。

乌克兰的现代珠宝艺术从20世纪末，即乌克兰帝国宣称独立后开始发展。斯坦尼斯拉夫・沃尔茨基（Stanislav Volsky）和马丁・科瓦尔（Martin Koval）的珠宝珐琅；“塞西亚（Scythia）”系列；由国家艺术家玛丽亚・普里马申科（Maria Prymachenko）提出的经瓷漆绘制的珠宝系列；亚力山大・比尔德（Alexander Bilder）和斯维亚托斯拉夫・尼基钦科（Sviatoslav Nikitenko）的浮雕宝石可以被看作是这一时期的代表。

乌克兰民族服饰上经常能看见带有神圣符号的传统装饰。一个关于近代乌克兰和外国珠宝艺术研究的例子是一本特殊的、两卷的、学术的、科学的、信息化版本的《艺术金属百科全书》，由利沃夫国家艺术学院的教授施马加洛（Rostislav Shmagalo）编制而成。这本百科全书奠定了乌克兰在艺术金属、锻造、宗教用品和珠宝艺术上的历史地位。

在人类历史上，交换物资、知识、经验、文化、艺术和科技可以说是形成社会的基础，广为人知的一个例子便是丝绸之路。对很多国家来说，信息的交流对文化发展有着巨大的影响，不管是过去还是现在。

毫无疑问，丝绸和瓷器的出现和传播极大地影响了世界艺术观和文化观。制作木纹金属工艺的古代技法原来在中世纪时期的日本用来装饰物器，而在现在历经发展后被视为现代珠宝艺术的另一分支。杰姆斯·宾尼（James Binnion）的金属艺术就是其中一个例子。

在现代珠宝艺术中，人们开始使用越来越多不寻常的材料，如混凝土、铝、铁（Hemmerle 德国）、钛（Wallace Chan 中国）、聚合物、树脂（Silvia Weidenbach 英国）、陶瓷（Maria Diana 意大利）等。现代艺术中，青铜和黄铜变得越来越流行，其中的代表有埃曼努埃·莱奥纳迪（Emanuele Leonardi 意大利）、安德烈·加布莉亚·波佩斯库（Andreia Gabriela Popescu 罗马尼亚）、艺星珠宝（Artistar Jewels 意大利）和奥托（Autor 罗马尼亚）的作品。

Ganga-Jumna 法是一种在古代使用青铜和黄铜进行二次浇筑的方法之一，奥皮·克诺克拉特（Oppi Untracht）曾在他的书《珠宝概念与科技》中介绍过它。Ganga-Jumna 法以汇合在安拉阿巴德的两条河流为名，它在印度被广泛运用了很久，一直到 17 世纪。人们使用这个方法生产了各种各样需要融合两种不同金属或铝合金的产品，虽然其中大多数还是以青铜和黄铜为主。印度是一个有着悠久历史的国家，但很遗憾，Ganga-Jumna 法和因此而取得成就的印度珠宝艺术在当今社会却是鲜为人知的。

2018 年 2 月，在米兰举办的一场现代珠宝艺术展上，斯坦尼斯拉夫·多罗金（Stanislav Drokin）第一次向世人展示了他运用与 Ganga-Jumna 法十分相似的二次浇筑法合成的珠宝杰作。在每一块碎片上，我们都能看到融合在一起的、排列有序的两种金属。这个作品便是带有卡曼纳和两条河流图案并使用混合铸造法制成的一个戒指。这个技巧的第一个试验品也是一枚戒指，它印有发布在 2017 ADORN 杂志（印度）上的月球路径图案。

在戒指的图案上，卡曼纳穿织在两条不同颜色的金线上，就像是一条孕育了满满汁水的葡萄藤。卡曼纳的名字来自一种广为人知的葡萄种类：卡曼纳葡萄一直被用于生产波尔多红酒。这种葡萄在欧洲几乎灭绝了，直到最近才被人们在智利发现。这个戒指现代感与复古感交织的形状正象征了卡曼纳葡萄崎岖婉转的历史。

此外，图案上还有两条河和谐地交融在一起。艺术家用了两种材质来代表它们：时刻面临氧化的黄铜和永远稳定不变的黄金。戒指上黄铜的那一半被制成带有防生形小孔的六角平面，在其中间镶嵌着一颗蓝色石头。而金色的一半形成无尽的形状。戒指上大部分镶嵌的都是石榴石，它们会随着灯光改变，比如从绿色变为褐红色。这枚戒指有两层含义：1. 这是一条艺术家意味深长的启示。2. 这纪念了过去的成就——古老的 Ganga-Jumna 法。

世界无时无刻不在改变，国土领域、政治、气候和价值观都在改变。我们目睹了混合机器、战争、双重政治和道德观的诞生。协调和比例不再是创造与合成的基础。3D技术加快了创造的过程，改变了原来被废弃的材料、成分和设计，这就是所谓的科技发展。总有一天人工智能也会要求一定的版权，而人们也会失去代代相传的手艺和经验。这个现象出现的原因之一便是信息传达的加速化。

由此看来，现代珠宝艺术需要具备更多信息方面的、交流方面的、社会和环境方面的功能。同时，现代珠宝艺术也失去了它原有的功能和与现实的联结性。珠宝艺术进入了一个超现实的时代——一个表象比内容更重要、物与物之间联系已经消失的时代。导致这种现象的主要原因便是现代科技和社交网络。其中一个例子便是NOD，一个致力于解决社会和环境问题的艺术项目。

在欧洲的近代珠宝艺术界，代代相传的手艺已经失传。年轻人不再愿意学习珠宝制作，对这方面的经历和知识也不再感兴趣。创新性变得越来越业余。风格独特的装饰品在不久的将来就会变为珍贵的收藏品。现代艺术家们应该以美、协调和独特的风格为标准发展自身。非营利性机构和学校正在积极鼓励艺术家们进行创作，并实施有关保护和发展珠宝艺术的项目。这些机构的例子有很多，比如现代珠宝艺术的拥护者AFJ（美国），鼓励人们追求卓越工匠精神的金匠手工。

与其他艺术种类相比，珠宝艺术有着更为广阔的天地。就像这个世界一样，现在珠宝艺术不仅多元化，且风格多变。这就是为什么艺术家的作品不应该被时代的定义所禁锢的原因。艺术家在温故知新与积累经验的同时，应该致力于创造出全新的作品，这才是无价的体验。而这种研究才是深远艺术追求的基础。历史学家和画家对于使珠宝艺术流行化以及批判性地看待作品方面富有经验，所以应该在这方面担当指引的角色。

值得一提的是基辅大学的教授为检测历史遗迹和珠宝发明了独特的科研方法。在他的研究基础上，人们可以通过分析一件珠宝的结构成分来判断它是否值得收藏。与其他相比，这些才是独特性、稀有性、名望和对历史、文化及工匠精神的贡献。

总结来说，对于现代珠宝艺术的发展最为重要的方面可以归纳为四点。第一，研究、学习及保存代代相传的知识和经验。第二，使珠宝艺术流行化，提高年轻人在这方面的参与性，支持学校在这方面的投入，举办展览和课程。第三，与艺术专家和画家一道，对现代珠宝作品进行科学研究和归因。第四，将现代技术用于保存和传递关于艺术作品的信息，建立信息库。

奥地利

奥地利非物质文化遗产

[奥地利]梅拉尼·莫尔科维奇
（奥地利驻上海总领事馆文化领事）

“为了保持非物质文化遗产的生命，它必须与一种文化保持联系，并在社会内和几代人之间经常实践和学习。”自2003年以来，联合国教科文组织《保护非物质文化遗产公约》加强了强调当地代代相传的传统、仪式和知识的重要性的工作。奥地利于2009年加入该公约，并一直致力于实施该公约。

非物质文化遗产的知名度不断提高的过程不仅仅是唤起公众和媒体的兴趣。事实上，它也创造了一种新的意识，即在从事这些工作的人当中，发扬这些传统、技能和知识类型的重要性和价值。一项关于被列入非遗名单影响的初步调查显示，进入这个全国范围的清单可以提供新的推动力：这些反应证实那些与传统实践文化保护相关的传承人通常得到更多的关注和尊重。

同样，被列入清单的非遗也鼓励了自我反省并重新对本国传统的过去、现在和未来产生兴趣。目前全球180多个国家正在编制国家目录，这为文化政策、研究和社会方面的联网提供了广泛的机会。由此产生的知识、技能和经验的交流揭示了非物质文化遗产的重要性。为文化多样性、可持续发展提供了保障。

教科文组织奥地利委员会负责对奥地利的非物质文化遗产实施保护，同时传播和支持非物质文化遗产保护的各项措施，提高民众对这一领域的认知。国家级非物质文化遗产名录的近200项传统展示了奥地利文化的方方面面，勾勒出来自城市和农村各地区的传统，包括个人知识、集体行为、高度专业化的技能和日常仪式。现有目录所涵盖内容的广度和每年新增的内容有助于加深对各地区身份、表达形式等方面的认知。这份目录为传播文化多样性、普及民众认知作出了贡献，有助于不同国家的人民更广泛地了解其它地区的生活方式和传统，巩固国际和平共处的基础。

奥地利为各类纪念碑、宫殿、城堡、自然景观、历史悠久的城市中心和博物馆里的许多艺术瑰宝感到自豪。但如果我们问自己，奥地利的代表是什么？我们认同什么？可能没有人会首先想到维也纳摩天轮或萨尔斯堡的种姓制度。如果我们问我们国家的代表是什么，那么我们更倾向于考虑习俗、传统和技能。这种非物质文化遗产，从维也纳的咖啡馆文化到圣周的拉琴，需要活在人们的心中才能得到保护。传统需要人们的保护，从而使其存活。文化表达的形式要求尊重，如果没有人的保护和尊重，这些遗产将会逐渐消失。

联合国教科文组织《保护非物质文化遗产公约》列举了多种文化表现形式，

使得我们意识到自己的文化身份是扎根在哪里，并对其表达尊重。一个意识到自身文化多样性的社会不需要敌人的成见来确认其身份。尽管不能从名录中获得额外的经济效益或法律权利，却可以获得公众的强烈关注。

根据《非遗公约》，非物质文化遗产可以分为五类。以下整理的内容，例如“牲畜的季节性迁移放牧——蒂罗尔州阿尔卑斯山脉的绵羊迁徙”“奥地利猎鹰狩猎”和“布尔根兰的靛蓝手工木板印刷”，都是保护当地资源的传统策略的典型案例。

一、口头传统和表达，包括语言作为非物质文化遗产的工具

维也纳西班牙马术学校的古典马术是饲养、保管、训练和骑利皮赞纳马的传统艺术和实践。学校的各种社会实践和文化形成的各种礼制和仪式建立在育种者、马夫、手工艺人、骑手和马之间长期关系的基础上。马夫是马驹的第一个接触点，负责向学员传授基本的养马知识。饲养员照料马匹，并为公马和母马配对，以满足学校的要求。有经验的骑手和年轻的学员对小马负责，造就了骑手和马之间的特殊关系。学员早期花时间学习如何正确地照顾和保养马匹以及正确地操作和使用设备，有经验的骑手通过指导向学员传授知识。

如今，由男性主导的领域中，女性也在这个传统上发挥着重要作用，她们平等地接受担任全部职位。兽医确保每匹马的健康，而鞍具师、铁匠、帽匠、裁缝和鞋匠则负责生产和维护这些设施。这个传统也给了学校内部的社团强烈的认同感，并确保了在许多与畜牧业相关的领域中技术和工艺的保护。

对于联邦州布尔根兰的罗姆人分支的洛瓦拉人来说，歌曲是沟通的重要元素，也是保存他们语言的一种手段。歌曲是洛瓦拉文化传统的重要一部分。罗姆人群体名字背后的历史，把我们带回了他们作为“马匹贸易商”(“洛瓦拉人”)职业的过去。他们的歌曲大多是关于家庭和社会的，而个人的角色和洛瓦拉人过去的生活方式也在歌曲中体现。这些歌曲就像是他们语言的宝库，因为它们包含了洛瓦拉人典型的短语和隐喻，而这些现在（几乎）已经在日常生活中绝迹了。洛瓦拉人的歌曲包括两个主要流派：缓慢的、抒情的歌曲和舞曲。感谢蒙戈·斯托伊卡（Mongo Stojka）、塞贾·斯托伊卡（Ceija Stojka）和如兹萨·尼科利克·拉卡托（Ruzsa Nikolic-Lakatos）等优秀歌手的演唱，使得新歌不断增加到曲目中。

二、表演艺术

该运动主要是各种舞蹈的集体实现，如兰德勒是最初的斯拉夫波尔卡或华尔兹，或（最初只在上巴伐利亚附近）拜恩州的民族舞。总的来说，奥地利民族舞蹈归于阿尔卑斯民族舞蹈。

根据 2011 年联合国教科文组织委员会的报告，民间舞蹈的多样性受到各种发展的威胁，它的生存受到威胁：通过“冻结”，从而将特殊的民间舞蹈形象送到博物馆内，通过不断完善和专业化，或通过强调表演和竞争，来实现旅游和商

业以及政治和地方主义的利益。大众传媒中减少的表现手法也会导致民众对民间舞蹈运动的认知扭曲或受限。今天的民间舞蹈文化主要是在19世纪末和20世纪初从乡村传统中借鉴而来的城市概念。

维也纳少年合唱团是根据1498年马克西米利安皇帝颁布的一项法令成立的，主要负责为宫廷演奏圣乐。这个最初的功能仍然是维也纳少年合唱团在维也纳皇家教堂，周日早上的弥撒上实现的。大约100名年龄在10～14岁活跃的维也纳少年合唱团成员被分成大约同等大小的四个合唱团，其中一个合唱团由女孩组成。这些合唱团以奥地利作曲家布鲁克纳、海顿、莫扎特和舒伯特的名字命名，他们每年在近50万人面前共举办约300场音乐会。每个合唱团大约进行9～11周巡回表演。

他们的艺术传统以一种特殊的技术训练和传承典型的合唱团声音而著称。每个成员对技巧掌握得越好，合唱团的整体音质就越好。四个合唱团都由一名领唱领导，他每天排练曲目，同时促进孩子们的全面音乐教育。

三、社会习俗、仪式和节日活动

圣诞颂歌创作于1818年，已成为许多人平安夜传统的焦点。它是最有名的圣诞颂歌，也是德语国家圣诞节习俗的缩影。《平安夜》由约瑟夫·莫尔神父所作并由他的朋友弗兰兹·克萨韦尔·格鲁伯老师编曲，是一首简单的颂歌。6/8拍是轻快的旋律，一首深情而亲切的诗与音乐结合。它是一首耶稣的摇篮曲，你可以听见白雪覆盖的阿尔卑斯群山，家人和动物们聚在一起，夜晚的安宁和静谧。

它于1818年12月24日在萨尔茨堡附近奥本多夫的罗马天主教教堂首次演出。自那时起，这首德国民谣被翻译成世界上320种语言和方言演唱。在最初的六个诗节中，只有第一个、第二个和最后一个诗节被唱成众所周知的版本。

拉琴（棘轮效应）是一种制造声音的传统，在奥地利许多地区复活节前的日子以各种形式进行。中心元素是所谓的棘轮（拉琴），是一种以木材制作的机械打击乐器。这种声音是为了取代从濯足节到复活节的教堂钟声。在最常见的棘轮形式中，孩子们在不同时间穿过社区，根据既定的顺序制造声音和吟诵。

圣歌可能因地区而异，要么由大孩子传给小孩子，要么由成人导师教。最常见的圣歌是所谓的“Eng’lisher Gruß”，也就是“天使的问候”：“我们拉琴，我们演奏天使的问候，每个天主教基督徒必须祈祷。跪，跪下，说三次‘我们的圣父’和‘万福玛利亚’。”拉琴后，孩子们以所谓的“Absammeln”（集合）被赏以金钱和糖果或复活节彩蛋。

四、关于大自然和宇宙的知识和做法

在奥地利，放鹰意味着尊重各自的捕鹰猎物和捕鹰鸟类在自然环境中喂养和捕捉猛禽。起初，放鹰是一种获取食物的方式。随着时间的推移，放鹰越来越多地与自然保护、文化遗产和社区间的社会参与联系在一起。

养鹰者遵循自己的一套传统和伦理原则训练、试飞和喂养猛禽（除猎鹰外，还包括老鹰和鹰等鸟类），与它们建立联系，成为其主要保护来源。这种出现在世界上许多国家的做法可能在某些方面不同，例如使用的设备类型，但是方法类似。养鹰者认为自己是一个群体，可能一次旅行数周从事这项活动，又会在晚上一起讲述白天的故事。他们认为放鹰提供了对一种过去的连接，尤其是对于那些将这种习俗作为他们与其自然环境和传统文化所剩无几的联系之一的社会来说更是这样。

羊群迈过奥茨塔尔阿尔卑斯山脉上的蒂罗尔主山脊，使来自意大利南蒂罗尔温施高（Vinschgau）的牧羊人可以使用他们在奥地利奥茨塔尔后方的传统放牧权。为此，绵羊和山羊在6月初沿着三条不同的、部分被冰川覆盖的经过路线被驱赶向北，而在9月中旬则方向相反。经过求证，现在认为，这些狭窄的赶羊线路已使用至少6000年。直到20世纪初，人们还在这些关隘上牧牛。即使在第一次世界大战结束蒂罗尔分裂时，这种狭窄的赶羊道的传统仍然被保留下来。然而，赶羊道的经济重要性已经衰退，今天约有3500只蒂罗尔南部的羊被赶入两条文特尔谷，而在1977年的数量是它的两倍。

当2011年被列入联合国教科文组织非遗名单时，除了生态方面的原因外，主要原因是文化意义，这体现在跨国界的仪式和习俗（如设置放牧场所，一起去教堂等）和由此产生的“共同的地区身份”。

五、传统技艺

拉德豪伯是一种车轮形状的帽子，由金或银线制成，在康斯坦茨湖（奥地利西部）附近的地区，人们会在节日场合佩戴这种帽子。德语词汇拉德豪伯是欧洲许多地区传统服饰中使用的各种光环状帽子的总称，但在德国和奥地利尤为常见。拉德豪伯根据材料、使用的生产工艺和佩戴者的社会地位而表现各异：银色、金色或绳绒线帽子，扇形帽子或花朵光环帽子。康斯坦茨湖地区的光环帽就是一个很好的例子，因此在2010年被联合国教科文组织认定为非物质文化遗产。

光环帽如同在奥地利、德国和瑞士这么多地区的装束（服装）一样，在20世纪发展和蓬勃，后逐渐衰退，从1920年开始有了恢复，1955年以后又有了进一步复兴。

靛蓝印刷在17世纪革新了欧洲的纺织工业，当时有数千家公司开门营业。如今，只有布尔根兰州（奥地利东部）的两名印刷工人在一个车间里做这种手工，那里除了设计之外，其他的东西都很古老。斯坦伯格库奥家族染料织物使用的防染印花工艺，包括木制图案、浆糊和靛蓝染料。约瑟夫·库奥和他的妻子米里亚姆·施瓦克正在用传统的繁复手工方式为餐垫、餐巾、桌布、围巾和明信片的面料染色。将一种色牢度高的浆糊应用于白色织物与印花块以打造主题，并将图案保留在染色过程中。在浆糊干燥数周后，将印花织物放在一个铁架上，然后在装满靛蓝染料的染缸中浸泡几次。他们有一台仅存的机器，可以用打印卷打印长织物。天然靛蓝染料是由染料厂的木材和靛蓝植物制成的。

库奥家族以崇敬之心工作，其中一些设备已有200年历史之久，结合了古老的手工技艺与大胆的创新应用。

数字时代的非遗传播实施
——以“百万陶瓷项目”为例

[奥地利]乌利·艾格纳
(奥地利艺术家)

百万陶瓷项目是我应对全球化的处理方式。自2014年开始，我将挑战亲手制作100万件瓷盘，直至生命终结。每个瓷盘都会被依次刻上制作时间，这样每个瓷器都将是世上独一无二的。在网站www.eine-million.com上，每个瓷盘都有一张照片，并在世界地图上标出它的位置。这是一个跨国界、跨文化的项目：即建立一个全球网络，涵盖五大洲，以及这些瓷器的所有者和使用者。如果我们能从一块湿乎乎的泥土里生产出一件寻常不过的日用品，我们就能将整个技术进步的历史与人类发展的历史联系起来。

该项目的一个目标是自我实验：

这是一次明确的尝试活动，直到我的生命结束，并将瓷器分布到各大洲。另一个目标，是通过拥有、特别是实际使用瓷器，来汇集尽可能多的社会层面：包括私营和公职人员，国家机构如医保、住建、安全、教育，社会和休闲机构，市政厅，议会，非政府组织等。所有这些目标人群都将拥有相同的高档瓷器（并因此而汇集)。这次瓷器会被他们出售、交换或者丢弃。

这些器皿涵盖了与家用餐具有关的全部物品：马克杯、茶杯、碗、水罐、盘子和配件、过滤器等。

瓷器都是按时间顺序编号。如果某个瓷器在生产过程中被损坏，也不会有替换品。损坏的瓷器仍保留其编号和序列，每一件瓷器都是独一无二的，有雕刻的编号为证。这个编号也是每个瓷器严格按时间顺序生产的保证。

销售个人瓷器和整个服务也可以捐赠或交换，这样，散布在世界各地的瓷器在各种各样的人和地之间，形成了特殊的联系。

“百万陶瓷项目”以及瓷器的传播路线，在全球创造了其存在的可见轨迹，揭示了不同社会、地区和人民之间的关系和亲密度。

(编者注：本文原题《陶瓷艺术在欧洲的传承——以“百万陶瓷项目”为例》，现题为编者所加。刊发时有删节)

哥伦比亚

哥伦比亚在非遗实践中的保护与创新

[哥伦比亚]丹尼尔·克鲁兹·卡德纳斯
(哥伦比亚共和国驻上海总领事馆总领事)

哥伦比亚的文化遗产是前哥伦布时期文明的遗产，其特征是考古、艺术和文献资源丰富。 哥伦比亚文化部是负责保护物质和非物质文化遗产的国家机构。

哥伦比亚将非物质文化遗产定义为一个人类群体的习俗、表现、知识和技术，以及在过去、现在和未来，人群的集体记忆中保存的关于文物和空间的阐述。这一领域的总体目标是促进、支持和指导集体记忆建设，使个人、群体和社会能够对其非物质文化遗产进行重点保护和管理的自我呈现。

对哥伦比亚来说，传统决定了哥伦比亚的文化，因此保护传统至关重要。为此，哥伦比亚国家政府部门需要做出承诺并且努力将这些因素保留在民众的意识里。

目前，哥伦比亚非物质文化遗产清单中的一些文化表现形式包括：巴兰基利亚狂欢节、帕伦克德圣巴西利奥文化空间、黑人和白人狂欢节、波帕扬圣周游行、哥伦比亚的马林巴音乐和传统歌曲、尤鲁帕里的美洲虎萨满传统知识等。

哥伦比亚是一个具有多种多样文化的国家，有着相当复杂的社会结构，土著、非洲后裔的根源和欧洲的影响持续作用于这个国家。这些起源之间相互沟通、转化、丰富，让我们为之骄傲，让我们被世界认可。

作为一个年轻的国家，哥伦比亚以其创造力著称。其任务是通过有助于代表和解释其社会的创新艺术表现形式来推动哥伦比亚文化的发展。

因此，在2021年第十一届国际传统艺术邀请展上，展出的是卡萨廷塔的艺术作品，卡萨廷塔是哥伦比亚公认的一群专注于插图和图形艺术的艺术家。这五位哥伦比亚艺术家分别是：卡罗琳娜·罗德里格斯·富恩马约尔、菲奥里拉·费乐理、兰迪·莫拉、丹尼尔·列瓦诺和塞缪尔·卡斯塔尼奥。此外，我们还展示了哥伦比亚艺术家大卫·罗德里格斯的宝贵作品。

(编者注：本文刊发时有删节)

哥伦比亚非遗艺术现况简述

[哥伦比亚]阿尔瓦罗·达扎
(哥伦比亚画家、雕刻家)

哥伦比亚艺术有着5000多年的历史，涵盖了不同的文明媒介和文明风格，从亚洲开始的金巴亚文明、奇布查文明、阿拉瓦克文明等，以及以苏埃为太阳神和以奇亚为月亮女神的穆伊斯卡文明，当然还包括所有其他哥伦比亚土著和种族，这些土著和种族在吸收了西班牙和欧洲巴洛克式的宗教绘画的艺术精髓后，创造了他们自己独特的黄金工艺品。

当然，我们也从哥伦比亚的不同地区看到，不同种族形成了特殊的组合并聚集到了哥伦比亚的各个角落。我们还看到了在这片土地上，艺术和文化是如何繁荣起来的。有时，这些艺术和文化是自发形成的，而在另外一些情况下是有人通过发现、收集、研究我们祖先所创造的东西而积累下来的。

早在15世纪，就有证据表明南美洲大陆与亚洲之间存在着大量的商业和文化交流，这一证据可以追溯到5000多年前所发现的不同古董的品种和制造方式上，从那时起，伟大的、多元化的文化就像鸡尾酒一样开始互相融合。

这一点十分重要，哥伦比亚人民把哥伦比亚文明所产生的文化运动视为对价值观建设的一种支撑，同时还能激励我们的子孙后代，使文化能够继续成为我们文明的伟大支柱之一，使得我们生活的星球以及我们周围所有的环境能够更人性化。同时，也能使人类朝着画家亚历杭德罗·奥布雷贡所描绘的富有诗意的、具有美洲特色的正确方向发展。也许最受国际赞誉的哥伦比亚艺术家应当是画家兼雕塑家费尔南多·波特罗。

在第十一届国际传统仪式邀请展中，我的作品描绘的神奇景观中会浮现出色彩的爆炸效果，色彩就像树木一样生长和繁茂，并且隐藏在抽象的灌木丛和雕塑下，这是一种精湛的表现主义手法。作品涉及了混合媒体、景观、现代、绘画、抽象和雕塑领域。

哥伦比亚以其出色的作品、艺术家的品格和冒险精神在艺术界博得了声誉，也正是这些品质、毅力和奉献精神使其得到了全世界的认可。

(编者注：本文刊发时有删节)

捷 克

联合国《保护非物质文化遗产公约》在捷克共和国的实施情况

[捷克]马丁·西姆萨
（捷克国立民俗文化研究院院长）

捷克共和国文化部

国立民俗文化研究院是捷克共和国文化部自2003年起组建的专业单位，主要职责包括保护传统民俗文化的方法论和立法基础，捷克共和国非物质文化遗产的名录管理，捷克共和国传统民俗文化的协调与保护，传统民俗文化的研究，非物质文化遗产现象的陈述报告，国际民俗节日、非物质文化遗产现象的陈述报告。

保护传统民俗文化地区，协助部门与联合国教科文组织的合作

1989年，传统文化和民俗学的保护建议：地方授权及国际合作。

1995、1996、1997、2005、2009年，中东欧地区专家工作会议，旨在履行保护非物质文化遗产的建议。

1996年，在不恰当的商业化前，对传统民俗文化保护条例的方法指南。

1997年，伦理学和传统民俗文化的方法指南。

2005年，旨在保护和弘扬传统民俗文化作为非物质文化遗产重要组成部分的国家政策方法指南。

2009年，有关保护非物质文化遗产商品措施的方法指南。

立法依据

2003年，联合国教科文组织《保护非物质文化遗产公约》。

2009年，109个国家加入了《非遗公约》，捷克共和国是其中之一。

2003—2010年、2011—2015年、2016—2020年，捷克共和国不断更新记载有关有效保护传统民俗文化的概念。

传统文化和民俗保护的目的

记录传统民俗文化现象；1994—1997年，波西米亚、摩拉维亚、西里西亚民间舞蹈的电影百科全书；2000—2007年，男性舞蹈表演的电影百科全书；1997年至今，捷克共和国民间工艺品和民间艺术品的电影百科全书；鉴定和记录捷克共和国传统民俗文化现象；2004—2010传统民俗文化现状的问卷调查；评估、案例研究；地图输出。

杰出人物的评定

2000年，传统民俗工艺品持有人纳入国家版现存人类财富体系；项目围绕受欢迎制作人的大众审美，这些制作人掌握着濒危民族生产技术流传的唯一方法；为木工、金属、黏土、纺织、皮革、柳条编织、麦秆等63个加工领域制作人及其他一流制作人进行颁奖；创建用于公众场合综合体系的国立民俗文化研究所（NULK）。

人类口头和无形遗产的杰作包括2005年入选的斯洛法斯科维勒布里科礼仪舞蹈。

人类非物质文化遗产的代表性名录包括2010入选的Hlinecko地区山村的忏悔节活动，戴着面具挨家挨户列队前进；冬季季末举行巡回演出，称为狂欢节巡演。2011年入选的捷克共和国东南部的国王游行马队。2015年斯洛伐克和捷克共和国传统木偶艺术和2017年中欧传统制造蓝本。

国家名录

2009年名录：捷克共和国传统民俗文化的物质资料；2011年地域代表名录：列入传统民俗文化的物质资料。

（编者注：本文刊发时有删节）

捷克共和国在非物质文化遗产保护方面的措施和进展

[捷克]马丁·赛克
（捷克国立民俗研究院代表）

在捷克共和国，文化遗产有三个等级：一是地区传统民间非物质文化遗产名录，二是捷克共和国传统民间非物质文化遗产名录（国家层面），三是联合国教科文组织的代表性名录（国际层面）。每个传统民间文化都必须经过重重考验才能跻身文化遗产名录，这不是件容易的事情。在这个过程中，许多机构都起了重要的作用。在区域层面，许多专业机构（区或者市博物馆、大学、城镇或农村的管理层）及本土的民间协会、团体或个人都是当地独特文化传统的承载者。地区的非遗名录是由区政府批准的。

目前捷克国立民俗研究院已被成功列入地区名录，正着手进行文化因素和传统的研究。例如，深入各个社区团体或城镇进行调研，方式多种多样，如摄像、采访当地居民或市政府的员工，研究人员为他们准备了专门的问卷。通过此类调查，我们就能大致了解和描画出民间文化的传统及其要素，这对我们接下来准备申报国家层面的名录也有帮助。

另一方面，申报国家级的名录比较难，需要投入更多的精力，因其代表着国家的最高科研水平，它的标准更加严格，且提名文件需经过专业审批。这意味着国立民俗研究院和国家委员会将成为捷克文化部的顾问机构。

鉴定意见书是由国家委员会提议、独立专家撰写的（人类学者、科学院的历史学家、布尔诺马萨里克大学艺术学院下属欧洲人类学研究机构）。如果申请通过，国家委员会会将这些独立提名名单上报给文化部长。提案书、提名表及相关文件须严格遵照方法论的指导和标准的格式要求，这方面会由国立民俗研究院来把关。

我们有一份文化部基于2016年1月13日捷克政府的决议颁发的重要方法论指导文件，名为《提升捷克共和国传统民间文化关怀策略（2016—2020）》。该策略的主题是根据《保护非物质文化遗产公约》界定传统民间文化的非物质性，目的是定义提升传统民间文化关怀的方法。这套协调措施旨在建立更有效的传统民间文化识别、归档、保护、开发和传承系统。

文化遗产是文化多样性的来源，也是人民与国家文化认同感的基础。文化遗产对捷克的经济发展也有着重要的作用，因其促进了国家的旅游业和商业活动。但从财政角度来说，我们必须非常谨慎，避免传统文化的过度商业化而丧失其自然功能。传统民间文化从来不是商业性的，财政资金应该只起到基础的支持作用。拿我们的非遗项目“国王之旅”来举个例子，参与活动的年轻人从前都是骑马游行的，因为一百年前马还是村民们日常生活的一部分。但今时不同以往，想要骑马的话就不得不去租借。在这种情况下，财政上的支持就是必要的。

19 世纪下半叶以来，人类学家一直在研究传统民间文化元素，因此它们得以被幸运地保留下来，并通过许多专业机构、市民协会和个人展现在民众眼前，只是仍然缺乏国家及权威机构的有效引导和系统整理。这种情况直到 2003 年采用《提升捷克共和国传统民间文化关怀策略》才有所改善。

正如我一开始所提到的，传统文化的承载者（个人、团体）和专业机构间的合作是非常重要的。但这份责任感，无论在机构还是公众范围内都是很主观的。地区机构的专业责任包括对该地区传统民间文化的关怀。地区机构通常会为了自己的项目而去参加文化部每年组织的竞争激烈的投标会，以获得相应的资金支持。现在看来，区政府主体建立地区机构是个非常有先见之明的重要决定：机构网络的形成、工作的成效、地区机构和国立民俗研究院、文化部的通力合作，形成了持续而良性的互动成果。

而国立民俗研究院的任务是对传统文化要素的界定、保护、记录归档（摄影、摄像、数据库、网站管理）；撰写专家报告（我们会在这份报告里阐明文化要素的原始功能和象征意义是否发生了变动），而后向文化部汇报。所有的机构都必须促进文化遗产的发展，例如以讲座、展览、出版、传媒广告、学校教学项目等形式。同时它们也应为传统文化的承载者提供必要的专业支持。但它们对传统文化不能加以干涉，而要保持它的自然状态。

2016—2017 年，国立民俗研究院进行了一系列的田野调查和保护，在此介绍两个事例。第一个是国立民俗研究院将游行展览放在三个小镇举行，旨在将关于地方风俗的知识传递给下一代儿童和广大民众，该活动被称为“国王的骑行”。第二个是国立民俗研究院拍摄了一些关于捷克共和国的狂欢节传统的照片和影像，主要目的是制作专业的 DVD 影像和照片以便记录和归档，用以研究社区中自然的生活传统，命名为“赫林奈科的狂欢节”和”传统狂欢节假面具”。

（编者注：本文原题为《捷克共和国履行联合国〈保护非物质文化遗产公约〉的情况说明》，现题为编者所加）

印度尼西亚

千岛之国的文化魅力
——谈谈印尼的非物质文化遗产

[印尼]戴 宁
(印度尼西亚共和国驻上海总领事馆总领事)

文化遗产通常包括物质的（纪念碑、艺术品、风景）和非物质的（传统、知识、语言）。

印度尼西亚是一个由数百个民族和数千个岛屿组成的群岛国家，拥有丰富的非物质文化遗产，将我们的活态文化代代相传。我想重点介绍三大非物质文化遗产，即传统布料、传统乐器和美食。

蜡染就是一个很好的例子，你可能对它已经很熟悉了。然而，除了蜡染织物之外，我们还有很多精美的织物。

此外，我们还有一个乐器文化遗产——昂格隆。昂格隆来自西爪哇，由竹子制成。现在昂格隆已在全球范围内使用和演奏。

作为历史上著名的香料之路的一部分，印尼烹饪是非物质文化遗产的典范。比如，源自西苏门答腊的仁当咖喱炖牛肉是我们的传统美食。仁当咖喱曾被美国有线电视新闻网评选为“世界上最好的50道菜”之一，在当地自然享有盛名。邻国也发展出了他们自己的仁当咖喱。

联合国教科文组织创意城市网络将印尼安汶誉为“音乐之都”，这是印尼的骄傲。安汶是马鲁古省的首府，以拥有许多著名的音乐家和歌手以及传统乐器而闻名。

（编者注：本文为作者演讲纲要，刊发时有删节）

印度尼西亚非物质文化遗产的保护

［印尼］尤里亚万·达弗里
（印尼日惹艺术学院视觉艺术系副系主任）

在文化遗产的多样性中，文化遗产以两种形式存在，即有形文化遗产和无形文化遗产。两者相互协同，就可以极大促进国家进步。因为当一个国家拥有独特的文化遗产，并以此对其他国家形成吸引力时，这个国家就会在世界目光中建立起崇高的民族形象。印尼人也不例外。

作为一个文化多样性非常广泛的国家，印度尼西亚在国际层面上对非物质文化遗产兴趣颇丰。印度尼西亚政府通过“关于批准《保护非物质文化遗产公约》的 2007 年第 78 号总统令”，批准了《非物质文化遗产公约》。

非物质文化遗产可以间接塑造民族精神。另一方面，保护非物质文化遗产是一项艰巨的任务。因为它的目标必须是通过正式和非正式教育媒介确保其可持续性和独立发展。印尼人有义务维护各种文化遗产，以免它们因被其他国家占领而灭绝或变得更糟。当然这不太可能发生。

作为参考，联合国教科文组织将非物质文化遗产定义为“社会、群体以及在某些方面被个人视为其文化遗产一部分的所有实践、表现、表达、知识、技能——以及相关的工具、物品、手工制品和文化环境”。《非物质文化遗产公约》指出，印尼的世界非物质文化遗产体现在包括语言在内的传统和口头表达领域；表演艺术；习俗、仪式和庆典；知识和行为习惯；传统工艺技能。

因此，非遗保护工作无法脱离正式和非正式教育过程。事实上，无论是有形文化遗产问题还是无形文化遗产问题，实质都是教育问题。这不仅是为了塑造人们的性格和精神，也是为了让人们都意识到他们拥有的仪式、习惯、观点、制作工艺的能力，以及独特的制作能力，这些都是必须保留的遗产。

文化遗产以物质文化和非物质文化的形式存在，它不仅是过去的遗存，更是过去与现代人的纽带。自 1976 年以来，印尼教育文化部继续以有形文化遗产和无形文化遗产的形式记录印度尼西亚的文化遗产。因此，迄今已记录 67273 项文化遗产，涵盖 65165 项有形文化遗产和 2108 项无形文化遗产。当然，这还将继续发展，并仍处于记录的过程之中。

下面将介绍一些印度尼西亚非物质文化遗产的例子。

1. 巴迪蜡染（BATIK）

巴迪蜡染作为一种文化遗产，已在近日被联合国教科文组织列入世界文化遗产。这是因为巴迪蜡染是一种传统，其制作工艺复杂、工艺独特。当然，视觉上异常美丽的巴迪艺术也蕴含着深刻而富有价值的哲学意义。

2. 克里斯短剑（Keris）

不久前，克里斯短剑也被联合国教科文组织指定为世界遗产。克里斯短剑之所以被认定为世界遗产，是因为它制作方式的独特性，这种独特性不为其他传家宝所拥有。联合国教科文组织在 2005 年 11 月 25 日宣布："印尼的克里斯短剑是人类口头和非物质遗产的杰作。"

3. 传统仪式

传统仪式被列为非物质文化遗产。传统仪式是祖先创造的，除用于纪念先人外，也是构建生活和公民社会的社会资本。

4. 克拉通（Keraton）（王国）舞蹈

在爪哇岛，至今还保留下来的两座宫殿或大苏丹国，即日惹苏丹（Sultanate）和苏拉卡尔塔（Surakarta），这里有一种特殊的舞蹈——克拉通舞蹈，这种舞蹈具有深刻的哲学意义。这是因为编排克拉通舞蹈的过程通常是由国王通过一系列祭祀仪式创造的。

为维持印尼非物质文化遗产的存在，文化保护是必然的。文化保护分为两种形式，即文化体验（通过直接投入现场进行文化保护）和文化知识（通过创建一个可以各种形式发挥功能的文化信息中心进行文化保护）。在这两种保护形式中，文化知识是一种更有效的保护文化的形式。这是由于保护范围遍及全球，而不是集中于单一的文化保护。印尼还建立了遗产文献系统，它是一种对过去的物质文化成果（有形）和文化价值形式（无形）进行数据收集的方法，每个地区所有文化遗产的数据都可以记录到数据库中，供信息系统以后演示。这不仅使得搜索一个地区的文化遗产数据的过程更加快速有效，还加快了地区收集文化遗产的进程。

此外，公众也可以访问获得文件系统中包含的数据，因而人们可以快速、有效、高效地了解某一地区的文化遗产信息。随着文化遗产文献化的进程，人们期望能想出一种新方式，从而在努力保护该地区文化遗产方面更具创造性。其影响是，一个地区文化遗产的存在总是可以得到维护并进行良好记录。

根据《文化部旅游文化遗产利用管理手册》和印度尼西亚共和国政府旅游产品和旅游目的地发展总局规定，管理机构和印度尼西亚人民有义务对实物和非实物文化遗产进行保护、维护、管理、利用和监督。

同时，正式和非正式教育是印度尼西亚非物质文化遗产保护的关键词之一。这是因为接受过教育的社会会明白：与祖先或祖先遗物相关的任何事物都必须受到保护，而不是被灭绝。这些遗物可能是微不足道的，也可能是没有意识的。例如，文化仪式表演、习惯或心态、烹饪艺术、传统艺术、农业艺术等。所有这些历史遗产都有着极高的地方智慧，因为它们都是随着时代的变迁而锻造出来的。

文化遗产是公共财产，由这种文化遗产产生的一切都必须回归到更广泛的群体中。为使保护过程得以维持，它必须与公众最广泛的接触相平衡。目标是让人们有归属感，之后意识到维护文化遗产是每一个印尼人应承担的责任。

土耳其

联合国教科文组织土耳其非物质文化遗产清单——活态文化珍宝

[土耳其] 切汀·阿卡尔
(土耳其共和国文化和旅游部欧盟和外交关系司副司长)

保护、保存和发展具有普遍和共同意义的人类文化在全世界都是一项重要工作，土耳其非常高兴能参与其中。

文化使不同民族和国家更加紧密地联系在一起，形成了人们和平与包容共存的基础。因此，将在人类文化积累中占有重要地位的“非物质文化遗产”问题提上国际社会的议事日程，对这一人类宝贵财富给予必要的关注，就显得尤为重要。

为了保护和保存古文化，首要义务是将知识、经验和文化积累传承给下一代。毫无疑问，非物质文化遗产是重中之重，因为其具有的文化价值（通过生活的经验和知识在历史中穿梭而变得鲜活，通过包容共同的价值观、观念、假设和方法形成社会纽带，确保一致以创造社会承诺感，并最终使其成为连接过去和未来的桥梁）、国家的记忆，以及全人类的记忆非常宝贵。保护文化价值并支持由其启发的每一项工作、每一个项目的实施、每一份智慧和所采取的实际步骤，将会更好地融合过去和未来，将为加强历史联系和形成当前的文化联系作出重要贡献。

土耳其于2006年成为联合国教科文组织《保护非物质文化遗产公约》的缔约国，此后，土耳其在该公约框架内开展地方、国家和国际层面的活动，并一直处于领先地位。

联合国教科文组织代表清单为保护土耳其文化的多样性和丰富性提供了重要机会，让人们看到了土耳其文化的多样性和丰富性。根据这一理念，重要的是要通过教科文组织与全人类分享土耳其文化遗产的优秀范例，并确保全世界认可土耳其文化遗产，来创造共同的价值意识。

土耳其在联合国教科文组织非物质文化遗产清单中登记了20项文化价值，是登记项目最多的前5名国家之一。具体包括以下内容：

（1）表达、说书艺术传统；

（2）托钵僧舞蹈艺术仪式；

（3）Âşıklık（吟游技艺）传统；

（4）卡拉戈皮影戏；

（5）诺鲁孜节（2009年与阿塞拜疆、印度、伊朗、吉尔吉斯斯坦、乌兹别克斯坦以及巴基斯坦共享档案；2016 年档案扩展至阿富汗、阿塞拜疆、印度、伊拉克、伊朗、哈萨克斯坦、吉尔吉斯斯坦、乌兹别克斯坦、巴基斯坦、塔吉克斯坦和土库曼斯坦）；

（6）传统索贝会；

（7）塞玛贺，阿里维 - 贝查兹教派仪式；

（8）克尔克纳尔传统涂油摔跤节；

（9）凯斯科克美食传统；

（10）梅斯尔膏糖节；

（11）土耳其咖啡文化和传统；

（12）湿拓画：土耳其湿拓艺术；

（13）制作与分享烤馕文化：拉瓦什薄饼、卡特尔玛饼、居甫卡饼、尤甫卡饼，土耳其将其作为档案与阿塞拜疆、伊朗、哈萨克斯坦和吉尔吉斯斯坦共享；

（14）土耳其瓷传统工艺；

（15）春季庆祝活动：Hıdrellez（与北马其顿共和国合作）；

（16）口哨语言；

（17）Dede Qorqud/Dede Korkut《科尔库诗之书》遗产、史诗文化、民间故事和音乐（连同阿塞拜疆和哈萨克斯坦）；

（18）土耳其传统箭术；

（19）细密画艺术，土耳其将其作为档案与阿塞拜疆、伊朗和乌兹别克斯坦共享；

（20）传统智能和战略游戏：托吉兹库马拉克、托古兹科尔古尔、播棋 / 戈库尔姆，土耳其将其作为档案与哈萨克斯坦和吉尔吉斯斯坦共享。

就这一点而言，重要的是要特别提及一下传统瓷砖（Çini）工艺和卡拉戈皮影戏，在土耳其和中国共同和相似的文化价值中，传统瓷砖工艺和卡拉戈皮影戏脱颖而出。卡拉戈艺术是安纳托利亚文化记忆、文化多样性和丰富性的重要表现形式，是根据几世纪的经验创造出来的皮影戏，以艺术家表演为基础。

皮影戏富含多种元素，包括木偶的生产阶段到戏剧中的角色、文学和幽默主题到舞台主题和音乐。卡拉戈皮影戏以生活中的人物和话题反映普通人的感情和思想，从教育和教益方面出发，为每个年轻人和老年人的生活增添一些新价值，并作为一个舞台，展示文化互动的色彩和深度。

虽然皮影戏是一种存在于世界不同地区的戏剧文化，但众所周知，它在亚洲的历史更悠久、更强大。而毫无疑问，中国是这一艺术传统最源远流长的国家之一。以至于，一方面，皮影戏通过悠久历史带领人们离开现实；而另一方面，皮影戏积累至今的文化，吸引人们为之着迷。同样令人高兴的是，在中国，皮影戏抓住了每一个机会，一直被保存了下来。

中国和土耳其的另一共同的、被列入土耳其非物质文化遗产清单的是传统瓷砖制作艺术。传统瓷砖是由烹饪黏土制成的涂釉陶瓷家居用品或墙板，装饰有各种颜色和图案。瓷砖图案中的颜色、符号及其寓意，以艺术的方式反映了人们从过去到现在的宗教信仰、世界观、生活方式和审美理解。从这一意义上说，传统瓷砖艺术在诸多方面都保存了文化，促成了连续性，并在过去和现在之间构成了既优雅又永久的一种连接。

在奥斯曼帝国时期，宫廷一直对瓷器极有兴趣，并且瓷器一直是王宫和苏丹餐桌上的装饰物。当时，欧洲国家还没有生产优质瓷器，托普卡帕皇宫及其周边地区使用的是当地以质量和美学著称的伊兹尼克陶瓷，以及来自中国的瓷器。

由于宫殿，特别是苏丹王朝的欣赏，中国瓷器珍藏品一直保存在托普卡帕皇宫博物馆。

保护文化价值是健康和可持续发展的基本和不可或缺的要求。文化的多样性和差异性使世界变得更加丰富多彩、令人兴奋和令人惊叹，也是追求创造更加美好未来的支柱和最实用的工具。“非物质文化遗产”这一主题清楚地揭示了世界各国人民在这方面的意识。根据这一理念，土耳其共和国将尽力保护文化遗产并努力将其完整地呈现给后代。国际社会也共同真诚地在采取每一步骤，我们的后代将会感激并记住这些成就。毫无疑问，付出所有努力，赢得感激，没有什么目标会比这更加宏大了。

《保护非物质文化遗产公约》：土耳其的经验

[土耳其]谭 那
（土耳其伊斯坦布尔文化和艺术基金会主席）

联合国教科文组织由37个国家于1945年11月成立，教科文组织是一个国际组织，负责发展和协调并通过国际合作建立一个更加和平的世界。“在所有人心目中建立和平”是教科文组织的座右铭，其使命是在这一谅解框架内制定的，“通过教育、科学、文化、传播和信息促进建设和平文化、消除贫穷、进行可持续发展和文化间对话”(《教科文组织手册2010》)。教科文组织土耳其全国委员会是教科文组织总署在我国设立的唯一机构，自1949年以来一直持续开展活动。

“文化”是包含了教育、自然科学、社会科学、人文科学、信息和通信在内的主要内容。由于国家和国际对破坏文化多样性的关切，教科文组织的文化方案旨在保护和发展尊重文化多样性的非物质文化遗产。此外，教科文组织的文化研究旨在促进可持续的和平与发展、鼓励创造力、促进开放和参与社会。因为全球化、传统知识的贬值、技术的发展、文化传递环境的消失、年轻人的冷漠和文化空间的丧失，文化遗产在世界上开始消失。出于这些担忧，教科文组织制定了保护文化遗产的标准，组织各种保护和发展文化多样性的公约，开展各种活动，收集和分享在文化领域积累的经验和知识。教科文组织著名的文化公约有：《在发生武装冲突时保护文化财产海牙公约》(1954年)、《禁止和防止非法贩运文化财产方法公约》(1970年)、《保护版权和邻国权利公约》(1952年、1971年)、《保护世界文化和自然遗产公约》(1972年)、《保护水下文化遗产公约》(2001年)、《世界文化多样性宣言》(2001年)、《保护非物质文化遗产公约》(2003年)、《保护和促进文化表现形式多样性公约》(2005年)。这些国际公约旨在保护世界文化和自然遗产，不仅保护古代考古遗址、物质和水下遗产、博物馆藏品，而且保护非物质文化遗产。

在这些公约中，《保护世界文化和自然遗产公约》(1972年)特别侧重于世界文化和自然遗产保护。这一观点更多地揭示了非物质文化遗产的缺失，“非物质文化遗产”一词在联合国教科文组织“保护文化遗产”的章节中出现。1973年《世界版权公约》声明，应增加一项保护民间文学艺术的协议。1982年联合国教科文组织设立了一个保护民间文学艺术保护专家委员会：决定增加一个“物质遗产”章节。1989年《关于保护传统文化和民俗的建议》发布。1994年韩国颁布的《人间国宝制度》，引起了人们对大师传承遗产的重视。1996年题为《我们的创意多样性》的报告强调，1972年的《保护世界文化和自然遗产公约》不足以关心和保障以表达为目的的手工艺、舞蹈或口头艺术形式。1997—1998年“人类口头和非物质遗产”申报，2001年、2003年和2005年三次发表。全世界共有90项遗产入选，其中两项来自土耳其：土耳其麦达利克传统戏剧（Meddhalik

Tradition)(2003年)和梅夫拉维旋转舞(Mevlevi Sema Cereme)(2005年)。

1999年联合国教科文组织和史密森学会在华盛顿举行会议，就“1989年关于保护大众和传统文化的世界建议：参与和国际合作”举行会议。2001年《世界文化多样性宣言》出版。2003年签署了《非物质文化遗产保护公约》。

《保护非物质文化遗产公约》是联合国教科文组织于2003年在巴黎联合国教科文组织大会第32届会议上反对统一性和单一典型的基本文化公约之一。其宗旨表述为：“保护非物质文化遗产；确保尊重有关社区、团体和个人的非物质文化遗产；提高地方、国家和国际各级对非物质文化遗产重要性的认识，确保非物质文化遗产相互欣赏，并提供国际合作和援助。”

联合国教科文组织认为，非物质文化遗产是全人类的共同记忆，应给予创造和保护，这是《非遗公约》所界定并在以后的工作中得到进一步证实的工作方法。非物质文化遗产的概念在界定人类文化遗产的过程中有所演变，并经过演变克服了现有定义的缺陷。从这个意义上说，它已成为重新发现和界定文化遗产概念的统一的结果，而不是在文化遗产的理解中加以区分。

这种代代传承下来的非物质文化遗产，依靠社区、群体与环境、自然、历史的互动，不断地被再造，给人一种认同感和延续感，这有益于发展文化的多样性和发挥人类的创造力。迄今为止，联合国教科文组织195个成员国中已有177个成为《非遗公约》的“缔约国”。过去几年来，根据《非遗公约》的内容，土耳其采取国家和国际保护措施，以保护非物质文化遗产。

“文化遗产”一词近几十年来含义和内容发生了很大的变化，部分原因是教科文组织制定的条例。文化遗产的概念最初只在前几年才被认为是有形的。然而，文化遗产并不以古迹和物品收藏为终点，它还包括代代相传的传统的生动的表现形式。根据《非遗公约》表述，“非物质文化遗产”是指“社区、群体，以及在某些情况下，包括个人的文化遗产的做法、表现、表达、知识、技能，以及与之相关的文书、物品、文物和文化空间”。《非遗公约》扩大了关于文化遗产的定义和内容的国际讨论范围。此外，非物质文化遗产被视为社区认同的关键数据，它以社区和群体为中心。

在《非遗公约》中，“保护”是指旨在确保非物质文化遗产生存能力的措施，包括保护、促进、加强、传播，特别是通过正规和非正规教育，以及振兴非物质文化遗产的各个方面。从这个意义上说，保护工作不仅关注非物质文化遗产的具体产品和表现形式，而且关注代际传承过程。简言之，保护非物质文化遗产就是“知识、技能和意义的传递”。为了能够保护非物质文化遗产，联合国教科文组织制定了一些具体措施。此外，特别强调保障措施必须始终在社区本身的同意和参与下制定和应用。这些保护措施与保护有形遗产（自然和文化）所需的保护措施有很大不同。根据《非遗公约》表述，“任何保护措施，都是为了加强和强化非物质文化遗产的不断演变和解释，以及传承给后代所必需的各种有形和无形环境。各国应保护和发展自己的非物质文化遗产，并在所有文化转化的进程中对其进行评价，特别是教育和传播机构”。

在过去12年中，根据《非遗公约》，土耳其开展国家和国际保护措施，以保护非物质文化遗产。土耳其已开始在联合国教科文组织土耳其国家委员会非物质文化遗产专门委员会中履行国家一级的合同义务。《非遗公约》在土耳其的执行机构是文化和旅游部研究和教育总局中的非物质文化遗产司。非物质文化遗产研究由专家委员会协商进行，来自有关部门、研究中心和高校研究所的院士和非政府组织代表参加了此次研究。

缔约国在国家一级保障非物质文化遗产的主要职责有两点：一是建立“国家名录”；二是以国家平台非物质文化遗产认定为基础，向缔约国提供国家知名度的“国家名录”文件编制。“国家名录”包括许多程序，如根据规定程序登记的各国境内由一个团体负责维护的非物质文化遗产，确定其保护程序并采取必要的维护措施。

土耳其有两种类型的“国家名录”，它们是“非物质文化遗产国家名录”和“人间国宝名录”。

根据《非遗公约》内容，各缔约国应自行编制一份或多份“非物质文化遗产名录”，以便由本国目的出发对其进行保护。这些名录定期更新，名录研究由土耳其共和国研究和教育总局进行，各省在省文化和旅游局的协调下设立了理事会。省级名录（地方名录）是“国家名录”形成中的第一步也是最重要的一步，包括“国家名录”中确定的遗产要素及其保护过程和形式。在编制“国家名录”时，考虑到了以下基本标准：为非物质文化遗产领域之一；作为人类创造力的证明；文化和社会传统的根源；特定社区或群体的代表和认可；面临消失的风险；建议保护措施的充分性。土耳其《非物质文化遗产国家名录》中有111个成员。

而“人间国宝”是高度掌握表演或重建非物质文化遗产特定元素所需的知识和技能的人。正如教科文组织的网页所示，“人间国宝方案旨在鼓励会员国正式承认有才华的传统传承人和从业人员，从而有助于向年轻一代传授他们的知识和技能”。此外，“人间国宝”正在保护我们的非物质文化遗产，对他们的保护要做到：（1）延续和发展他们的知识和技能；（2）通过正式或非正式培训项目向年轻一代传授知识和技能；（3）通过（视频或录音、出版物等）协助记录非物质文化遗产；（4）传播他们的知识和技能；（5）赋予他们任何的额外职责。

在土耳其，“人间国宝”由在文化和旅游部创建AREGEM的委员会专家监督。“人间国宝”由省文化和旅游局提名，由公共教育中心官员、主题学者、非政府组织代表、非物质文化遗产从业人员和民俗文化专家选出。与教科文组织的标准相似，文化和旅游部在土耳其为“人间国宝”选择提出了一些标准。它们是：已练习了10年的工艺大师；从大师－学徒关系中学到了这门艺术；将自己的知识和技能运用到具有优势的应用中；掌握有关稀有信息的知识；致力于工作的个人或团体；有能力发展知识和技能（包括艺术或手工艺方面的新技能）的个人或团体；有能力向学徒传授技能和知识的个人或团体。截至 2017 年 12 月，土耳其“人间国宝名录”已登记 30 位非物质文化遗产传承大师。本文整理 2008—2015 年登记的传承大师的部分信息，展示如下：

2008 年“人间国宝”：塔克汀・戴克（Tacettin DIKER，卡拉戈兹－土耳其皮影戏艺术家）、奥汉・库尔特（Orhan KURT，卡拉戈兹－土耳其皮影戏艺术家）、梅丁・奥兹伦（Metin OZLEN，卡拉戈兹－土耳其皮影戏艺术家）、迈赫迈特・吉里奇（Mehmet GIRGIC，毡制工匠）、海莉・德夫（Hayri DEV，松笛制作者和表演者）、西特基・奥尔卡（Sitki OLCAR，瓷砖工匠）、塞雷夫・塔利奥娃（Seref TASLIOVA，吟游诗人）。

2009 年“人间国宝”：亚萨尔・古克（Yasar GUC，长笛制作人和表演者）、艾米娜・卡拉达伊（Emine KARADAYI，纺织和天然染色大师）、扎基尔・维利・艾库特（Zakir Veli AYKUT，Dertli Divani-Zakir，音乐表演者）、贝基尔・特凯利（Bekir TEKELI，土耳其民族乐器 Bağlama Saz 制作人）、乌尔・德曼（Uğur DERMAN，土耳其图书艺术家）、哈桑・塞莱比（Hasan CELEBI，书法家）、（Mehmet GURSOY，瓷砖工匠）、迈赫迈特・古尔索伊（Fuat BASAR，大理石花纹＼土耳其湿拓画艺术家）。

2010 年“人间国宝”：杰米尔・克孜尔卡亚（Cemil KIZILKAYA，方块印刷）、南马穆特（Mahmut SUR，纳扎尔珠工匠）、塔辛卡伦德（Tahsin KALENDER，阿拉特石工匠）。

2015 年“人间国宝”：塞拉尔・伊尔马兹・梅尔西耶汉（Celal YILMAZ Mersiyehan）、迈赫迈特・阿塞特（Mehmet ACET）、卡希德・凯斯金纳（Cahide KESKINER，微雕艺术家）、伊斯拉姆・希纳（ISLAM SECEN）、萨利赫・巴拉巴勒・塞德夫克（Salih BALAKBABALAR Sedefkâr）、穆阿迈尔・塞米赫（Muammer Semih IRTES-Kalemisi）、艾哈迈特・亚萨尔・科卡塔斯（Ahmet Yasar KOCATAS）、伊斯梅尔・纳锡（Ismail NAR Âsik）、奥斯曼・埃芬迪奥・卢（Osman EFENDIOĞLU）、阿特玛・图尔库（Atma Turku）、马卡赫尔・亚斯利拉・科罗苏（MACAHEL YASLILAR KOROSU）。

此外，关于缔约国有关非物质文化遗产的建议，重视非物质文化遗产的名录和文件准备工作，以便使非物质文化遗产更加引人注目，促进文化多样性方面的对话。名录包括政府间委员会根据国家编制名录中所列的《非物质文化遗产的公约和实施指令》中规定的标准，评估有关国家编制的候选资格档案而设立的国际保护程序，根据《非遗公约》第十六条、第十七条和第十八条设立了“非物质文化遗产名录”，包括：《人类非物质文化遗产代表名录》《急需保护的非物质文化遗产名录》《良好的保护措施登记册》。

《人类非物质文化遗产代表名录》由非物质文化遗产组成，有助于展示非物质文化遗产组成的多样性和提高人们对其重要性的认识。截至2017年12月，共有来自112个国家的399个遗产入选，15个属于土耳其。《急需保护的非物质文化遗产名录》由有关社区和缔约国认为需要紧急措施保持其生命力的非物质文化遗产组成。这份名录有助于动员国际合作和协助利益攸关方采取适当的保障措施。共有来自28个国家的52个遗产入选。土耳其《急需保护的非物质文化遗产名录》中只有一个项目。《良好的保护措施登记册》载有最能反映《非遗公约》的原则、目标和行动的计划，共有来自15个国家的19个遗产入选，而该名录中尚未有土耳其的要素。在这些名录中，《人类非物质文化遗产代表名录》为《非遗公约》提供了知名度，《急需保护的非物质文化遗产名录》为保护提供了价值，《良好的保护措施登记册》在社区参与的可靠性方面突出。

自2003年通过《保护非物质文化遗产公约》以来，已有15年的历史。在这个过程中，人们认识到《非遗公约》是联合国教科文组织在文化领域的一项重要国际文件，与国际社会密切相关。它是传统的，但同时也是现代的；它侧重于过程，而不是结果；它是文化认同的创始部分；它根据不断变化的社会文化环境而变化，必须持续进行，它基于一种反本质和动态的文化理念。由于土耳其于2006年成为《非遗公约》缔约国，因此，在履行《非遗公约》方面付出了巨大的努力。“国家名录”是《非遗公约》所针对的保障地方和国家一级的指标之一，是在这一过程中编制的，土耳其“非物质文化遗产名录”中的元素数量也在逐年增加。

未来，土耳其将以深厚的文化和经验的积累，继续努力为非物质文化遗产的产品提供保障、维护和再创造的途径，扩大非物质文化遗产保护的国际知名度和成就。根据《非遗公约》的预测，土耳其需要加快这方面的工作，查明缺失方面，应作出更多努力开展国际合作，有助于提高国家和国际两级的知名度。否则，我们鼓舞人心的资源、我们共同的文化参考、当代的创造可能性以及我们的文化记忆将丧失。

美国

保护和拯救语言就是保护和拯救世界

[美]何 勇
（联合国语言部中文组原组长、联合国秘书长奖获得者）

“非物质文化遗产”是联合国教科文组织提出来的一个概念，保护非物质文化遗产也是联合国教科文组织的一个工作重点。非物质文化遗产指的是对某民族或地区文化传承具有重要意义的表现形式，如民俗、传说、信仰、民间艺术、习俗、口述传统和语言。其中语言占据独特的地位，它是文化的核心，承载着穿越时空的传统、习俗、历史和先人的智慧。语言让我们感触过去、表达现在、想象未来，它也是一种强有力的身份标志。语言既是非物质文化遗产的一种，也是几乎所有其他非物质文化遗产形式的基础，很难找到有不依赖语言的非物质文化遗产。因此语言保护是非物质文化遗产保护的一个重要内容。

语言是宇宙间的神奇之物，为人类独有。世界上的每一个人，只要他出生后不是被遗弃在荒野而终生不与人类接触，就有说语言的能力。他不会因为出生低贱而被剥夺这一能力，他也不需有任何权贵的恩赐才能张口说话。一个社会底层的平民和一个至高无上的君主，尽管地位不同，但说的是同一种语言，在这个层次上却是平起平坐的，难道这不是人间最大的神奇吗？语言充斥着我们生活的每个时空乃至梦境，让我们用有限的形式表达无限的意念，正如著名语言学家吕叔湘先生所说：“语言之妙，妙不可言。”

据联合国教科文组织的统计，全世界约有7000多种语言。我们无法给予一个准确的数字，因为语言的总数不断变化，大约每两个星期就会有一种语言消亡，已经超过了部分鸟类、哺乳类动物、鱼类和植物灭绝的速度。面临消亡的语言叫濒危语言。现有2895种语言属濒危语言，占全世界语言的41%。有预测说到21世纪末世界上一半的语言将不复存在。有兴趣的读者可在互动地图（https://www.ethnologue.com/guides/how-many-languages-endangered）上查阅这3045语濒危语言的名字、分布和现状。

全世界7000多种语言在各大洲的分布并不均衡，语言最集中的是亚洲，有2301种；接下来是非洲，2138种；太平洋群岛，1313种；美洲1064种。欧洲的语言最少，只有286种。世界上语言密度最大的国家是南太平洋西部的岛国巴布亚新几内亚，该国人口只有800多万，但却有840种语言。一个小国的语言竟是欧洲所有语言的两倍之多。正因为世界上的语言集中在亚太和非洲，濒危语言的最集中的地区也是亚太和非洲。

近些年来，全世界有数十种古老的语言不复存在了，随之逝去的是人类历史及我们的文化遗产的一部分。麻省理工学院的肯·黑尔（Ken Hale）教授说，“失去任何一门语言，无异于往卢浮宫上丢下一枚炸弹。”一门语言的消亡便意味是我们得以了解人类一段经历的大门被永久关闭，把我们与过去切断。现在全世界有一半以上的语言使用者不足一万人。专家预测，这些语言将在21世纪末前消亡，80%以内的语言将在22世纪末前灭绝。濒临消亡的语言大多是土著或原住民的语言。为了保存和振兴现今尚存的濒危语言，联合国把2019年定为“国际土著语言年”（International Year of Indigenous Languages），其目的是为了阻止土著的语言不断消亡，帮助人们了解世界各民族母语文化的现状，推动语言及文化的多元发展，在理解、宽容与对话的基础上帮助人们进一步加深对语言传统及文化传统的认识。保护濒危语言是迫在眉睫，同时也是旷日持久的事，只靠一年的宣传远远不够。联合国在2019国际土著语言年即将结束时又于12月18日通过决议，把2022—2032年定为“国际土著语言十年”（International Decade of Indigenous Languages）。

在联合国通过此项决议的一年前的2018年9月，由中国政府和联合国教科文组织在中国长沙共同举办了首届世界语言资源保护大会，会上联合国教科文组织及各国政府、相关学术机构代表和与会专家学者讨论并通过了《岳麓宣言（草案）》。会后，教科文组织广泛征求意见并进一步完善后于2019年的1月18日正式公布最终文本，成为语言保护的纲领性文件。《岳麓宣言》向全世界发出倡议，号召国际社会、各国、各地区、政府和非政府组织等就保护和促进世界语言多样性达成共识，倡导各国制定行动纲领和实施方案，同时汇聚了语言资源保护的做法，提供了可资借鉴的经验、模式和路线图，体现了中国经验和中国方案。

中国是个多语言、多方言的国家。在中国的语境下，针对语言保护主要有两方面的内容，一是对少数民族语言的保护，二是对中国诸多方言的保护。少数民族语言和方言凝聚着中国各地和各民族人民的智慧和知识。随着普通话的广泛推广，不少民族语言和中国各地区的方言的使用频率相对下降，逐渐消失。这就意味着“语言断代”和大量文化遗产的消失。

联合国教科文组织根据危急程度，把濒危语言分成以下四类：

1.“脆弱”（vulnerable，孩子只在家里说这种语言，出门不说）；

2.“肯定的濒危”（definitely endangered，孩子在家在外都不说这种语言）；

3.“严重濒危”（severely endangered，社区里只有最年长者会说）；

4.“极度濒危”（critically endangered，社区里只有几个最年长者会说）。

据教科文组织统计（https://wordfinder.yourdictionary.com/blog/on-the-edge-critically-endangered-languages-in-top-countries/），中国有100多种濒危语言，其中25种属“极度濒危”。《新京报》2017年12月9日载文称“中国130种语言大部分走向濒危”。

西方学术界对中国方言的界定跟中国学术界有很大的不同。很多在国内界定为方言的在国外被认为是独立的语言。许多西方语言学家和语言学专著都说中国有上千种语言和方言。界定语言和方言不是一件简单的事，但对于我们所进行的语言保护的努力来说并没有实质性的影响，濒危语言需要保护，濒危方言也需要保护。国内出版过 30 种《中国濒危语言志》，分为濒危少数民族语言调查保护、濒危汉语方言调查保护两大部分，其内容非常翔实，为中国的语言保护提供了很好的资料与调查方法。

如何在中国这样一个地域辽阔的国家建立一个超方言的共同语或通行语，同时也保留当地的民族语言和方言是一个迫在眉睫的任务。现在从中央到地方采取了很多保护性措施，但大都只停留在调查和收集资料的学术性层面，并没有实施到能让民族语言和方言延续使用的层面，所以并没有有效地防止这些民族语言和方言濒绝的趋势。据悉现在已经没有多少人能说蒙古语、鄂伦春语、土家语、彝语、仡佬语、纳西语等。中国少数民族人口最多的省区是广西壮族自治区，境内生活着壮、汉、瑶、苗、侗等 12 个世居民族和其他 44 个民族，少数民族人口约 2000 万人。2019 年我曾带联合国的一个团去广西访问过。根据地方官员和学者的介绍，广西抢救濒危民族语言的力度较大。他们建立了一个很客观的“广西少数民族语言资源数据库规范系统”，并对若干语言和方言进行了记录、摄录、词汇的记音收集工作。此外为长期保存少数民族濒危语言，广西还开展少数民族语言资源有声数据库建设试点工作，采用现代技术手段，通过真人朗读单词、词组、讲故事、日常对话等形式，实地采集并建立真实语音及其转写文本的语料库。我在广西的壮族学者朋友跟我说，现在虽然在记录和收集壮语资料方面做了不少工作，但面临的挑战是如何让壮语作为一种有生命力的语言延续下去。这位朋友跟家人都说普通话，孩子已经基本不会壮语了。她自己掌握的壮语在语音和词汇方面也大不如父辈了。

从 2015 年开始，中国启动语言资源保护工程（简称“语保工程”），在全国组织了 1500 个语言和方言点的田野调查，前文提到的《中国濒危语言志》就是语保工程的重要组成部分。我关注到 2020 年 6 月，在教育部举行的新闻发布会上，教育部语言文字应用管理司司长徐晓萍说的一段话，“国家通用语言文字法规范的是公共领域的用词用语，对个人在非公共领域使用语言文字没有做任何的限制，并且即使在公共领域，国家通用语言文字法对使用方言也留有了空间”。这是很重要的官方表述，我很希望政府层面能在公共领域给方言使用留有较大的空间，甚至通过立法手段鼓励方言在非公共领域和公共领域，特别是传媒和学校里更多地使用。只有让年轻的一代会说纯正的本地方言并经常使用，这样才能真正地恢复和保持方言的交际性。一种没有交际价值、不被使用的语言或方言是不可能生存的。普通话是强势语言，其地位坚不可摧。推广普通话与保护方言是完全不冲突的事情。

世界上有很多国家和地区对挽救濒危语言有成功的经验，非常值得中国的政府和民间借鉴。美国俄勒冈大学的佩雷斯·贝兹（Pérez Báez）教授和她的同事们最近完成了一项对全球245个语言复兴项目（language revitalization programs）的调查，以了解每个项目进行语言复兴的具体做法。他们发现其中大约三分之一的项目集中在沉浸式学校或指定班级等环境中教授濒危语言。其他做法是倡议各种各样的语言发展项目，如将濒危语言用在电视里或网上，以便让更多的人更经常地与其接触和使用。收集和存储音频或语法规则以提供新的方法来学习与濒危语言本族语者进行交流。这份68页的调查报告非常值得从事濒危语言的政策制定者和研究人员一读（https://scholarspace.manoa.hawaii.edu/bitstream/10125/24871/perez-baez_et_al.pdf）。

设在笔者所在的纽约市的"濒危语言联盟"（Endangered Language Alliance）为挽救濒危语言作了卓著的努力。他们用十年的时间，走街串巷，考察走访，调查出纽约市的五个区日常使用的语言有640种。这个数字超出纽约人口普查局的官方统计数字的3倍。这640种语言大多属濒危语言，其中相当一部分是没有文字的。濒危语言联盟制作了一个在线纽约语言互动地图（https://elalliance.org/programs/maps/），图上标示出哪个地段有哪些语言在使用。参与联盟挽救濒危语言工作的不仅有语言学家、社区领袖，还有热心人士、学生和普通人。

在调查纽约各界人士在家使用的语言的基础上，他们还采取了一系列的挽救行动，包括录音和笔录这些语言的讲话、歌曲、故事和民俗。资料采集到后，他们还进行分析研究，然后整理归档。由于调查的很多语言没有文字，他们唯一可依赖的就是这些语言的使用者，有时只有几个。联盟也举办一些少见语言的学习班，以培养更多的传承人。

濒危语言联盟立足纽约，致力于挽救万里之外的濒危语言，使它们得以"异地保存"，实属创举。美国明尼苏达州贝米吉州立大学（Bemidji State University）的教授安东·特雷尔（Anton Treuer）2020年出版《语言勇士宣言》（*The Language Warrior's Manifesto*）一书，描述他为挽救濒临灭绝的印第安奥吉布威语（Ojibwe）所做的不懈努力和具体做法，并呼吁各界齐心合力，共同挽救濒危语言。伦敦大学亚非语言学院致力于抢救濒危语言，投入巨额经费资助学者和专家在全球范围进行相关研究。不少国家和地区采用双语路牌和店名等手段来鼓励人们使用地方语言。此外教科文组织收集的大量挽救濒危语言的案例资料也是可供参考的珍贵资源。

云南是中国少数民族密集的一个省份。2018年我曾带联合国的一个团去云南访问。我们去了纳西人居住地，纳西族人使用的东巴语和象形文字给我们留下了深刻的印象。但现在这种文字的使用人数不断减少，也存在逐渐消亡的危险。2021年4月20日联合国中文日的主场活动之一是"语言课／讲座：神秘的东巴象形文”。我们邀请了东巴文化传承人、纳西学研究者等共同开展东巴文教学，并通过模拟情景对话让观众学习游览丽江时可能用到的常用语，这也是对宣传少数民族语言、保护少数民族语言所作的一个努力。

保护和拯救语言就是保护和拯救世界。挽救濒危语言不只是政府和专家的事。学校、组织、企业、机构和个人都有责任，都可以和应该参与。我们常常用“时不我待”来描写急迫性，但对于挽救濒危语言来说，“时不我待”已经不能充分表达我们所面临的紧迫性。不少语言危在旦夕，在我们面前消亡濒绝，我们必须从政府和民间特别是从每个人做起，想方设法让人类祖先留给我们的最宝贵的文化遗产——各种语言长存于世，让濒危语言涅槃重生，获得新的生命力。

文化人类学与美洲非物质文化遗产传承

[美] 王海龙
(美国人类学学会会员、人类学学者)

一

美洲是一座世界非物质文化遗产存储的宝库。它有着丰厚独特的文化传统,这种传统保存了上万年。自16世纪地理大发现后,欧洲列强竞相在美洲开拓海外市场并渐次实行扩张和殖民活动。这些活动无疑破坏了当地原住民文化的发展。

19世纪后,随着美利坚合众国的建立及欧洲势力在美洲竞争尘埃落定,文化保护问题被提到了议事日程。由于这里有着众多的民族和各类不同文化,美国堪称世界多元文化的大熔炉。因此,在保存人类文化遗产方面,它比世界其他地区先行了一步。从欧洲中心主义到今天强调文化平等和多元文化共融政策,美国文化的发展和完善对世界其他地区有着积极的借鉴意义。在这种发展过程中,它对非物质文化遗产的保护、重视和传承的理念起到了重要作用。本文拟提纲挈领地探讨一下这种理念建立和发展的主要脉络及过程。

美洲原住民在这块土地上生长了数万年,地理大发现改写了他们的命运。欧洲在海外扩张和殖民缘此开始,它先以小规模和探险形式发展,其后渐渐成了其帝国殖民主义的主流。18世纪始,出现了文人猎奇性描写海外世界的小说,如笛福《鲁滨逊漂流记》、普雷沃神父《曼侬·雷斯戈》、夏多布里昂的《阿达拉·勒内》和莫泊桑《我的叔叔于勒》等小说都描写过美洲故事和"高贵的野蛮人"主题,这些通俗浪漫文学作品曾为奔赴美洲探险推波助澜。欧洲人用殖民手段改写美洲历史,但在占据这片土地后却发现了它的历史血脉跟其过往不能分割。不管从政治角度还是在经济和文化上,人为地割断这块土地的传统就等于自杀。于是,保留非物质文化遗产的重要性在此时就被真正提上了议事日程。

彼时的政府和统治者能够认真对待并贯彻保护美洲本土文化而且重视文化调查和传承的理念应该归功于当时文化人类学者的呼吁和努力。文化人类学源自古代欧洲对不同民族文化和对人类文明起源的研究。文艺复兴以后,随着科学大发现,人类学也伴随物质文明的研究对考古学、生物学等进行整合考量,拓展了对人类种族、体质测量以及进化等内容的研究,此学科遂蔚为壮观成了显学。而欧洲殖民者对美洲大地印第安人文化实行镇压和封锁政策。百多年来,很多本土原始部族和文化被压迫且销蚀殆尽,大量已传承了上万年的印第安文明在逐渐灭绝。其时有良知的知识分子和文化人类学者急迫地提出要进行"文化救险"(Ethnographic Salvage)的口号。

这种文化救险的目的就是要全力以赴去抢救、记录并保存本土的原生态文化,继承并研究它的传统,保存并锁定文化之根。当然,这里的一个主要内涵就是在保留本土文化和物质文明的基础上，抢救性地研究并保存美洲的非物质文化遗产。

二

由于欧美殖民文化的摧残，美洲本土文化在迅速被摧毁甚至灭绝。那时印第安部落和文明几乎每日每时都在消逝。其种族、语言、宗教、传统、民俗、仪式、艺术、劳动技能乃至工艺传承等都在湮灭。

此刻美洲的文化人类学家率先组成文化探险队深入到深山、沙漠、热带雨林等人迹罕至的印第安部族去做实地考察和田野工作。他们往往在部落生活多年、一字一句地学会他们的语言（这些语言大都没有文字、没有记录和语法书、词典，而只有随时濒临灭绝的口语），从事记录并保留其文化志。所幸那时恰巧发明了摄影术，这批勇敢的学者们还尽其所能地为我们后人抢救性地忠实记录并保存了大量的这时几乎灭绝了的部族残存的影视资料，俾使我们今天还能得观这些文化遗存的痕迹。

除了用笔记录和拍摄影视材料外，人类学家还利用当时刚发明的录音技术保留了大量珍贵的本土印第安部落的仪式、庆典、音乐、民谣和歌词等资料，这些也成了见证这些湮灭历史的宝贵证据。此外，当时美国高等学校和文化机构还开始大量培养人类学家和各类专业学者，从语言、文字、文化习俗领域入手培养人才，随后用视觉、听觉、文字等一切可行的手段去抢救性保存印第安部族的文化物质资料；并尽可能地去记录他们的神话传说、宗教礼仪、民俗信仰和工艺、歌谣、绘画雕刻等艺术传承内容。

他们在政策立法、培养人才、贯彻多元文化理念等方面入手，做出了一定的成绩，也有不少教训。这些都值得我们吸收和记取。

首先，美国由国家到地方层面都普遍制定了一系列法律和政策来保护民族文化和各类文明遗产。众所周知，美国是个多民族、文化来源极为复杂的国家。不论是在其人种、文明形态还是宗教信仰、生活方式乃至于传统、民俗、伦理和艺术、价值观取向等诸多方面都有不同来源。因之，宗教、民族和文化传统等问题在这里极为敏感，稍有不慎就会引发巨大的政治和社会问题。因此，它力主提倡多元文化、文化平等和尊重不同文化价值观的主张。

美国素以文化大熔炉著称，这个“熔炉”里有各种矿藏，它们出自世界各地和各个种族。首先它必须尊重其各自文化的独立性、自主性和价值观，特别是不应该主观地评价其“优劣”并以这种评判为借口来歧视其他文化。

基于此，现代文化人类学的重镇和策源地纽约哥伦比亚大学人类学家弗朗茨·博厄斯（Franz Boas，1858—1942）提出了著名的文化相对主义（cultural relativism）理论。这种理论反对“我族文化中心主义”（ethnocentrism）观点，它强调尊重不同文化的特点；每个民族文化在其发展过程中自有其生态和意识形态形成的合理性，不同文化间应该互相尊重其相异之处，他主张平等地尊重文化多样性的存在。他的这种理论主张受到了普遍肯定，而这种文化相对主义的理论也奠定了美国人类学研究法则。它对美国文化政策乃至社会立法等都起到了重要的作用。

三

有了这种政策、法律的加持及护航，更兼人类学新理论的支撑，美国提倡多元文化的精神遂深入人心。特别是在当代的人文科学和社会科学界，尊重不同文化价值观、平等对待不同宗教、哲学伦理和文艺、科技等价值领域的提法更是人们的共识。比如说，美国对印第安文化的收集和保留做出了大量工作，但在这方面的教训也不少。我们下面拟以此为例进行一些简单解说。

如前所述，因为历史原因，美国殖民者对印第安文化有过毁灭和残害。其后因为负疚心理和其他因素，他们比较着重对印第安文化的保留和搜集工作，百多年来，在这方面积累了一些经验和教训。

近现代以来，美国比较坚持贯彻实施文化多元政策。在美国，几乎到处可见印第安文化保留的遗迹——其实它们并不仅仅是遗迹，而是印入并渗透到了今天的文化中。以大家熟悉的纽约市为例，这座最现代化的城市里融满了印第安文明的痕迹。这里博物馆林立，几乎每座博物馆都有印第安文化专馆，而且这里拥有着几乎世界上最大的印第安文化储藏库和各类展览。著名的纽约自然史博物馆门前的雕塑就是印第安人和欧洲占领者的共同雕像；纽约城市的市徽也是印第安人和欧洲人共同执掌着曼哈顿图腾标志——虽然纽约现在印第安人口所占极少。尽管这些标识并不代表对印第安民族的真正尊重，但若没有它们的提醒，印第安文化更容易被置诸脑后。

此外，只从名称上看，今日美国地名很多都是印第安语。曼哈顿、马萨诸塞、康涅狄格、迈阿密、阿肯色、南北达科他、夏威夷、尼亚加拉瀑布……名正则言顺。虽然名字、称呼之类看起来是小事，但这里面有这片土地的主人、来源与归属的记忆。

除了名称，整理并保存印第安文化遗产、工艺传承和地方性知识的工作也在努力进行。此外，这里还总结并研究世界各地移民携带来的不同文化传统，并一一予以立法保护；每年固定有大量技术和资金投入来进行相关的保存和教育项目，用以确保这些政策和措施的贯彻和永续。

另一项重要的工作是培养“文化持有者”本土学者和研究家，使他们能用自己本民族的语言来讲述自己的故事。文化人类学理论提倡“价值观超然”(value free)，即既不用既定的成见去解释或褒贬其他文化，也不能用自己的感受去曲解别人的感受。

20世纪中期以后人类学界提出了区分“族内人”(insider)和“外来人”(outsider)不同视角对其思维方式、描写立场和话语表达及影响的见解。从这个理论支点出发，人类学家派克从语音语言学术语“phonemic”和“phonetic”

匹配 insider/outsider 的概念创造了“emic/etic”的描写理论。emic 是文化承担者本身的认知，代表着内部的世界观，是本民族内部知识体系的传承者。而 etic 则表示着外来的、“科学的”观察（scientific observers），它代表着一种用外来者的观念来认知、剖析异己的文化。这种见解当然有可能“隔”或曲解别的民族的文化。但是族内人自己的解释也可能美化或拔高自己的文化。最好的方法应该是 emic 和 etic 的结合。人类学理论在促进这种结合上做了不少工作，而且还一直在为文化保存和文化理解－融合作贡献。

四

除了注意保存和传承，将物质文明物证和非物质文化遗产进行展示并达到教育目的也是美国政府和文化当局比较关注的问题。在这方面，他们先行了一步，为其他地区做出了示范和榜样。

美国在保护传统文化方面做得比较扎实。它几乎有着全世界最多的博物馆、图书馆和展览系统，再加上各级高校自己的博物馆及画廊、陈列室、观摩场馆等，使这里无疑有着全球最多的文化遗产存储。

博物和典藏系统质优量大是它的强项，但也不是没有弱点。美国历史相对较短，欧亚古典文物收集不足，但对美洲原住民和多元文化藏储和研究却堪称完备。

由于欧洲殖民者摧残过原住民文化，他们有一种负疚心理。所以后来对行将灭亡的部落文化进行过抢救性的保存。这种保存有好的一面，但也有不足和教训。

比如说，为了保存这些文化“活化石”，很多探险者和保存者曾经进行了掠夺性的收集和欺骗性攫取。早期有的文化遗产和遗物收集者、文化考古学者强行盗取、买卖甚至走私、偷窃美洲印第安和其他部族的文物获利或将其流向博物馆系统。有关学者指出，有的考古学家和人类学家以及其他部门以保护即将灭亡的文化遗产的名义来强取豪夺获取文物，并将它们运离其部落和社区进行展览。

这些文物包括王冠权杖、钟鼎彝器、珠宝首饰、古物图腾、宗教器皿甚至日常用具和乡土艺术品乃至劳动工具等。更有甚者，甚至将他们的整座宫殿、金字塔、墓葬群和部落生活群体建筑等都搬到了博物馆和展览厅。这对原住民的生活和生态有了极大破坏。

据不完全统计，到 20 世纪 80 年代后期止，美国各级博物馆和其他机构以及私人收藏团体等收存的仅美洲印第安人的墓葬遗骸就有 30 万至 250 万具之多！

除了以不正当的手段攫取以外，饱受诟病的还有这些文物被使用的方式。原始部族文物被运离它们的原生地以后，除了少部分被学术机构留作研究和教育用途外，大部分都被送到了博物馆或展出机构向公众陈设并展示。这种展览后来在印第安部族引起了很大的反响及反对的呼声。

因为这些“展品”很多是他们的圣物、图腾、秘密崇拜和敬奉的物品；更有的是法器、墓葬神圣的祭品祭物。印第安人认为以这类形式向公众展示这些他们的祖先圣物是大不敬，而且这样展示会对他们自己、展览者和参观者都有潜在的伤害性；同时，这样展出也会消减这类神圣崇拜和图腾的神力等。这些，都是美国在文物和非物质文化遗产保存及使用方面的不足之处和值得镜鉴的教训。

美国是个多元文化组成的国家，对不同文明来源的尊重和对文化遗产研究的理论指导至关重要。正因为如此，它在这方面的研究和探讨也相对发达。除了上面提到的美国是个文化大熔炉理论之外，其后这方面影响比较大的理论还有美国文化是个“沙拉钵”的见解。其意指美国并非熔炉，虽然各种文化汇集在这儿，但是它们却并没有熔化为一体而是各美其美保持其原始状态，经过调料的整合而最后变成了另一个完整的新品。

而近年来比较新的理论则更进一步，它认为美国文化的特色既不是熔炉也不是沙拉钵，而是一个由不同经纬线索编织成的“织锦”。它来源不同、材质不一而且颜色各异，但是如果通过一种有机的组合和完整的设计，一定也可以通过完美互动且有机地结合在一起，成为一幅美丽斑斓的织锦挂毯。

这是一个美好而充满创意的文化象征。挂毯中的每一根线都在为织锦贡献力量，但是其中任何一根单独的线都不能变成织锦。织锦是一种文化的合力，它最后水乳交融共同合成大业。这幅文化织锦你中有我我中有你，你离不开我我也离不开你。和则多赢，散则皆败。这既是今日美国文化的现实，也是世界非物质文化保存和发展的前景。希望这个有益的象征可以启迪并鼓舞全球各国在开发、保存世界非物质文化遗产的道路上越走越宽广，取得更大的成就。

其 他

非洲地区的非物质文化遗产保护现状

忻顺康
（中国前外交官联谊会副会长兼秘书长，中国驻津巴布韦、纳米比亚前大使）

非洲有灿烂的历史文化和独特的非物质文化遗产，但近年来，非洲在文化遗产保护中遇到了一系列挑战。除了受到西方强势文化的影响，一些非洲国家的非物质文化遗产保护工作还面临着来自战乱和自然灾害的挑战。例如，由于受到战乱等因素的影响，西非国家马里的民歌、名曲等非物质文化保护工作面临着诸多困难。

虽然一些非洲国家的非物质文化遗产保护存在这样或那样的问题，但人们发现，也有一些非洲国家的非遗保护工作亮点频出，埃塞俄比亚就是其中之一。近年来，埃塞俄比亚成立了文化保护专门协会，而且也是第一个拥有联合国非物质文化遗产项目的非洲国家。

纳米比亚北部的象果节也被列入人类非物质文化遗产名录。象果节每年三四月间在纳米比亚北部举行，为期2—3天，北部的8个奥万博部落（纳米比亚人口最多的民族）聚集到一起，聚会时享受由象果酿制的饮料，当地语称为“奥玛刚勾”。为了准备这个聚会，奥万博男子要雕刻各种器具，而妇女则制作篮子和陶罐，小孩子负责收集果实。果实发酵后制成象果酒。在节日期间，聚集在一起的奥万博人吟唱传统歌曲，朗诵诗歌，以此来传承民族文化。

姆班德或耶路撒勒玛舞姆班德舞蹈是一种在东津巴布韦木瑞瓦和乌宗巴－马兰巴－普风维地区的则祖鲁－绍那人中流行的舞蹈形式。在联合国教科文组织第25届大会上通过了关于民间传统文化保护的建议。不同于其他基于鼓点的东非舞蹈形式，姆班德或耶路撒勒玛舞不依赖复杂的步伐或大量的鼓手。它由一个主鼓手表演，不带任何唱词。舞蹈中蕴含着丰富的物质文化，包括鼓、响板、口哨和服装等。

《保护非物质文化遗产公约》要求保护口头传统和表现形式、表演艺术、社会实践、仪式和节庆活动，有关自然界及宇宙的知识和实践以及传统手工艺等。

因此，在世界文化交融的今天，除了保护好本国文化，保护好非洲国家的非物质文化遗产也有重要意义。

挪威的民族服饰和象征——布纳德

[挪威]海 达
（挪威王国驻上海总领事馆副总领事）

根据挪威国家布纳德与民族服饰研究所（Norwegian National Institute of bunad and Folk Costume）的定义，工业化前的挪威农村农民所穿的衣服是民族服饰。这些服装是传统、外来影响、地方创意、个人品味和与城市不同的农村生活习惯的结果。大约在1850年左右，挪威农村不再广泛使用这些传统服饰了。与此同时，这些民族传统服饰成为城市精英的新的关注对象。20世纪初，浪漫民族主义思想使乡村价值观成为挪威独有而特殊的民族象征，人们对民族传统服饰的兴趣随之增加。正是在这个阶段，布纳德成为挪威民族传统服饰代表。

在20世纪的头几十年里，与古老的民族服饰有或多或少的联系和灵感的大量不同的布纳德被创造出来。今天，布纳德是挪威人在婚礼、洗礼、重要家庭活动、宪法日甚至正式活动中穿的衣服。当着装要求是庆典着装时，也可以穿布纳德。超过一半的挪威人拥有布纳德或民族服装。

今天普遍使用的布纳德，尤其是它与仪式活动建立的联系，使得穿布纳德的行为成为一种既保持传统又不断改变挪威人对布纳德所代表的文化知识的方式。穿布纳德只是布纳德非物质文化的一个方面——制作布纳德是另一个方面。

挪威人在特殊场合穿布纳德。最常见的是在公共庆祝活动中穿，如5月17日国庆节，身穿布纳德的人们在街上游行庆祝。其他家庭庆祝活动，如婚礼、基督教的坚信礼、洗礼甚至葬礼。女人、男人和儿童都穿布纳德，其中女人最常穿。一套完整的布纳德服饰符合正式场合服装的要求，因此适合在代表挪威出访外国时穿着。

现今，布纳德有五种类型：代表民族服饰发展的最后阶段的布纳德；根据一种已经过时的民族服饰制作的布纳德；根据保存下来的旧的民族服饰改造而成的布纳德；根据旧服装中的部分材料制作的布纳德；部分或完全新创造出来的布纳德类型。

挪威至少有450种不同的民族服饰。每个布纳德都由一些用专业技术制造的独立部分组成，它可能是羊毛编织、亚麻、丝绸、针织、刺绣、花边和缎带制作、钩针编织、金银锻造、金银丝装饰、皮革等。此外，还有珠宝、匕首、帽子和鞋子。这些物品中的许多代表着受到失传威胁的古老传统工艺。

（编者注：本文刊发时有删节）

双流共汇:“琥珀之路”与“一带一路”成为文化交流的友谊桥梁

[波兰]爱娃·拉肯
(波兰国际琥珀和珠宝展组委会主席)

一、琥珀之路

从远古时代开始，琥珀就是非常好的装饰品。它易切割、易打磨、易雕刻，用当时的工具就可以做到，并且还有药用价值，也有魔力。这使得琥珀在许多地方都有大量需求，尽管许多地方离琥珀产地非常远。在历史上不同时期，从中石器时代，经过罗马帝国，直到现代，对琥珀的需求不同，但巴尔干海沿岸居住的人们一直在做琥珀交易，在那里琥珀被海浪冲到岸上，因此在岸上聚集了大量琥珀。

人们发现了琥珀制作工场、工具和生产废料，这可以证明这里盛产琥珀。最重要的是，各种功能的琥珀产品和来自远方的琥珀原料，都在这里交易。

4500年以前，鲁索沃（Rzucewo）文化部落新石器时代居民住在格但斯克海湾沿岸，他们搜集并加工了大量的琥珀原料。考古学家们发现，在接下来的2000年里，琥珀交易逐渐覆盖了整个欧洲。大约公元前1600—1500年，琥珀首次出现在希腊迈锡尼，并出现在埃及和美索不达米亚地区。琥珀之路将琥珀从日德兰半岛和巴尔干海，带到地中海和黑海地区。

在罗马帝国时代，大量的琥珀托运到亚得里亚海的阿奎莱亚，在那里琥珀被制作成精致的项链、垂饰、盒子和小雕像。根据老普林尼的记述，那样一座小雕像的价格比奴隶价格还高。人们用琥珀交换武器、钱币、珠宝、玻璃制品和其他装饰品，这类交易的价值是相当高的。在波兰弗罗茨瓦夫附近的帕提尼斯（Partynice），人们发现储藏的琥珀原料以尺寸大小分类，每块大约1500克。位于被罗马人称为蛮族地区（Barbaricum）的许多商业仓库和琥珀加工工场，证明当时那里的琥珀商业贸易范围广且组织良好。

老普林尼描述了在尼禄皇帝时代（公元60年）最著名的琥珀探险队。当时人们使用大量的琥珀制品，即使在用来捉野兽的网上，每个结点也都有琥珀装饰。为了使变化更加丰富，捕兽当天只使用琥珀工具，包括武器。罗马皇帝用琥珀色来描述自己妻子波蓓亚的头发，因此琥珀在当时的罗马女人中也成为一种新时尚。

分析琥珀的考古学家们发现琥珀是文化交流的重要媒介，在人类文明史上只有丝绸之路与之齐名。

二、1989年之后波兰的琥珀贸易发展

波兰是一个中等大小的国家，位于中欧。1989年之后彻底的经济改革，为

琥珀手工艺品打开了新的交易渠道，为商业自由以及国内两大主要资源——银和琥珀——提供了良好的竞争原则，促进商业灵活应对当时的变革和新视野。当时珠宝设计得到发展，银和琥珀珠宝首饰设计成为波兰人独有的专长。

2004年波兰加入欧盟，这也成为重要的激发出口活力的因素，即通过消除关税壁垒使出口增加。

在波兰波美拉尼亚地区，有大约600家工作室和工场。目前的统计数据表明，约有8000人从事琥珀手工艺品工作。其中，小家庭作坊占主导，有大约150家较大的家庭作坊，每家雇用超过10人，只有很少几家公司雇佣超过30人。

三、当代琥珀之路

商业交流的蓬勃发展与1994年成立的AMBERIF琥珀、首饰和珠宝国际博览会和随后的AMBERMART国际琥珀博览会的支持是分不开的。格但斯克市决定成立一个世界琥珀委员会，然后建立了琥珀博物馆和许多旅游设施和温泉浴场。随着时光流逝，格但斯克成了著名的琥珀世界之都。

许多机构、贸易组织、公司和个人的协同合作，同大多数琥珀工匠、设计者和艺术家的伟大创造，吸引了来自全世界的买家。最初主要来自美国和欧盟，但随着时光流逝，买家来自越来越遥远的地方，包括中国、阿拉伯国家和南美洲。

现在，琥珀之路主要通过飞机实现，覆盖全球超过70个国家，使古代维京人、腓尼基商人或罗马探险队才能到达的、被遗忘的琥珀之路得以重生。关于珍贵的琥珀是否被丝绸之路上的商人探险队用鞍袋带去中国的问题，目前还没有一个明确的答案，但不排除这种可能性。基于当地琥珀资源，对琥珀的崇拜和将琥珀用作装饰、护身、宗教和医疗目的是自古以来就有的传统，比如从汉朝到清朝末年，人们就一直用樱桃色缅甸琥珀来制作雄伟壮观的雕塑。

过去十年，随着抚顺当地的琥珀资源的开采，中国琥珀又重新焕发光彩。同时，随着中国人民财富的大量增加，其琥珀贸易也发展到了欧洲、俄罗斯和乌克兰等地。自2008年起，中国买家对琥珀表现出极大的兴趣，他们来到波兰，寻找与中国琥珀不同的风格，定制运用顶级技术和材料规格制作出的珠宝。

在资金和设计方面，中国买家的到来给波兰琥珀工业带来强烈的发展冲击。琥珀原料价格的急剧上升，导致人们需要将琥珀镶嵌在金饰上，并保证购买的真实可靠性。这促进了研究天然琥珀内含物和研究共同术语、琥珀原料研究学的科学家之间的密切合作。

许多波兰艺术家在学习和理解中国这样遥远国度的文化和传统的过程中得到设计灵感，表达自己的感情。

到现在为止的五年时间内，波兰公司在北京、上海和许多其他省份参加贸易展览，包括在中国和波兰文化中心举办的珠宝展览和壮观的时装秀。

在中国、波兰和其他有琥珀矿藏的国家的琥珀交易中，还有许多复杂、经常快速改变的情况，但这又是另一回事了。

琥珀符合“一带一路”概念，因为它是我们地区中国消费者追捧的商品，所以它也可以成为商业交易中平衡中国制造的产品。“一带一路”与“琥珀之路”一起，为沿线人民服务，而只有当中波的双边交流可持续时，它们的发展才可以成为一项共同的事业。

面对城市化的艺术文化变革及其功用

[以色列]阿里·奥菲尔
（以色列耶路撒冷贝扎莱尔艺术与设计学院金银锻造工艺系原主任、教授，
国家艺术设计终身奖获得者）

我出生于1939年第二次世界大战爆发的月份。从孩提时代起，我就一直在关注人类社会在以色列和其他国家（尤其是与我有过直接接触的人群）所经历的过程和变化。在我的艺术研究中，设计这一概念仍然是陌生的。

1980年，我在维也纳的世界工艺理事会上组织并举办了一次专题讨论会，讨论了我们在各自领域中作为创造者的定义：我们是什么？手艺人？优秀的艺术家？设计师？从那以后发生了很多变化。我想谈谈对我来说很重要的两点。

第一，让传统文化与西方世界文化的当前趋势保持一致的动力是什么，以及如何在保持或分离传统价值观的过程中进行探索。作为耶路撒冷贝扎莱尔艺术与设计学院（在此我作为系主任开展学习和教学工作）的教授，我将试图根据这一个人经验来阐明这个话题。

我想谈的第二点是，艺术家、设计师和其他创意人在新时代的贡献是什么，不仅仅在文化领域。首先，当代世界文化的特点是文化之间几乎一致的同一性，但这些文化过去都具有非常独特的特点。这在所有领域几乎都有所反映，如建筑、服装、音乐、烹饪等，主要是由于人们使用了遍及全球的技术来发展生产资料，而这些技术长期以来不再依赖传统的当地技术和技能。此外，由于其他国家的教育和学习所产生的互动影响，世界（旅游业和移民）的易变性以及大量人口迁移到其他国家的工作场所。

这些进程会迫使种族认同消失吗？什么是好的，什么是坏的？人类有可能干预这些过程吗？如果是这样，如何以正确的方式去干预。英语已经成为一种全球通用的语言，就像大多数用西装和领带搭配牛仔裤的男性服装以及女性时尚服装一样。伴随着民族乐队的传统乐器也几乎在世界各地都变成了电子乐器。在艺术、建筑和设计领域最重大的变化是发生在20世纪上半叶的德国包豪斯学派。这一学派在世界的影响力主要体现在建筑领域，这要归功于瑞士的勒·柯布西耶、德国的路德维希·密斯·凡·德·罗、芬兰的阿尔瓦·阿尔托、德国的瓦尔特·格罗皮乌斯和美国的弗兰克·劳埃德·赖特等人的突破性进展。这带来了现代建筑的新福音，从那时起，不同国家所建造的建筑之间几乎没有任何区别。

当代音乐中的另一个全球文化影响是我们所熟悉的英国甲壳虫乐队以及随后的音乐乐队。一方面，这些影响和动荡使世界文化向前迈进了许多，另一方面，人们开始难以区分丰富的跨文化多样性。而已经形成并成型的多代深层文化，由于其高质量而存活下来。进步和质量之间的不和谐，与部落、流行、民族、种族、地理特征完全相反。20世纪70年代初，当我开始担任耶路撒冷贝扎莱尔艺

术与设计学院系主任时，以色列的艺术和设计领域远远落后于西方世界。从那时以后，以色列多年来没有文化基础设施，因为有许多不同文化的移民。

我认为，迫切需要引入西方世界的文化。我邀请的西方一流客座讲师给予了我许多帮助，同时，我所建立的一个关于欧洲国家和美国的讲师和学生交流计划也给予了我许多帮助。回首过去，我感觉到缺乏深入思考，也许对创新的痴迷影响了前进的步伐？我们大多数人倾向于认为，有创造力的人只不过是那些具有绘画、雕塑、写作、戏剧、作曲、舞蹈等一定天赋的人。

但是，大多数创作者都经历过一个学术学习的过程。在这一阶段，他们的学习应与具体技能（主要是思考）的发展保持同步。如何制定一个想法的全程，而不是停留在想法的开端，最重要的是将其用于实践，即实施这一想法。人文学科的理论研究主要是与所研究领域历史保持一致的哲学和社会学，尤其是与其他创作者保持一致的哲学和社会学。因此，有创造力的人首先是具有思考能力的人，他有能力穿过层层障碍，超越地平线来进行深入思考。

从亚里士多德和柏拉图时代起，历代哲学家们就一直在讨论这个问题："什么是艺术？"我们已经习惯听到各种那些冗长而又犹豫不决的解释。最近所出现的观点是，艺术是艺术机构所定义的一切：博物馆、著名的画廊、受人尊敬的期刊。换而言之，只有赋予其艺术标签时，艺术才是艺术。几年前，有人随机问了我一个问题："那么什么是艺术？"不知不觉中，我的答案就出来了：艺术是"什么"和"如何"之间的最终组合。一个只包含 5 个字的短语。从那以后的每一次交流和讲座，我都会询问同样的问题，然后得到仿佛演讲一样的长句回答。当我给出我的回答时，从未有人试图反驳这一答案。我不是哲学家。我如何想出了这一简短且准确的答案？我的结论是：因为我不是一个理论家，我是一个懂得"实践"，而非"关于"的艺术家，也许这就是为什么我可以直击问题核心，而不是在入口处绕圈。在处理跨文化交流问题时，为了明智地工作，我们难道不应该借鉴过去的经验吗？

至于第二个问题：具有创意的人在变化过程中的地位是什么，这不仅是因为需要有创意的人来促进科学发展，而且也是为了防止人文学科价值不等同。工程科学和技术的不同领域正在推出文学、历史、哲学等职业，而在我们生活中，人们通常认为这些职业生产力较低。越来越多的科学家和技术人员的工作常常受到经济考虑的驱动，而思想和精神上的需要越来越少。文化人不应该是照亮人类在人道主义、人权和社会进步道路上的灯塔吗？媒体脱离其独立状态，互相咕哝。美术音乐与电影制作，舞蹈、雕塑与绘画，工艺、艺术与设计，哲学与科学共生，这些都能促进性能技巧，比如 3D 打印、计算机设计规划与执行、激光。

文化不仅成为娱乐和消遣，而且越来越成为人类的监督者。我们所面临的问题是：如何利用艺术和设计学校毕业生这一庞大人力资源，他们在社会上找不到自己的位置，因为他们无法通过所学专业来谋生。只要人们将文化视为一种快乐的奖励，而不是一种必需品。本次会议所提出的倡议可以促进全球文化交流力量的整合，同时努力改变文化形象，使其走在科技的前列，而不是像如今所表达的那样遥远。

一个可怜的农民被问道：“如果你有两个硬币，你会怎么做？”他回答说：“一个买面包，另一个买花。”人们问他：“如果你没有东西吃，那你为什么要买花？”他回答说：“如果我没有花，吃还有什么意义？”我们生活在一个金钱至上的现实社会之中，牺牲了保护全球，牺牲了人类和人权。这次会议是否会集思广益来讨论如何通过提高认识、幼儿教育，而不仅仅是学术教育和资源分配，然后从其所处位置来努力提高文化价值。很明显，在世界正处于这种健康危机的时候，人们目前不会优先考虑这些问题。我们现在的工作不是播种吗？发展想法？去计划？为未来作准备？这个过程确实需要时间。如果时机成熟，那么为了我们的未来，尤其是我们子孙后代的未来，我们将不会错过作出如此重要和必要行动的这一机会。

巴基斯坦的文化遗产及其在古代丝绸之路的变革

[巴基斯坦]伊尔凡·奇马
(巴基斯坦古典现实主义画家)

巴基斯坦艺术、音乐和手工艺历史悠久，可以追溯到史前的洞穴和哈拉帕文明，它迂回曲折，历经帝国和王朝的兴衰，也历经了征服者和被征服者之间的斗争。雅利安人、波斯人、希腊人、中亚人、阿拉伯人、伊朗人、蒙古人、阿富汗人和欧洲人都曾到访和统治过巴基斯坦，并遗留下各自的文化印迹和通过多样的色彩、图案和主题来赞美的遗产。可以说，世界上没有其他地方可以在工匠的作品中找到如此相互冲突却又如此相互一致的创意和理念。

这些不同的表达方式一直在发展，持续到了今天。我想和大家分享一些传统艺术和工艺品的范例，这些艺术与工艺品与巴基斯坦的文化遗产密切相关，是工匠通过师承和口授代代相传的。你在这里看到的三个类别是釉面瓷、细密画和书法。同时，我也将与大家分享，在成功融合这些传统，并通过其自身的艺术实践发展这些传统 的过程中，巴基斯坦当代艺术家所发挥的作用。

釉面瓷作品

最早的陶瓷碎片是在旁遮普省木尔坦市一个 9 世纪的堡垒中发现的。考古学家认为，这种艺术是由工匠随着 8 世纪最早的阿拉伯征服者引进到这一地区的。这种在褐土和陶器上手绘的艺术被称为“Kashi-Gari”。也有人认为它起源于伊朗的卡尚市和中国的喀什。最常见的图案是带有花卉树篱和边饰的阿拉伯式花纹。这种技艺至今仍然存在，许多当代艺术家都试图在自己的作品中仿效。

细密画

莫卧尔细密画发展于 16—18 世纪莫卧尔帝国的宫廷。它起源于伊朗，受中国的影响也非常深远，但在皇家的资助下，莫卧尔细密画发展到了独特且非凡的水平。这种艺术形式最为广泛地应用于书籍插图、活动、个体和自然的文献记录。其特点是大胆和丰富的用色、精致的细节，使用的是单毛刷和不透明颜料。莫卧尔细密画画家是宫廷的重要成员，被称为“乌斯塔德”或大师。

书法

波斯、阿拉伯和乌尔都书法是巴基斯坦最受欢迎的艺术形式之一，人们认为会写书法是一种美德，也许所有的家庭都会用宗教经文或诗歌书法来装饰房间。人们普遍认为，书法是自 8 世纪开始由阿拉伯人和波斯人带来的，并在几个世纪中不断演变和发展，在 1947 年之后，巴基斯坦的艺术家对其进行了进一步的实验研究。

所有这些工艺和艺术形式都是受古丝绸之路沿线文化合作的影响发展起来的。今天，作为“一带一路”倡议的一部分，我们正在见证不同区域之间发展路线的融合。我们可以想象，这些商业通道也将是艺术家和工匠的必经之路。我希望文化机构能够积极跨越国界，设计合作项目，塑造新的文化复兴。

（编者注：本文刊发时有删节）

附录：

第一至十届国际（上海）非物质文化遗产保护论坛嘉宾索引

第一届（2013年）

厉无畏（第十一届全国政协副主席）
《加强创意创新，创造“非遗”保护新局面》
八田诚治（日本京都市传统产业交流馆专务理事）
《记录千年风景——日本京都市保护传统产业的实践和记录》
三田康明（日本京都府商工劳动部理事、公益财团法人京都产业21专务理事）
《京都工艺品的全球化和全球化的京都工艺品——不易实现的愿望》
三代浅藏五十吉（日本美术展评审员）
《还非物质文化遗产应有的艺术地位——日本美术展在保护非物质文化遗产和传统工艺方面的做法》
野田雄一（日本富山县玻璃博物馆馆长、教授）
《积极壮大传承无形文化财的有生力量——日本富山县培养年轻艺术家的做法和经验》
金镇坤（韩国上海文化院院长兼文化领事）
《韩国驻上海文化院在增进中日韩文化交流中的角色》
赵炳敦（韩国京畿道利川市政府市长、联合国教科文组织韩国委员会教育小组委员）
《利川陶瓷披上“设计”的外衣》
朴 贤（韩国陶瓷文化协会副会长）
《雨滋云润树成荫——加强中、韩文化交流给我的收获》
高春明（上海市非物质文化遗产保护中心常务副主任、研究员）
《上海非物质文化遗产生产性保护的探索和实践——以传统美术、手工技艺为例》

第二届（2014年）

厉无畏（第十一届全国政协副主席）
《培养优秀的工艺文化传承人是中、日、韩面临的共同课题》
王荣华（第十届上海市政协副主席）
《依托中、日、韩艺术展交流平台，积极推进中、日、韩年轻工艺传承人队伍建设》
高春明（上海市非物质文化遗产保护中心常务副主任、研究员）
《大数据时代的非物质文化遗产保护》
三田康明（日本国京都府商工劳动部理事、公益财团法人京都产业21专务理事）
《日本“老字号”的生存之道——“不变·流行”的商业模式》
丁奎浩（韩国清州国际工艺双年展干事长）
《节庆方式是传承传统工艺的有效途径——以韩国清州国际工艺双年展为例》

翁纪军（上海工艺美术职业学院时尚与工艺学院院长、教授）
《专业院校是培养工艺美术生力军的摇篮——以漆艺教学为例》
野田雄一（日本首家公立玻璃博物馆——日本国富山县玻璃博物馆馆长、教授）
《打造青年艺术星空——富山玻璃博物馆培养年轻艺术家的经验做法》
金荣祚（韩国忠清北道非物质文化遗产技能保存会会长、重要非物质文化遗产传承人）
《做精做专是传统工艺传承的前提——以韩国烙画技艺传承为例》
姚 诞（上海工艺美术职业学院工艺美术研究中心副主任、副教授）
《上海工艺美术职业学院：启动中的工艺美术高端人才培养计划》
吴艺华（著名旅日设计师、日本平面设计师协会会长代表）
《跨越国界——兼收并吸不同文化是年轻艺术家成才的捷径》

第三届（2015 年）

厉无畏（第十一届全国政协副主席）
《活态传承——传统非遗的当下传承方式》
王荣华（第十届上海市政协副主席）
《取长补短，共同推动传统非遗的全面创新》
刘魁立（中国社会科学院荣誉学部委员、中国民俗学会荣誉会长）
《非物质文化遗产名录：提倡“契约精神”、彰显“公产意识”》
姜鸣（上海工艺美术职业学院院长）
《传道授艺，当仁不让》
欧阳景（景德镇陶瓷协会秘书长）
《传承与创新 千年窑火不断》
樋口理央（日本国驻上海总领事馆文化领事）
《日本文化财和无形文化财的保护》
今井政之（日本国文化功劳者、艺术院会员）
《日本文化奖励制度与传统工艺保护——以丰山窑的传承为例》
田原義宣（日本国天龙寺宝严院、弘源寺住持）
《日本庙宇在传承文化中的独特作用——以天龙寺宝严院、弘源寺为例》
三田康明（日本国京都府国际交流中心主任）
《让传统艺术走进时尚世界——京都府在星级酒店推广传统文化的做法与案例》
越智裕二郎（日本国兵库县西宫大谷纪念美术馆馆长）
《日本博物馆、美术馆保护传统文化的方法与成效》
金镇坤（韩国驻上海总领事馆文化领事兼文化院院长）
《韩国政府通过文化提高国家形象现状——以国际文化交流合作与海外韩国文化院为中心》
朴 贤（韩国文化精品馆馆长）
《传统艺术是高品质社会的精神食粮》
梁兴植（东国大学哲学博士、茶文化思想研究院院长）
《在融合中传承——以韩国佛教艺术为例》

朴钟勋（韩国檀国大学教授、韩国传承工艺大展评审委员会委员）
《无形文化财传承要与时俱进——以青瓷的传承为例》

第四届（2016年）

厉无畏（第十一届全国政协副主席）
《生产性保护是非遗发展的新方向》
王荣华（第十届上海市政协副主席）
《坚守坚持活态传承 非遗创新焕光出彩》
杨志刚（上海博物馆馆长）
《博物馆在非遗保护中的作用和功能》
三田康明（日本京都府国际交流中心主任）
《传统工艺与“使用美”——与他人分享喜悦的文化之快乐》
金永才（韩国国立民俗博物馆学艺员、博士）
《韩国无形文化财制度的昨天与今天——从文化财保护法到无形文化财法的变化》
马丁·西姆萨（捷克国立民俗文化研究院院长）
《联合国保护非物质文化遗产公约在捷克共和国的实施情况》
蔡丰明（上海社会科学院民俗与非物质文化遗产研究中心常务副主任、上海市非物质文化遗产保护专家委员会专家）
《让非遗融入现实生活——论非遗在当代社会中的应用性取向》
森野彰人（日本京都市立艺术大学工艺科陶艺副教授）
《日本大学在陶艺技术传承方面的做法和经验——以京都市立艺术大学为例》
朴相润（韩国全罗北道客座教授、世界韩人贸易协会上海支会理事长）
《韩国社会组织在无形文化财保护方面的作用》
朴锦淑（韩国韩纸人形研究所所长、全州大学文化产业研究生院教授）
《韩国工艺无形文化财传承人的培养经验——以韩纸工艺传承为例》
许思豪（上海笔墨博物馆馆长）
《曹素功——三百多年的追求》
程向君（清华大学美术学院漆艺专业负责人）
《继承与创新是漆艺专业发展的立足之本》
金江波（上海大学美术学院院长助理、博士）
《高校开发非遗文创的优势与不足》
章莉莉（上海大学美术学院副教授）
《高校非遗教育的跨界融合创新模式》
周 南（上海工艺美术学会副会长）
《追寻·绽放——上海工艺美术在发展中求新求变》
大樋年雄（日本第十一代大樋长左卫门、金泽工艺美术协会副理事长）
《百年匠艺——日本工艺传承的长寿之谜》
原 智（日本金泽美术工艺大学工艺科金工教授）
《日本大学在金工技术传承方面的做法和经验——以金泽美术工艺大学为例》

张　凡（中央美术学院首饰专业负责人）
《融古铸新——中国古代首饰工艺的当代创新思考》
关东海（清华大学美术学院玻璃专业负责人）
《探索艺术设计语言是当代玻璃艺术发展的重要课题》
李富德（韩国群长大学理事长、教授）
《韩国高校在非遗传承过程中的做法和经验》
闵　杰（上海视觉艺术学院客座副教授）
《校企合作开新路——以上海视觉艺术学院德稻大师工作室建设为例》

第五届（2017 年）

默罕默德·苏丹（埃及亚历山大省省长）
《亚历山大省非物质文化遗产保护现状》
常沙娜（第九届全国人大常委、中国美术家协会原副主席、原中央工艺美术学院院长、国家非物质文化遗产保护工作专家委员会委员）
《从工艺美术角度谈文化遗产的保护与传承——以敦煌壁画装饰艺术传承应用为例》
马盛德（中国文化部非物质文化遗产司原巡视员、国家非物质文化遗产保护工作专家委员会委员）
《中国非物质文化遗产保护的探索与实践》
刘魁立（中国民俗学会名誉理事长、中国社会科学院荣誉学部委员、国家非物质文化遗产保护工作专家委员会副主任）
《关于非物质文化遗产传承人和传承人群》
王　战（上海社会科学院院长）
《非物质文化遗产：打开一扇民心相通的窗扉》
姜敬焕（韩国国立无形遗产院院长）
《自 2003 年采纳联合国教科文组织〈保护非物质文化遗产公约〉以来韩国政府在非遗保护方面的实践与影响》
白　刚（丝绸之路研究院顾问、中日人文交流研究中心理事长）
《加强一带一路沿线国家非物质文化遗产保护的交流与合作》
艾斯特·克桑卡·塔卡斯科（匈牙利露天博物馆非物质文化遗产理事长、联合国教科文组织匈牙利全国委员会非物质文化遗产专家委员会主席）
《匈牙利履行联合国〈保护非物质文化遗产公约〉的情况说明》
达纳·克鲁卡洛伐（斯洛伐克国立传统文化产业中心主任）
《传统手工艺是非物质文化遗产保护的重要组成部分》
羽田登（日本京都工艺作家协会理事长）
《日本非遗保护的独特制度——人间国宝与艺术院会员》
马丁·赛克（捷克国立民俗研究院代表）
《捷克共和国履行联合国〈保护非物质文化遗产公约〉的情况说明》
永乐善五郎（日本永乐烧（陶瓷）第十七代传人、京都市立艺术大学特聘教授）
《百年工艺的传承方法与路径——以永乐陶瓷为例》

蔡丰明（上海社会科学院文化研究室主任、《上海市非物质文化遗产保护条例》起草专家）
《加强非遗理论研究，为实际工作提供引领》
宏泰·安吉拉·艾斯特（匈牙利国立遗产中心市场规划部主管）
《活着的传统——匈牙利国立遗产中心在非遗传承方面的作用》
衣福成（北京工艺美术行业协会副会长、北京市珐琅厂有限公司董事长）
《传统技艺是特殊的民族符号——从景泰蓝技艺看民族符号》
赖庆国（国家级非物质文化遗产项目代表性传承人、中国工艺美术大师）
《中国当代多民族融合环境下的非遗保护现状（云南篇）》
李仁镇（韩国弘益大学陶瓷与玻璃艺术教授、韩国陶艺双年展总策展人）
《韩国无釉烧制的历史与作品》
原 智（日本金泽美术工艺大学工艺科金工教授）
《非遗的校园教育——以金泽工艺美术大学的工艺教育为例》
乌利·艾格纳（奥地利艺术家代表）
《陶瓷艺术在欧洲的传承——以“百万陶瓷项目”为例》
葛摩·伊什特万（匈牙利若尔瑙伊遗产管理处副主任）
《若尔瑙伊文化区——重振老工业基地，塑造若尔瑙伊品牌新形象》
赵丕成（上海工艺美术大师、教授、上海市非物质文化遗产项目（海派玉雕）代表性传承人）
《一条工艺曲线穿越古今，融贯东西——海派玉雕传承点滴》

第六届（2018年）

王荣华（第十届上海市政协副主席）
《加强一带一路非遗保护研究，促进民心相通》
尼 冰（上海市文化广播影视管理局副局长）
《努力做好新时代具有上海特色的非物质文化遗产保护传承》
忻顺康（中国前外交官联谊会副会长兼秘书长，中国驻津巴布韦、纳米比亚前大使）
《非洲地区的非物质文化遗产保护现状》
赵显重（韩国国立无形遗产院院长）
《韩国非物质文化遗产保护的创新经验》
阿卜杜勒·阿齐兹·哈萨尼·穆罕默德·康索瓦（埃及亚历山大大学副校长）
《亚历山大大学在非物质文化遗产保护方面的作用》
梅迪·塔米齐（伊朗伊斯法罕现代艺术博物馆馆长）
《伊斯法罕在丝绸之路文化传承上的角色回顾及展望》
伊琳娜·阿基莫娃（乌克兰国会原议员、乌克兰女性艺术家研究会会长）
《乌克兰女性绘画的传承与创新》
哈立德·拉乌夫（埃及亚历山大希腊文化研究基金会副会长）
《亚历山大的非物质文化遗产保护现状》

木崎馨山（日本重要文化遗产那谷寺第十六代住持）
《日本寺庙在文化遗产传承方面的特殊作用——以那谷寺为例》
爱娃·拉肯（波兰国际琥珀和珠宝展组委会主席）
《双流共汇：“琥珀之路”与“一带一路”成为文化交流的友谊桥梁》
大樋年雄（日本第十一代大樋长左卫门、著名陶艺家）
《日本文化遗产的家族式传承——以大樋烧为例》
徐卫兵（福建省南平市建阳区文化体育新闻出版局局长）
《千年建盏的当代传承和创新》
奥列格·平丘克（乌克兰文化部顾问、基辅当代艺术中心主任、著名雕塑家）
《乌克兰雕塑的过去、现在与未来》
八杉和男（日本七宝作家协会会长）
《日本七宝烧的传承路径与创新方法》
陈岸瑛（清华大学美术学院艺术史论系主任）
《断裂与重建：从传统工艺界的仿古风谈起》
莱纳·哈比卜（埃及亚历山大大学对外阿拉伯语系主任）
《非物质文化遗产保护——以阿拉伯语为例》
柯　玲（东华大学服装与艺术设计学院教授、非物质文化遗产教育研究中心主任）
《浅谈传统再造的范型与非遗保护的民生路径》
斯坦尼斯拉夫·多罗金（乌克兰著名珠宝设计师、瑞士巴塞尔世界设计大赛金奖得主）
《乌克兰珠宝设计的创新现状》
原　智（日本金泽美术工艺大学工艺科金工教授）
《日本非遗传承项目——金泽传统文化保护项目“百工比照”的介绍》
玛利亚·科申科娃（俄罗斯艺术家代表、国际著名玻璃艺术家）
《创新技术在玻璃艺术中的应用——以欧洲为例》
保罗·贝克特（英国艺术家代表、国际知名钟表艺术家）
《浅谈英国传统工艺设计的创新思维》
藤原信幸（东京艺术大学研究生院美术学院副院长、玻璃造型研究室主任）
《日本玻璃工艺的传承路径和创新方法》
陈水琴（中国工艺美术大师、中国工艺美术大师评审委员会专家）
《从杭州刺绣看非遗传承的特点》
张　凡（中央美术学院首饰专业教师、英国珠宝历史学会会员）
《传统与时尚的雅俗互见》
姜　弋（上海工艺美术职业学院手工艺学院教师）
《自然生长——另一种非遗保护的方式》

第七届（2019 年）

王　玮（上海市文化和旅游局巡视员）
《加强非遗保护经验的国际交流，创造“一带一路”非遗保护新局面》

拉多斯拉夫·瑞盖吉（斯洛伐克文化部文化遗产司司长）
《斯洛伐克〈保护非物质文化遗产公约〉的执行情况》
刘超英（北京博物馆学会理事长）
《博物馆在非物质文化遗产保护中的作用——以北京部分博物馆为例》
莎芭·沙迪克（埃及国家博物馆馆长）
《埃及国家博物馆在传承和保护埃及非遗文化方面的作用》
朴相国（韩国文化遗产研究院院长）
《韩国无形文化财保护的现状》
夏 萍（上海市文化艺术档案馆馆长）
《利用馆藏资源 助力非遗传承——上海市文化艺术档案馆传承非遗文化的实践》
羽田登（日本京都工艺美术作家协会理事长）
《日本友禅艺术的传承概述》
陈秀梅（福建省艺术馆馆长、省非遗保护中心主任）
《创新是非遗传承永久的源动力——中国农民漆画的创新性实践》
田原義宣（世界文化遗产地、日本天龙寺宗务总长）
《日本文化遗产保护的现状及面临的挑战》
金景浩（韩国写经协会创会会长）
《作为韩国无形文化财的写经艺术特色》
小桥川顺市（日本冲绳县工业产业协动中心理事长）
《冲绳县工艺品的保护措施及成效》
王海龙（美国人类学学会会员、哥伦比亚大学人类学专家）
《从人类学角度看非物质文化遗产保护的重要意义》
钟连盛（中国工艺美术大师）
《从景泰蓝的传承看传统技艺的创新魅力》
潘尤龙（福州大学非物质文化遗产研究中心主任、教授）
《福建工艺美术产业和工艺特色》
原 智（日本金泽美术工艺大学工艺科金工教授）
《追求极致的“器用之美”——日本金属工艺传承概述》
陈岸瑛（清华大学美术学院艺术史论系主任）
《年画何以复兴》
侯赛因·博海（伊朗“一带一路”基金会主席）
《源远流长的波斯文明——伊朗非物质文化遗产保护经验》
梅迪·塔米齐（伊斯法罕现代艺术博物馆馆长）
《秘密花园——探讨伊朗绘画与中国国画中“花鸟”的共性》
塔基韦迪（伊朗细密画艺术家）
《丝绸之路上的细密画艺术渊源》
楼庄东（首都京胡艺术研究会理事、京胡收藏家）
《为世界非遗“京剧”传承汇聚“物证”——我的京胡收藏心路历程》
崔成在（韩国传统文化大学传统美术工艺系教授及研究生院院长）

《韩国粉青沙器的现代传承》

张贤淑（韩国传统文化大学传统工艺美术学科副教授）

《韩国七宝工艺的传承与运用》

张 凡（中央美术学院教师、首饰艺术设计师）

《采金为丝 嵌玉缀翠——中国古代细金工艺的古与今》

赵丕成（上海工艺美术大师、教授、上海市非物质文化遗产项目（海派玉雕）代表性传承人）

《玉见敦煌》

小组讨论：《千年古都——京都的非物质文化遗产（无形文化财）传承经验》

今井真正（日本京都工艺美术作家协会副理事长、广岛市立大学非常勤讲师）

永乐善五郎（日本京都工艺美术作家协会副理事长·千家十职）

今井裕之（日本京都工艺美术作家协会理事）

羽田登喜（日本京都工艺美术作家协会会员）

日下部雅生（日本京都工艺美术作家协会理事、京都市立艺术大学教授）

西川胜（日本京都工艺美术作家协会会员）

武田直之（日本京都工艺美术作家协会会员）

第八届（2020 年）

马盛德（文化部非物质文化遗产司原巡视员、国家非物质文化遗产保护工作专家委员会委员）

《中国少数民族非物质文化遗产保护现状》

莫哈麦德·埃迪（伊朗伊斯兰共和国内政文化部副部长、伊斯法罕副市长）

《从伊朗非物质文化遗产佛陀神话的演绎看丝路交流的意义》

朱 兵（中国全国人大教科文卫委员会文化室原主任）

《中国非物质文化遗产保护立法进程和经验》

郑时龄（中国科学院院士、同济大学教授）

《在城市更新过程中上海对历史建筑的保护》

朴相国（韩国文化遗产研究院院长）

《韩国城市化进程中所面临的非物质文化遗产保护困难及其对策》

布拉尼斯拉夫·帕尼斯（斯洛伐克国家博物馆馆长）

《斯洛伐克文化遗产的保护及国家博物馆的角色》

艾哈迈德·阿卜杜·阿齐兹·穆斯塔法·艾哈迈德（埃及驻上海总领事）

《魅力世界：古埃及文化遗产》

伊凡娜·瓦拉·玛格托娃（斯洛伐克驻上海总领馆总领事）

《多瑙河上的宝库——斯洛伐克非物质文化遗产概况》

戴 宁（印尼驻上海总领事馆总领事）

《海上丝绸之路的友谊——印尼与中国文化交流的历史回顾及未来展望》

雷扎·达比内贾德（伊朗马利克国家博物馆和图书馆馆长）

《从跨学科的角度看丝绸之路的意义》

陈勤建（中国民俗学会副理事长、国家非物质文化遗产保护工作委员会委员）
《当今中国非物质文化遗产保护中学者的担当》
谭 那（土耳其伊斯坦布尔文化和艺术基金会主席）
《保护非物质文化遗产公约：土耳其的经验》
辛莉薇（匈牙利驻上海总领事馆文化领事）
《传统与遗产的魅力——探索匈牙利传统民俗服饰的色彩美》
杨光辉（复旦大学图书馆副馆长、博士生导师）
《非遗传承与科学保护——复旦大学中华古籍保护研究院／文物保护创新研究院的尝试与探索》
梅迪・塔米齐（伊朗伊斯法罕现代艺术博物馆馆长）
《丝路遗产的特殊价值——沟通功能》
大樋年雄（十一代大樋长左卫门、日本著名陶艺家）
《工坊传承是无形文化财保存的重要力量——以大樋烧为例》
侯赛因・博海（伊朗“一带一路”基金会主席）
《丝绸之路：一种有生命力的交流方式》
潘尤龙（福建省雕塑学会会长、福州大学非遗保护中心主任）
《“活态传承”——闽南传统工艺传承的源泉》
渡边敬一郎（日本爱知县常滑烧协会理事长）
《在继承传统中不断创新——日本传统工艺“常滑烧”的发展之路》
阿里・奥菲尔（以色列耶路撒冷贝扎莱尔艺术与设计学院金银锻造工艺系原主任、教授，国家艺术设计终身奖获得者）
《面对城市化的艺术文化变革及其功用》
九代长江惣吉（日本陶艺家）
《从中国到日本——中国建盏曜变在日本的传承》
王海龙（美国人类学学会会员、人类学学者）
《文化人类学与美洲非物质文化遗产传承》
崔成在（韩国传统文化大学传统美术工艺系教授及研究生院院长）
《韩国粉青沙器的现代传承》
原 智（日本金泽工艺美院大学教授）
《日本金属手工艺的传承情况概述》
阿尔瓦罗・达扎（哥伦比亚画家、雕塑家）
《哥伦比亚非遗艺术现况简述》
李仁镇（韩国弘益大学教授、陶艺家）
《作为韩国无形文化财陶艺的传承情况——以“五父子瓮器”为中心》
李甲栈（中国传统工艺美术大师）
《国家非物质文化遗产德化陶瓷的传承和发展》

第九届（2021 年）

朱 兵（全国人大教科文卫委员会文化室原主任）

《中国非遗立法对非遗保护事业的推动成效回顾》
马盛德（文化部非物质文化遗产司原巡视员、国家非物质文化遗产保护工作专家委员会委员）
《中国非遗保护 20 年》
切汀·阿卡尔（土耳其文化和旅游部欧盟和国际关系司副司长）
《联合国教科文组织土耳其非物质文化遗产清单——活态文化珍宝》
邱春林（中国艺术研究院工艺美术研究所所长、博士生导师）
《非物质文化遗产保护工作如何推进社会进步》
何　勇（联合国语言部中文组原组长、联合国秘书长奖获得者）
《保护和拯救语言就是保护和拯救世界》
罗克萨娜·阿马里拉（世界工艺协会拉丁美洲理事会副主席）
《多元化大师——阿根廷手工技术和程序的传承》
布拉尼斯拉夫·潘尼斯（斯洛伐克国家博物馆馆长）
《关于筹建承载历史文化记忆博物馆的构思》
陆建非（上海师范大学原党委书记、非物质文化遗产传承研究中心主任）
《唤醒非遗，与城市共生共情》
艾哈迈德·阿卜杜拉齐兹·穆斯塔法（埃及驻上海总领事馆前总领事）
莎拉·穆斯塔法（埃及古物学者）
《说“纸”：保存在纸莎草纸上的埃及古代文化》
巴勃罗·奥布雷贡（阿根廷驻上海总领事馆总领事）
《阿根廷联合国非物质文化遗产：探戈、菲勒特彩绘与恰马梅研究》
丹尼尔·克鲁兹·卡德纳斯（哥伦比亚驻上海总领事馆总领事）
《哥伦比亚在非遗实践中的保护与创新》
侯赛因·海德（巴基斯坦驻上海总领事馆总领事）、伊尔凡·奇马（巴基斯坦古典现实主义画家）
《巴基斯坦的文化遗产及其在古代丝绸之路的变革》
戴　宁（印尼驻上海总领事馆总领事）
《千岛之国的文化魅力——谈谈印尼的非物质文化遗产》
陈岸瑛（清华大学美术学院艺术史论系主任）
《艺术与劳动的和解——传统工艺保护中一个亟待解决的难题》
邱志军（福建省美术馆馆长）
《国家非物质文化遗产福州脱胎漆器的历史沿革与工艺研究》
戴　珩（江苏省文化馆馆长、省非物质文化遗产保护中心主任）
《创新非物质文化遗产保护传承机制》
郭　艺（浙江省非物质文化遗产保护中心主任）
《非物质文化遗产合理利用的保护实践》
尤里亚万·达弗里（印尼日惹艺术学院视觉艺术系副系主任）
《印度尼西亚非物质文化遗产的保护》
杨光辉（复旦大学图书馆副馆长、中华古籍保护研究院常务副院长）

《以师带徒 薪火相传——国家级古籍修复技艺传习中心复旦大学传习所人才培养模式谈》
河野元昭（日本东京大学名誉教授）
《美术杂志〈国华〉及其在文化史上的意义》
海 达（挪威驻上海总领事馆副总领事）
《挪威的民族服饰和象征——布纳德》
侯赛因·博海（伊朗“一带一路”基金会主席）
《地毯图案中的波斯和中国元素》
张心一（中国工艺美术大师、国家级非遗传承人）
《非遗的传承保护在于坚守与创新》
今井真正（日本京都工艺美术作家协会副理事长、陶艺家）
《关于精神和技术的传承》
露西拉·加林兹（阿根廷图库曼省文化部工艺领域负责人）
《图库曼的非物质文化遗产——来自埃尔塞尔卡多（蒙特罗斯）的兰达纺织艺术》
俞宏清、廖伏（姚惠芬刺绣研究所）
《刺绣语言的本质表现与当代苏绣的审美建构——以姚惠芬的三大系列刺绣创作为例》
梅拉尼·莫尔科维奇（奥地利驻上海总领事馆文化领事）
《奥地利非物质文化遗产》
玫 瑰（奥地利艺术家、中国美术学院艺术博士）
《我眼中的中国水墨画》
米凯拉·洛维（阿根廷知名音乐家）
《北方内乌肯省的女歌手和合唱团：对阿根廷巴塔哥尼亚北部的音乐的传播、内涵和转型的深思》
斯坦尼斯拉夫·多罗金（乌克兰著名创意首饰艺术家、乌克兰国家艺术家联盟成员）
《当代珠宝艺术传统与创新》
张 凡（中央美术学院副教授）
《悦饰心裁——中国工艺与文人精神》

第十届（2022年）

马盛德（文化部非物质文化遗产司原巡视员、国家非物质文化遗产保护工作专家委员会委员）
《非遗保护的核心理念》
谭 平（中国文物交流中心主任）
《数字化新技术赋能非物质文化遗产活化利用》
杨玉良（中国科学院院士、复旦大学原校长、复旦大学中华古籍保护研究院院长）
《小议中国造纸技术的传播及其影响》
沙芭·阿卜杜勒·拉泽克（埃及国家博物馆馆长）
《通过国际合作保护和推广埃及文化遗产》

婆罗门·南瓦尔·莫特拉加（伊朗国家艺术研究院院长）
《伊朗全国传统艺术传承情况》
陆建非（上海师范大学原党委书记、非物质文化遗产传承研究中心主任）
《数字手段助力非遗进校园及其相对局限性》
唐路恩（阿根廷驻上海总领事馆总领事）
《阿根廷非物质文化遗产的介绍与保护——以民俗音乐和传统手工业为例》
博 岚（匈牙利驻上海总领事馆总领事）
《匈牙利的非物质文化遗产保护新经验》
伊凡娜·瓦拉·玛格托娃（斯洛伐克驻上海总领事馆总领事）
卡米拉·库科娃（斯洛伐克驻上海总领事馆文化领事）
《斯洛伐克——非物质文化遗产的新体验》
陈岸瑛（清华大学美术学院艺术史论系主任、副教授）
《文旅融合：手工艺赋能乡村振兴的新业态》
菲利普·奥吉尔（印尼巴厘岛太平洋博物馆创始人）
《“蔚蓝之舟”——太平洋地区共同文化身份的构建和维护》
吴鹏宏（上海市非遗保护中心主任、上海群众艺术馆馆长）
《重塑非遗生命力——上海特色非遗保护的创新实践》
许 涛（上海工艺美术职业学院党委书记） 唐廷强（上海工艺美术职业学院副院长） 史忠文（上海工艺美术职业学院手工艺术学院副院长）
《国际非遗保护视域下高校工艺美术专业建设的路径探索——以上海工艺美术职业学院为例》
邱志军（福建省美术馆馆长）
《乘物游心——闽学视阈下的福建非遗》
李 锦（四川省非物质文化遗产保护协会专家委员会副主任、四川大学教授）
《中国西南的非物质文化遗产保护现状》
侯赛因·博海（伊朗“一带一路”基金会主席）
《丝路——织物连起的经济和文化之路》
山本达夫（日本京都产业振兴中心主任）
《非物质文化产品的开发：以京都为例》
纳维德·萨利万德（伊朗玻璃陶瓷博物馆馆长）
《从玻璃和陶瓷工艺在伊朗的发展看中伊手工艺的历史交流》
钟连盛（北京市珐琅厂有限责任公司总经理、国家级非物质文化遗产景泰蓝制作技艺传承人、中国工艺美术大师）
《倡导现代设计理念 促进传统技艺创新发展》
今井真正（日本京都工艺美术作家协会副理事长、陶艺家）
《窑烧技艺的当代传承——以日本今井陶艺世家为例》
孟莉慧（墨西哥驻上海总领事馆文化领事）
《美洲非物质文化遗产保护新经验——墨西哥的多元文化路径》
陈海龙（中国工艺美术大师）

《非遗进校园的实践探索》

萧 梅（中国传统音乐学会会长、上海音乐学院音乐学系教授）

《扎根田野调查，助力非遗保护与发展》

原 智（日本金泽美术工艺大学工艺科金工教授）

《工艺之城金泽：日本金泽的工艺和联合国教科文组织创造都市之路》

张力华（上海市青浦博物馆业务研究部主任）

《非物质文化遗产在区域博物馆的陈列和展示——以青浦博物馆为例》

石关桐（曙光医院主任医师、上海中医药大学兼职教授）

《传统中医药的振兴：以非遗石氏伤科为例》

毕旭玲（上海社会科学院文学所民俗与非遗研究室主任）

《一份充满智慧的珍贵文化遗产——重新认知二十四节气》

希克梅特·巴鲁特库吉尔（土耳其湿拓画艺术家）

《世界非物质文化遗产湿拓画的创新与应用》

张 凡（中央美术学院教师、首饰艺术家、设计师）

《元宇宙下的传统工艺与设计师角色》

廖成义（福建省建阳市建窑建盏上海协会首届会长）

《国家级非物质文化遗产建盏烧制技艺的当代传承与创新》

穆斯塔法·埃马里（阿拉伯书法艺术家）

《阿拉伯书法及其特点与它在创造力、灵活性和和谐性方面的独特性》

柯林·安德雷（罗马尼亚艺术家、中国美术学院书法系博士）

《从欧洲审美观察中国书法艺术》

Index: List of guests of 1st-10thInternational (Shanghai) Intangible Cultural Heritage Protection Forums

1st (2013)

Wuwei Li *(The 11th Vice-Chairman of the CPPCC)*
Creativity and Innovation Improved to Build a New Prospect for Intangible Cultural Heritage Protection

Hatta Seiji *(Senior Managing Director of Kyoto Museum of Traditional Crafts)*
Recording the Millenarian Landscape — Kyoto's Practices and Experiences of Protecting Intangible Cultural Heritage and Traditional Crafts

Mita Yasuaki *(Councilman of Department of Kyoto Prefecture Commerce, Industry, Tourism & Labor, Senior Managing Director of Kyoto Industrial Support Organization 21)*
Globalization of Kyoto Artware & Globalization of Kyoto Artware — Aspirations that are hard to Realize

The Third Asakura Isokichi *(Preserver of Japanese Intangible Cultural Property KutaniYaki Judge of Japanese Art Exhibition)*
Return the Deserved Artistic Position of Intangible Cultural Properties (intangible cultural heritage) — Practice of Japanese Art Exhibition on Protecting Intangible Cultural Properties and Traditional Handicraft

Yuichi Noda (Professor & Curator of Toyama City Institute of Glass Art, Japan)
Actively Strengthening the Inheritance of the Intangible Cultural Heritage — Practice and Experience of Cultivating Junior Artists Toyama Prefecture, Japan

Kim Jingon *(President and cultural consul of Korean Cultural Service Shanghai)*
The Role of Korean Cultural Service Shanghai in Promoting Sino-Japanese-South Korean Cultural Exchanges

Cho Byung Don *(Mayor of Icheon City, Korea, a member of the Education Subcommittee, Korean National Commission of UNESCO)*
Ceramic of Icheon Wears The Design — Ceramic Industrial Cluster and Design Project in Icheon

Park Hyun *(Vice Chairman of South Korea Ceramics Cultural Association)*
Rain Grows The Cloud, Moistening The Trees And Creates Shade — Strengthening On The Harvest Given by Sino-Korean Cultural Exchange

Chunming Gao *(Shanghai Intangible Cultural Heritage Protection Center Deputy Managing Director & Researcher)*
The Productive Protection's Exploration and Practice of Shanghai Intangible Cultural Heritage — Traditional Arts, Handicrafts

2nd (2014)

Wuwei Li *(The 11th Vice-Chairman of the CPPCC, President of Shanghai Creative Industry Association)*
To Cultivate Excellent Inheritors of Artcraft is the Common Subject that China, Japan and South Korea are Facing

Ronghua Wang *(Vice-Chairman of the 10th CPPCC Shanghai Committee)*
Taking Full Advantage of the Communication Platform of Chinese-Japanese-South Korean Exhibition to Promote the Cultivation of Young Inheritors of Traditional Artcraft
Chunming Gao *(Shanghai Intangible Cultural Heritage Protection Center Deputy Managing Director & Researcher)*
Intangible Cultural Heritage Protection in the Age of Mega-Data
Mita Yasuaki *(Councilman of Department of Kyoto Prefecture Commerce, Industry,Tourism & Labor, Senior Managing Director of Kyoto Industrial Support Organization 21)*
The Survival of Japan's "Time-honored Brands" — the "Constant, Popular" Business Model
Gyuho Joung *(Cheongju International Craft Biennale Organizing Committee General)*
Manager Cheongju International Craft Biennale, a Festival That is Held Jointly with Citizens
Jijun Weng (Professor and Dean of Fashion and Craft School of Shanghai Art and Design Academy)
Professional School is the Cradle for Art and Crafts Students — Take Teaching of Lacquer as an Example
Yuichi Noda *(Professor & Curator of Toyama City Institute of Glass Art, Japan)*
The Experience and Methods of Toyama City Institute of Glass Art in
Training Young Artists
Youngjo Kim *(Chairman of Chungbuk Intangible Cultural Heritage, an important intangible cultural heritage inheritors)*
Traditional Pyrograh of Korea, the Intangible Cultural Heritage of Chungcheongbukdo
Dan Yao *(Deputy Director of Center of Art and Design Academy at Shanghai Art and Design Academy, Associate Professor)*
Shanghai Art and Design Academy: Arts and Crafts of High-End Talents Training Plan in the Processes
Yihua Wu *(a famous Chinese expat artist in Japan)*
Crossing Borders — Absorbing Different Culture Helps the Growth and Success of Young Artists

3rd (2015)

Wuwei Li *(The 11th Vice-Chairman of the CPPCC, President of Shanghai Creative Industry Association, Famous Expert of Creative Industry)*
Dynamic Inheritance: The Effective Way to Inherit Intangible Cultural Heritage
Ronghua Wang *(Vice-chairman of the 10th CPPCC Shanghai Committee)*
Learn from Each Other and Jointly Promote the Overall Innovation of the Traditional Cultural Heritage
Kuili Liu *(Honorary Member of Chinese Academy of Social Sciences, Honorary President of China Folklore Society)*

Intangible Cultural Heritage List: Developing the Spirit of Contract, Showing the Sense of Public Property

Ming Jiang *(Headmaster of Shanghai Art & Design Academy)*

Just Do My Part in Preaching Truth & Teaching Knowledge

Jing Ouyang *(Secretary-General of Jingdezhen Ceramic Association)*

Inheritance & Innovation: Millennium Kiln Fire Continues

Higuchi Rio (Cultural Consul of Consulate General of Japan in Shanghai)

Protection of Cultural Heritage and Intangible Cultural Heritage in Japan

Imai Masayuki *(Awardee of Order of Culture, Member of Japan Art Academy)*

The System of Culture Encouraging and the Protection of Traditional Crafts in Japan: Take Fengshan Klin for Example

Tahara Gisen *(Abbot Hogonin Temple, Abbot Kogenji Temple)*

The Unique Role Japanese Temples Play in the Cultural Inheritance: Take Hogonin Temple & Kogenji Temple for Example

Mita Yasuaki *(Director of Kyoto International Exchange Center of Japan)*

Let Traditional Art into the Fashion World: The Way How Kyoto Promote Traditional Culture in Star Hotels

Ochi Yujiro *(Curator of Otani Memorial Art Museum, Nishinomiya City, Japan)*

The Ways and Effects of Protecting Traditional Culture in Japanese Museums and Art Galleries

Kim Jingon *(Cultural Consul of Consulate General of the Republic of Korea in Shanghai, President of Korean Cultural Center Shanghai)*

The Government of the Republic of Korea Enhance the National Image by Culture: Take International Exchange and Cooperation in Culture and Korean Cultural Center Overseas as Center

Park Hyun (Curator of Korean Artists & Artisan)

Traditional Art Is the Spiritual Food of High-Quality Society

Yang Heungsik *(Doctor of Philosophy in Dongguk University, Director of the Institute of Tea Culture)*

Inheritance in Integration: Take Korean Buddhist Art for Example

Park Jonghoon *(Professor of DanKook University, Member of the Republic of Korea Traditional Crafts Exhibition Committee)*

The Inheritance of Intangible Cultural Heritage Must Keep Pace with the Times: Take the Succession of Celadon for Example

4th (2016)

Wuwei Li *(Vice Chairman of 11th CPPCC, a famous expert in cultural and Creative industry)*

Productive Protection is the New Direction of the Intangible Cultural Heritage Development

Ronghua Wang *(Vice-chairman of the 10th CPPCC Shanghai Committee)*

Sticking with the Theme for Active Inheritance will Fresh Intangible Cultural Heritage

Innovative with Light Color

Zhigang Yang *(Curator of Shanghai Museum)*

The Role and Function of Museums in the Intangible Cultural Heritage Protection

Yasuaki Mita *(Director of Kyoto, Japan Center for International Exchange)*

Traditional Handicraft and 'Beauty of Using' — Happiness of Sharing Joyful Culture with Others

Kim Young Jae *(Member of of Korean National Folk Museum, Ph.D.)*

The Past and Present of Cultural Heritage Laws — Transition from Cultural Heritage Protection Act to Intangible Cultural Heritage Act

Martin Simsa (Dean of Czech National and Folk Culture Institute)

Implementation of the United Nations Convention on the Protection of Intangible Cultural Heritage in the Czech Republic

Fengming Cai *(Executive Deputy Director of Folklore and Intangible Cultural Heritage Research Center of Shanghai Academy of Social Sciences, Member of Shanghai Municipal Committee of Experts on Intangible Cultural Heritage Protection)*

Let the Intangible Cultural Heritage be Integrated into the Real Life — On Applied Orientation of Intangible Cultural Heritage in Contemporary Society

Morino Akito *(Vice Professor of Ceramic art of Kyoto City University of Art Technology Division)*

Japanese Universities' Practices and Experience in Technical Heritage of Ceramic Art — A Case Study of Kyoto City University of Art

Park Sang Yun *(Visiting Professor of North Jeolla of South Korea, Chairman of World Koreans Trade Association Shanghai Branch)*

The Role of Korean Society Organizations in the Protection of Intangible Cultural Heritage

Park Keum Suk *(Director of Korean Paper Doll Research Institute of South Korea, Professor of Graduate School of Cultural Industries of Jeonju University)*

Cultivate experience of Korean Technology Inheritor on Intangible Cultural Property — A Case Study of Korean Paper Craft Heritage

Sihao Xu *(Curator of Shanghai Museum of Ancient Brush and Ink)*

Cao Sugong — Pursuit of over Three Hundred Years

Xiangjun Cheng (Principal of Lacquer Arts Major of Academy of Arts & Design, Tsinghua University)

Inheritance and Innovation are the Foundation of Lacquer Art Development

Jiangbo Jin *(Assistant Dean of Fine Arts College of Shanghai University, Ph.D.)*

Universities' Strengths and Weaknesses in Developing Intangible Cultural Heritage

Lili Zhang *(Associate Professor of College of Fine Arts Shanghai University)*

The Innovative Model with Cross-boundary Fusion for Intangible Cultural Heritage Education in Higher Education Institutions

Nan Zhou *(Vice president of Shanghai Art & Design Society)*

Pursuit & Bloom — Shanghai Arts and Crafts Seeking Innovation and Change in Development

Ohi Toshio *(11th Ohi Chozaemon, Vice President of Kanazawa Arts and Crafts Association)*

Hundred Years of Craftsmanship — Longevity Mystery of Japanese Technology Legacy

Hara Satoshi *(Metalworking Professor of Japan Kanazawa College of Art Technology Branch)*

Japanese Universities' Practices and Experience in Metalworking Technical Heritage — A Case Study of Kanazawa College of Art

Fan Zhang *(Head of Jewelry Major of China Central Academy of Fine Arts)*

Intergration of Ancient and Modern — Contemporary Innovation of Chinese Ancient Jewelry Craft

Martin Simsa (Dean of Czech National and Folk Culture Institute)

The Czech Support Policies and Effective of Handmade Arts

Donghai Guan *(Principal of Glass Major of Academy of Arts & Design, Tsinghua University)*

The Vital Topic for the Development of Modern Glass Art is to Explore Art Design Language

Lee Boo Duck *(President and Professor of South Korea Kunjang University)*

Korean Universities' Practices and Experiences in Legacy of Intangible Cultural Heritage

Jie Min *(Visiting Associate Professor of Shanghai Institute of Visual Arts)*

New Pattern of University-Industry Cooperation — A Case Study of the Construction of DeTao Master Studio in Shanghai Institute of Visual Arts

5th (2017)

Mohamed Ali Ahmed Ali Sultan *(Governor of Alexandria Governorate in the Arab Republic of Egypt)*

The Intangible Cultural Heritage Protection of Alexandria Governorate

Shana Chang *(Member of the 9th NPC Standing Committee, Former Deputy Chairman of the Chinese Artist Association, Former President of Shanghai Art & Design Academy, Member of the National Intangible Cultural Heritage Protection Expert Committee)*

A Discussion of the Protection and Inheritance of Cultural Heritage from the Perspective of Arts and Crafts — Taking the Inheritance and Application of Dunhuang Frescoes Decoration Art as an Example

Shengde Ma *(Former Inspector of Intangible Cultural Heritage Division, Ministry of Culture of China, Member of National Intangible Cultural Heritage Protection Experts Committee)*

Exploration and Implementation of Intangible Cultural Heritage Protection in China

Kuili Liu *(Honorary President of Chinese Folklore Academy, Honorary Member of Chinese Academy of Social Sciences, Deputy President of National Intangible Cultural Protection Experts Committee)*

The Inheritors and Inheriting Groups of Intangible Cultural Heritage

Zhan Wang (General Director of Shanghai Academy of Social Sciences)

Intangible Cultural Heritage: A Bond Connecting All Chinese

Kyung Hwan Kang *(General Director of National Intangible Heritage Center of South Korea)*

The Implementation and Effect of the Intangible Cultural Heritage Safeguarding of the Korean Government since the Adoption of the 2003 UNESCO Convention for the Safeguarding of the Intangible Cultural Heritage

Gang Bai *(Counselor of Institute of Silk Road, President of Chinese and Japanese Cultural Exchange Research Center)*

Strengthen the Communication and Cooperation of the Protection of the Intangible Cultural Heritage of 'the Belt and Road' Countries

Eszter CSONKA-TAKÁCS *(Director at Directorate of the Intangible Cultural Heritage of the Hungarian Open Air Museum, President of the ICH Expert Committee of the Hungarian National Commission for UNESCO)*

The Implementation of the Convention for the Safeguarding of the Intangible Cultural Heritage in Hungary

Dana Kl'učárová *(General Director of the Slovakian Center for Folk Art Production)*

Protection of Traditional Crafts as a Part of the Intangible Cultural Heritage Protection

Noboru Hata (President of Kyoto Arts and Crafts Artists Association)

The Unique System of the Intangible Cultural Heritage Protection in Japan — Living National Treasure and Member of the Japan Art Academy

Martin Sítek *(Representative of the Czech National Institute of Folk Culture)*

The Implementation of the Convention for the Safeguarding of the ICH in the Czech Republic

Zengoro Eiraku *(The 17th Generation of EIRAKU YAKI Successor, Distinguished Professor of Kyoto City University of Arts)*

Ways and Means of the Inheritance of Century-Craft — Take the EIRAKU YAKI as an Example

Fengming Cai *(President of Cultural Institute of Shanghai Academy of Social Sciences, Drafting Expert of Shanghai Intangible Cultural Heritage Regulations)*

Strengthen Research on the Intangible Cultural Heritage Protection — Provide Guidance for Practical Work

Hont Angéla Eszter *(Head of Marketing and Programming of Hungarian Heritage House)*

Living Tradition — a National Institute for Heritage Transmission

Fucheng Yi *(Deputy President of Beijing Arts and Crafts Association, Chairman of National Intangible Cultural Heritage Production Demonstration Base, Chairman of Beijing Enamel Factory Co., LTD.)*

Traditional Skill as a National Symbol — the Chinese National Symbols in Cloisonne

Qingguo Lai *(National Intangible Cultural Heritage Inheritor, Master of Chinese*

Arts and Crafts)
The Current Situations of Intangible Cultural Heritage Protection in the Multinational Integrative Environment in China (Yunnan)
Lee In Chin *(Professor in Ceramics and Glass Art Major of Hongik University in South Korea, Chief Curator of South Korean Ceramics Biennale)*
History and Works of Glaze-Free Firing of Korea
Satoshi Hara *(Professor in Metalworking Major of Processing Department of Kanazawa College of Art in Japan)*
School Education of the Intangible Heritage Protection — Take the Crafts and Arts Education of Kanazawa College of Art in Japan as an Example
Uli Aigner *(Representative of Austrian artists)*
The Implementation of Intangible Cultural Heritage Inheritance in Digital Age — A Case Study of "Millions of Ceramics Project"
Komor István (*Deputy Manager of Zsolnay Heritage Management Non-Profit Ltd., Pécs*)
Zsolnay Cultural Quarter — Revitalization of an Industrial Monument and a New Line of the Zsolnay Brand
Picheng Zhao *(Professor in Jade Carving Major of Shanghai Art & Design Academy, Master of Arts and Crafts in Shanghai, representative inheritor of the Shanghai Intangible Cultural Heritage Project [Shanghai Style Jade Carving])*
A Process Curve through the Ancient and Modern, between East and West - Shanghai Jade Carving Inheritance

6th (2018)

Ronghua Wang *(Vice Chairman of the 10th CPPCC Shanghai Committee, Former Director of Shanghai Academy of Social Sciences)*
Strengthen the Research on Intangible Cultural Heritage Protection along "the Belt and Road" and Promote People-to-People Communication
Bing Ni *(Deputy Director of Shanghai Municipal Administration of Culture, Radio, Film & TV)*
Promote the Protection and Inheritance of Intangible Cultural Heritage with Shanghai Characteristics in the New Era
Shunkang Xin *(Vice President and Secretary-General of Association of Former Diplomats of China, Former Chinese Ambassador to Zimbabwe and Namibia)*
Status Quo of Intangible Cultural Heritage Protection in Africa
Cho Hyun Jung *(Director General of National Intangible Cultural Heritage Center of South Korea)*
Innovative Experience of Intangible Cultural Heritage Protection of the Republic of Korea
Abdel Aziz Hasanian Mohamed Konsowa *(Vice-President of Alexandria University of Egypt)*
The Role of Alexandria University in the Protection of Alexandrian Cultural Heritage
Mahdi Tamizi *(Director of Museum of Contemporary Art of Isfahan)*

Isfahan's Role in the Cultural Inheritance of Silk Road: Review and Prospect

Iryna Akimova *(Former Member of Ukrainian Parliament, Leader of Ukrainian Association of Feminine Research in Art)*

Traditions and Innovations in the Ukrainian Women's Art

Khaled Raouf *(Vice President of Hellenic Foundation for Culture of Egypt)*

The Status Quo of Alexandria's Intangible Cultural Heritage Protection

Keisen Kizaki *(The 16th Head Priest of Japanese Natadera Temple)*

The Special Role of Japanese Temples in the Inheritance of Intangible Cultural Heritage: Take the Natadera Temple as an Example

Ewa Rachoń *(Project Director of International Amber Fairs [Amberif & Ambermart])*

"Amber Road" and "the Belt & Road" — A Bridge of Friendship for Cultural Exchange

Toshio Ohi *(OHI CHOZAEMON XI, a famous ceramic artist)*

Family Inheritance of Japanese Cultural Heritage: Taking Ceramic Technique "Ohi Yaki" as an Example

Weibing Xu *(Director of Bureau of Culture, Sports, Press and Publication, Director of Bureau of Radio, Film and Television, Jianyang District, Nanping City, Fujian Province)*

Inheritance and Innovation of the Temmoku Teacup Craftsmanship with Thousand Years

Oleg Pinchuk *(Adviser of the Ministry of Culture of Ukraine, Director of Contemporary Art Center of Kiev, Famous Sculptor)*

Ukrainian Sculpture: Prehistory, Traditions, Modernity

Yasugi Kazuo *(President of Japan Cloisonne Artists Association)*

Inheritance and Innovation of Japanese Cloisonne

Anying Chen *(Head of the Department of Art History, Academy of Arts & Design, Tsinghua University)*

Fracture and Reconstruction: Talk about the Archaic Style of Traditional Crafts

Lana Habib *(Director of Teaching Arabic as Foreign Language Center of Alexandria University)*

Intangible Cultural Heritage Protection — Arabic Language as an Example

Ling Ke *(Professor of Fashion & Art Design School of Donghua University, Director of Intangible Cultural Heritage Education and Research Center)*

Patterns of Reconstruction of Tradition and Livelihood Path of Intangible Cultural Heritage Protection

Stanislav Drokin *(Ukrainian Famous Jewellery Designer, Gold Medal Winner of Basel World Design Competition [Written Speech])*

Status Quo of Ukrainian Jewelry Design

Satoshi Hara *(Professor in Metalworking Major of Processing Department of Kanazawa College of Art in Japan)*

Introduction of Intangible Cultural Heritage Project in Japan – Kanazawa Traditional Culture Protection Project "Workmanship Comparison"

Maria Koshenkova *(Representative of Russian Artists, International Famous*

Glass Artist)

Innovation in Glass Art – Take Europe as an Example

Paul Beckett *(Representative of British artists, a famous horologe artist)*

Creative Idea of Traditional British Art and Craft and Design

Nobuyuki Fujiwara *(Vice President of Graduate School of Fine Arts, Tokyo University of the Arts, Director of Glass Modeling Research Center)*

The Inheritance Path and Innovative Method of Japanese Glass Art

Shuiqin Chen *(Chinese Arts and Crafts Master, Expert of Jury of Chinese Arts and Crafts Master)*

Training Inheritors for Traditional Arts and Crafts on Campus – A Case Study of Hangzhou Embroidery

Fan Zhang *(Teacher of Jewelry Department of China Central Academy of Fine Arts, Member of British Gemology Association)*

Elegance and Popularity of Tradition and Fashion

Yi Jiang *(Teacher of School of Fashion and Craft, Shanghai Art & Design Academy)*

Let it be – A New Way of Intangible Cultural Heritage Protection

7th (2019)

Wei Wang *(Inspector of Shanghai Municipal Administration of Culture and Tourism)*

Strengthen the International Exchanges of Intangible Cultural Heritage Protection Experience, Create New Situation for Heritage Protection along the “Belt and Road”

Radoslav Ragač *(General Director – Section of Cultural Heritage in Ministry of Culture)*

Implementation of the Convention for the Safeguarding of the Intangible Cultural Heritage in Slovakia

Chaoying Liu *(President of the Beijing Museums Society)*

The Role of Museums in the Protection of Intangible Cultural Heritage – Taking Some Museums in Beijing as an Example

Sabah Abdel Razek Saddik *(Director of The Egyptian Museum)*

The Role of the Egyptian Museum in inheriting the Egyptian Cultural Heritage

Park Sang Kook *(Dean of Korea Cultural Heritage Research Institute)*

Subsidy System of Korean Intangible Cultural Heritage

Ping Xia *(Director of Shanghai Municipal Culture & Arts Archives)*

The Practice of Shanghai Cultural and Art Archive on Intangible Cultural Heritage Inheritance

Noboru Hata *(President of Kyoto Arts and Crafts Artists Association)*

Inheritance of Yuzenzome

Xiumei Chen *(Director of Fujian Art Museum and Director of Provincial Intangible Cultural Heritage Protection Center)*

Innovation is the Permanent Source of Intangible Cultural Heritage — Innovative

Practices of Chinese Peasant Lacquer Painting

Tahara Gisen *(Religious Affairs President of World Cultural Heritage Site, Tenryu-ji)*

The Current Situation and Challenges of Japanese Cultural Heritage Protection

Kyeong Ho Kim *(Inheritor of Sutra Transcription Skill, National Intangible Cultural Heritage of South Korea)*

Characteristics of Sutra Transcription Art

Junichi Kobashigawa *(President of Okinawa Prefectural Industrial Cooperative Center)*

Protective Measures and Effect of Arts and Crafts in Okinawa Prefecture

Hailong Wang *(Member of American Anthropological Association, Anthropologist of Columbia University)*

Anthropology's Role in Intangible Cultural Heritage Preservation

Liansheng Zhong *(Master of Chinese Arts and Crafts)*

Exploring the Innovative Charm of Traditional Techniques through the Inheritance of Cloisonné

Youlong Pan *(Director and Professor of Research Center of Intangible Culture, Fuzhou University)*

Fujian Arts and Crafts Industry and Its Characteristics

Satoshi Hara *(Professor of Arts and Crafts, Kanazawa College of Art)*

Pursuing the Ultimate "Utility Beauty" — Overview of Metal Craft Inheritance in Japan

Anying Chen *(Dean and Associate Professor of Art History, Academy of Arts & Design, Tsinghua University)*

How to Revive New Year Pictures

Hossein Bordbar *(Chairman of the Iranian Belt and Road Foundation)*

The Long-standing Persian Civilization — Iran's Intangible Cultural Heritage Protection Experience

Mahdi Tamizi *(Director of the Isfahan Museum of Modern Art)*

Secret Garden: Discussing the Commonness of “Flowers and Birds”in Iranian Painting and Chinese Painting

Ali Asghar Tajvidi *(Iranian Miniature Artist)*

The Origins of Miniatures on the Silk Road

Zhuangdong Lou *(Director of the Capital Beijing Opera fiddle Art Research Association, Beijing Opera Fiddle Collector)*

Collecting "Material Evidence" for the Inheritance of Beijing Opera, a World Intangible Cultural Heritage — My Psychological Journey on Beijing Opera Fiddle Collection

Sung Jae Choi *(Professor at Department of Traditional Arts and Crafts of Korean National University of Cultural Heritage and Dean of the Graduate School)*

Modern Inheritance of Korean Buncheong

Hyun Sook Chang *(Associate professor at Department of Traditional Arts and Crafts of Korea National University of Cultural Heritage)*

Inheritance and Application of Cloisonné Technology in Korea

Fan Zhang *(Teacher of Central Academy of Fine Arts, jewelry designer)*

The Past and Present of Chinese Fine Metal Craft

Picheng Zhao *(Professor of Jade Carving in Shanghai Arts & Design Academy, Shanghai Master of Arts and Crafts and Inheritor of Intangible Cultural Heritage Shanghai – Style Jade Carving Intangible)*

Meeting Dunhuang

Makimasa Imai *(Vice President of the Kyoto Arts and Crafts Artists Association, Guest Lecturer of the Arts Department of Hiroshima Municipal University)*

Zengoro Eiraku *(Vice president of the Kyoto Arts and Crafts Artists Association)*

Hiroyuki Imai *(Member of Japan Mineral Science Association, Japan Geoscience Society and Soko Union)*

Toki Hata *(Member of Kyoto Arts and Crafts Artists Association)*

Masao Kusakabe *(Director of Kyoto Arts and Crafts Artists Association, Professor of Kyoto)*

Masaru Nishikawa *(Member of Kyoto Arts and Crafts Artists Association)*

Naoyuki Takeda *(Member of Kyoto Arts and Crafts Artists Association)*

The Millennium Capital: The Inheritance Experience of Kyoto's Intangible Cultural Heritage

8th (2020)

Shengde Ma *(Former Inspector of Intangible Cultural Heritage Department of the Ministry of Culture, Member of National Committee of Experts on Intangible Cultural Heritage Protection)*

The Current Situation on Protection of Intangible Cultural Heritage of China's Minority

Mohammad Eidi *(Head of the Cultural Commission of the Iranian Metropolitan Forum, Deputy Mayor of Isfahan)*

The Depth of Meaning in the Myth of Buddha

Bing Zhu *(Former Director of Culture Office of Education, Science, Culture and Public Health Committee of the National People's Congress)*

Legislative Process and Experience in the Protection of China's Intangible Cultural Heritage

Shiling Zheng *(Academician of Chinese Academy of Sciences, Professor of Tongji University)*

The Conservation of Historic Architecture for Urban Regeneration in Shanghai

Park Sang Kook *(Director of Korea Cultural Heritage Institute)*

The Difficulties and Countermeasures of Intangible Cultural Heritage Protection in the Process of Urbanization in South Korea

Branislav Panis *(General Director of Slovak National Museum)*

Preservation of Cultural Heritage in Slovakia and Slovak National Museum

Ahmed Abdel Aziz Mostafa Ahmed *(Consul General of the Arab Republic of Egypt in Shanghai)*

Gripping the Fascination of the World — Ancient Egyptian Cultural Heritage

Ivana Vala Magátová *(Consul General of the Slovak Republic in Shanghai)*

A Treasure House on the Danube: A Survey of Intangible Cultural Heritage in Slovakia

Deny Kurnia *(Consul General of the Republic of Indonesia in Shanghai)*

Friendship from Maritime Silk Road — Review of the History of Cultural Exchange between Indonesia and China

Reza Dabirinejad *(President of the Museum of Malek and Iranology)*

The Silk Road from an Interdisciplinary Perspective

Qinjian Chen *(Vice President of China Folklore Society, Member of National Intangible Cultural Heritage Protection Committee)*

The Contemporary Role of Scholars in Intangible Cultural Heritage Protection in China

Görgün Taner *(President of Istanbul Foundation for Culture and Arts)*

Convention for the Safeguarding of the Intangible Cultural Heritage: Experience of Turkey

Lívia Szentmártoni *(Consul for Culture and Education at the Consulate General of Hungary in Shanghai)*

The Charm of Tradition & Heritage, Discover the Colour Beauty of the Traditional Hungarian Folk Costumes

Guanghui Yang *(Deputy Director of Fudan University Library, Doctoral Supervisor)*

Intangible Cultural Heritage Inheritance and Technology Protection — Attempt and Exploration of the Chinese Ancient Books Protection Research Institute / Institute of Cultural Relics Protection Innovation & Research of Fudan University

Mahdi Tamizi *(Director of Isfahan Museum of Contemporary Art)*

Universal Identity of Communication Meaning

Toshio Ohi Chozaemon XI *(A famous Japanese ceramist)*

Studio Inheritance is an Important Force of Intangible Cultural Heritage Preservation — Take Ohi Chozaemon as an Example

Hossein Bordbar *(President of Bordbar Art Foundation)*

Silk Road — a Vital Way of Communication

Youlong Pan *(President of Fujian Sculpture Society, Director of Intangible Cultural Heritage Protection Center of Fuzhou University)*

"Living Inheritance" — the Source of Traditional Craft Inheritance of South Fujian

Keiichiro Watanabe *(Chairman of Tokoname Yaki Collaborative Association)*

Continuous Innovation in Inheriting Tradition — The Development Way of Traditional Japanese Craft "Tokoname Yaki"

Arie Ofir *(Former Director of Gold and Silver Smithing Department at the Bezalel Academy for Art and Design in Jerusalem, Winner of Jesselson Prize for Life Work)*

Artistic and Cultural Transformation in the Face of Urbanization and Its Function

The Ninth Generation of Soukichi Nagae *(A Japanese ceramist)*

From China to Japan — Inheritance of China's Temmku Teacup (Altered Glaze)

Hailong Wang *(Member of American Anthropological Association, Anthropologist)*
Cultural Anthropology and Inheritance of America's Intangible Cultural Heritage
Sung Jae Choi *(Dean of School of Cultural Heritage, Korean University of Traditional Culture)*
Modern Inheritance of Korean Light Greenish Blue Sand Ware
Satoshi Hara *(Professor of Kanazawa College of Art)*
Overview of The Inheritance of Japanese Metal Crafts
Alvaro Daza *(A Colombian painter and sculptor)*
The Current Situation of Colombian Intangible Cultural Heritage Art
In Chin Lee *(Professor of Hongik University, a ceramist)*
The Inheritance of Pottery Art, Intangible Cultural Heritage of South Korea — Analyze around "the Farther and Four Sons Urn"
Jiazhan Li *(Master of Traditional Chinese Arts and Crafts)*
The Inheritance and Development of Dehua Porcelain, National Intangible Cultural Heritage

9th (2021)

Bing Zhu *(Former Director of Culture Office of Education, Science, Culture and Public Health Committee of the National People's Congress)*
The Promotion Effect of China's ICH Legislation on the Protection of Intangible Cultural Heritage
Shengde Ma *(Former Inspector of Intangible Cultural Heritage Department of the Ministry of Culture, Member of National Committee of Experts on Intangible Cultural Heritage Protection)*
China's Last 20 Years in Intangible Cultural Heritage Protection
Çetin Akar *(General Directorate of Research and Training of Ministry of Culture and Tourism Republic of Turkey)*
UNESCO Intangible Heritage List of Turkey — Treasures of Living Culture
Chunlin Qiu *(Director of Chinese National Academy of Arts)*
How Does the Protection of Intangible Cultural Heritage Promote Social Progress
Yong He *(Former Chinese Language Supervisor of United Nations Chinese Language Program, "UN 21 Award" Receiver)*
Protecting Endangered Languages: An Urgent Task
Roxana Amarilla *(Director of Market of Argentine Traditional and Innovative Crafts)*
Masters of Diversity — Heritage in Handcraft Techniques and Procedures in Argentina
Branislav Panis *(General Director of Slovak National Museum)*
Thoughts on Building a Museum that Carries History and Culture in Slovakia
Jianfei Lu *(Director of Research Center for Intangible Cultural Heritage Inheritance of Shanghai Normal University)*
Revive Intangible Cultural Heritage to Coexist and Empathize with Cities

Ahmed Abdel Aziz Mostafa Ahmed *(Former Consul General of the Arab Republic of Egypt in Shanghai)*

Sara Ahmed *(Egyptologist)*

Talk About"Paper" : Ancient Egyptian Culture Preserved on Papyrus

Pablo Obregón *(Consul General of the Argentine Republic in Shanghai)*

UN Intangible Cultural Heritage of Argentina: Tango, Filet Painting and Chamamet Studies

Daniel Cruz Cardenas *(Consul General of Republic of Colombia in Shanghai)*

Protection and Innovation in the Practice of Intangible Cultural Heritage in Colombia

Hussain Haider *(Consulate General of the Islamic Republic of Pakistan in Shanghai)*

Irfan Cheema *(A Pakistani classical realistic painter)*

Pakistan's Cultural Heritage and Its Evolution along the Ancient Silk Road

Deny Kurnia *(Consul General of the Republic of Indonesia in Shanghai)*

Nation of Archipelagos — on Indonesia's Intangible Cultural Heritage

Anying Chen *(Director of Art History Department, Academy of Arts and Design, Tsinghua University)*

The Reconciliation between Art and Labor — An Urgent Problem to be Solved in Traditional Craft Protection

Zhijun Qiu *(Director of Fujian Provincial Museum)*

Historical Evolution and Technology of Fuzhou Bodiless Lacquerware

Heng Dai *(Director of Jiangsu Intangible Cultural Heritage Protection Center)*

Developing New Mechanisms for the Protection and Inheritance of Intangible Cultural Heritage

Yi Guo *(Director of Zhejiang Intangible Cultural Heritage Protection Center, Zhejiang Master of Arts and Crafts)*

Protection Practice of Rational Utilization of Intangible Cultural Heritage

Yulriawan Dafri *(Deputy Dean of Academic Affairs of Faculty of Visual Art at ISI Yogyakarta)*

Indonesian Intangible Cultural Heritage: A Perspective

Guanghui Yang *(Deputy Director of Fudan University Library and Fudan Institute of Conservation of Chinese Ancient books)*

Pass on from Teacher to Apprentice — Talking about the Talent Training Mode of Fudan University's Communication Institute, a National Center for the Restoration of Ancient Books

Kono Motoaki *(Honorary Professor, the University of Tokyo)*

The Art Magazine "Kokka" and Its Cultural Historical Significance

Hedda Himle Skandsen *(Deputy Consul General at the Royal Norwegian Consulate General in Shanghai)*

Bunad as National Identity and Symbol of Norway

Hossein Bordbar *(President of Bordbar Art Foundation)*

Persian and Chinese Elements in the Carpet Pattern

Xinyi Zhang *(Director of Shanghai Arts and Crafts Museum, Director of Shanghai Arts and Crafts Research Institute)*
The Inheritance and Protection of ICH : Persistence & Innovation — Taking "Gold & Silver Fine Work " as an Example
Masami Imai *(Vice President of the Kyoto Arts and Crafts, a ceramist)*
The Succession of Mind and Technology
Lucila Galíndez *(Tucumán Bureau of Culture Tucumán, Argentina)*
Tucuman's Intangible Cultural Heritage — the Textile Art of Landa from El Cercado (Montrose)
Hongqing Yu, Fu Liao *(Yu Huifen Embroidery Institute)*
Essential Presentation of Embroidery Language and Aesthetic Construction of Contemporary Suzhou Embroidery — Taking Yao Huifen's Three Series of Embroidery Creations as An Example
Melani Murkovic *(Cultural Consul of Consulate General of the Republic of Austria in Shanghai)*
Intangible Cultural Heritage in Austria
Nieser Roswitha *(An Austrian painter, PHD of China Academy of Art)*
Ink Painting in My Eyes
Micaela Loewy *(An Argentine musician)*
Female Singers and Chants from Northern Neuquén: Reflections on the Transmission, Context and Transformation in the Music of Northern Argentine Patagonia
Stanislav Drokin *(A Ukrainian artist, jeweller, researcher, Member of the National Union of Artists of Ukraine)*
Current Status of Jewelry Design Innovation in Ukraine
Fan Zhang *(Associate Professor, Central Academy of Fine Arts)*
Exquisite Decoration and Ingenuity — Chinese Craft and Literati Spirit

10th (2022)

Shengde Ma *(Former Inspector of Intangible Cultural Heritage Department of the Ministry of Culture, Member of National Committee of Experts on Intangible Cultural Heritage Protection)*
The Core Concepts of Intangible Cultural Heritage Protection
Ping Tan *(Director of Art Exhibitions China)*
Digital New Technology Promoting the Activation and Utilization of Intangible Cultural Heritage
Yuliang Yang *(Academician of Chinese Academy of Science, Former President of Fudan University, President of Fudan University Chinese Ancient Books Preservation and Conservation Institute)*
On the Spread and Influence of Chinese Papermaking Technology
Sabah Abdel Razek *(General Director of Egyptian Museum in Cairo)*
Spread of Egyptian Civilization through International Cooperation — Take Egyptian Museum in Cairo as an Example

Brahman Namvar Motlagh *(Head of Iran Art Academy)*
The Inheritance of Traditional Art in Iran

Jianfei Lu *(Director of Research Center for Intangible Cultural Heritage Inheritance of Shanghai Normal University)*
Digital Approaches Assisting Intangible Cultural Heritage Education in Campus and Their Relative Limitations

Luciano Tanto Clement *(Consul General of the Argentine Republic in Shanghai)*
Introduction and Protection of Argentina's Intangible Cultural Heritage, Taking Folk Music and Traditional Handicraft as Examples

Szilárd Bolla *(Consul General of Hungary in Shanghai)*
Hungary's New Experience in the Protection of Intangible Cultural Heritage

Ivana Vala Magátová *(Consul General of the Slovak Republic in Shanghai)*
Kamila Kukova *(Cultural Consul of the Slovak Republic in Shanghai)*
SLOVAKIA — New Experience of Intangible Cultural Heritage

Anying Chen *(Director of Art History Department, Academy of Arts and Design, Tsinghua University)*
Integration of Culture and Tourism: A New Format of Handicraft Empowering Rural Revitalization

Philippe Augier *(Founder of Museum Pasifika)*
Construction and Maintenance of Common Cultural Identity in the Pacific Region

Penghong Wu *(Director of Shanghai Intangible Cultural Heritage Protection Center, Director of Shanghai Mass Art Institute)*
Reshaping the Vitality of Intangible Cultural Heritage — Innovative Practice of Intangible Cultural Heritage Protection with Shanghai Characteristics

Tao Xu *(Secretary of the Party Committee of Shanghai Art & Design Academy)*
Tingqiang Tang *(Deputy Dean of Shanghai Art & Design Academy)* Zhongwen Shi *(Deputy Dean of the College of Handicraft Art of Shanghai Art & Design Academy)*
Exploration of Handicraft Education Methods in Universities: Taking Shanghai Art and Design Academy as an Example

Zhijun Qiu *(Director of Fujian Provincial Museum)*
Fujian's Intangible Cultural Heritage from the Perspective of Fujian Studies

Noboru Hata *(President of Kyoto Arts and Crafts Artists Association)*
The Enlightenment of Kyoto Traditional Culture and Intangible Cultural Heritage Protection

Jin Li *(Deputy Director of the Expert Committee of Sichuan Intangible Cultural Heritage Protection Association, Professor of Sichuan University)*
Characteristics of Intangible Cultural Heritage Protection in Southwest China

Hossein Bordbar *(President of Bordbar Art Foundation)*
Silk Road — The Bridge Connecting Economy and Culture

Tatsuo Yamamoto *(President of The Center for Promotion of Industry in Kyoto)*
The Development of Intangible Cultural Products: Taking Kyoto as an Example

Navid Salehvand *(Director of Glassware and Ceramics Museum of Iran)*
The Historical Exchange of Chinese and Iranian Crafts in the Development of Glass and Ceramic Crafts in Iran

Liansheng Zhong *(General Manager of Beijing Enamel Factory Co., Ltd., Inheritor of Cloisonne Production Skills of National Intangible Cultural Heritage, Master of Chinese Arts and Crafts)*
Advocating Modern Design Concepts to Promote the Innovation and Development of Traditional Crafts

Makimasa Imai *(Vice President of the Kyoto Arts and Crafts Artists Association, a ceramist)*
Contemporary Inheritance of Traditional Kamtataki in Japan: A Case Study of the Imai Pottery Workshop

María Torillo *(Cultural Consul of the United Mexican States in Shanghai)*
New Experience of ICH Protection in America — Mexico's Multicultural Approach

Hailong Chen *(Master of Chinese Arts and Crafts)*
The Field Research, Support to Protect and Develop Intangible Cultural Heritage

Mei Xiao *(President of the Association for Traditional Music in China, Professor at the Musicology Department of Shanghai Conservatory of Music)*
In-depth Connotation Promotes ICH's Protection and Development

Satoshi Hara *(Professor in Metalworking Major of Processing Department of Kanazawa College of Art in Japan)*
Kanazawa, the City of Art and Crafts

Lihua Zhang *(Director of Business Research Department, Shanghai Qingpu Museum)*
The Display of Intangible Cultural Heritage in Regional Museums — Take Qingpu Museum as an Example

Guantong Shi *(Chief Physician of Shuguang Hospital, Adjunct Professor of Shanghai University of Traditional Chinese Medicine)*
Intangible Cultural Heritage Inherited by Four Generations — New Development of Traditional Chinese Medical Science

Xuling Bi *(Director of Folklore and Intangible Cultural Heritage Research Office, Institute of Literature, Shanghai Academy of Social Sciences)*
Re-understanding Chinese Twenty-Four Solar Terms

Hikmet Barutcugil *(A famous artist of Turkish marbling painting)*
Innovation and Application of World Intangible Cultural Heritage — Marbling Painting (Ebru)

Fan Zhang *(Associate Professor in Central Academy of Fine Arts)*
Traditional Craftsmanship and the Role of Designers in the Metaverse

Chengyi Liao *(The First President of the Shanghai Association of Jianyao Jianzhan, Jianyang City, Fujian Province)*
Contemporary Inheritance and Innovation of National Intangible Cultural Heritage "Temmoku Teacup Technique"

Mostafa Emary *(An artist of Arabic calligraphy)*
The Characteristics and the Uniqueness in Terms of Creativity, Flexibility, and Harmony of Arabic Calligraphy
Călin Andrei *(A Romanian artist, Ph.D., Department of Calligraphy, China Academy of Art)*
Observing Chinese Calligraphy Art from European Aesthetics

后记

“寂寞空庭春欲晚，梨花满地不开门。”唐代诗人刘方平的这句诗原本是倾诉宫廷幽居的落寞之情，不曾想用在描绘疫情困扰下笔者幽处上海艺术品博物馆编辑本书时的情景竟如此贴切：窗外，天山公园姹紫嫣红，落英缤纷；路旁，绿枝初绽的梧桐树上小鸟啁啾，声音清远；远处，春风轻拂，吹皱一池天光云影的春水……然而庭山寂寂，周遭空无一人！

正是在这样的背景下，历时数月编辑的《国际非遗文典：第一至十届国际（上海）非物质文化遗产保护论坛文选》即将杀青了。

本书是第一至十届国际（上海）非物质文化遗产保护论坛演讲嘉宾的部分优秀文选（含演讲稿摘录）。国际非遗论坛从初创至今，已历经十届，走过整整十年。作为本论坛（包括与之配套、已连续举办十二届的国际传统艺术邀请展）的实际运营者和组织人，笔者有幸接触了世界各地数十个国家的非遗领域的主管部门负责人、专家学者、非遗传承人和众多的艺术名家，每每从他们的精彩发言中获益良多，得到诸多的启迪。有感于此，笔者不揣冒昧，决定联合各方力量编辑出版《国际非遗文典》一书。

国际（上海）非物质文化遗产保护论坛，是一个不断发展、提升的国际非遗交流平台。它肇始于前几届的“中、日、韩非物质文化遗产保护论坛”，后经政府部门批准，更名为“国际（上海）非物质文化遗产保护论坛”，参与的国家也扩展至世界各国，特别是亚洲、欧洲、非洲、美洲等非物质文化遗产丰富的国家。本论坛是列入上海市委、市政府“上海文化”品牌的重点项目，也是“一带一路”友城文化交流的重点项目。论坛的发展一直得到上海市文化和旅游局、上海市人民政府外事办公室、上海市长宁区人民政府的大力支持。国家文化旅游部非遗司的领导对论坛给予了大力支持，多位司领导还亲自来沪参会并进行了深入指导；合作单位上海工艺美术职业学院、上海市非遗保护中心为论坛的成功举办提供了人力、物力、财力等各方面的保障；数十个国家的驻沪总领事馆及其所属国家的文化、外交主管部门或派代表参会，或组织专题文章，为论坛提供了丰富多彩的元素；联合国教科文组织非遗项目的负责人不仅亲自撰写贺信给予了鼓励，还主动推荐有关专家参会。

“十年磨一剑，一朝试锋芒。”国际非遗论坛能成功举办十届，凝集了各方的心血：本馆同仁十年如一日的默默坚守；合作单位领导的责任和担当；主管部门上海市文化和旅游局非遗处、国际处，上海市人民政府外事办公室欧非处（友城处）、领事处、综合处等相关职能部门给予了无微不至的指导和帮助，始终让人感铭于心。蓦然回首，忆及为组织国际非遗论坛、国际传统艺术邀请展而克服时差困扰，频频踏足世界各地的非遗领导部门、研究机构的经历，不胜今昔之慨。

编辑一本汇集众多国家精彩见解的《国际非遗文典》殊非易事，这不仅在国内尚属首次，在世界范围也鲜有先例。本书的编辑面临诸多挑战：一、按出版社要求，需从近200篇文稿中好中选优遴选出90余篇文稿，并对大量文稿进行删节，这不仅考验编辑人员的学术素养，也涉及职业操守。“吟安一个字，捻断数茎须”。每一篇文章都是作者智慧的结晶。为了确保节选文稿的科学性，凡删节之处均由主编通读三遍，删减之后再将对应文稿由编辑组成员进行复核（成员均有博士、硕士学历或相关专业背景），一致通过后统一汇总。尽管如此，受限于篇幅，许多精彩的文章只节选了相关章节，其余则只能忍痛割爱。二、论坛许多嘉宾演讲使用的文稿只有简要提纲，并未形成规范的文本，现场口述配以PPT展示。遇此情况的，在收入《国际非遗文典》时只能割爱，诸如上海博物馆馆长杨志刚、韩国国立民俗博物馆研究员全永才等诸贤的文稿只能见诸于目录索引中。三、《国际非遗文典》涉及数十个国家的多种文字，许多由母语译成英文再转译成中文，这其中既有称谓统一、规范的问题（如日、韩之“无形文化财”，国内有保持原名或译作“非物质文化遗产”两种，未有定例），也有语句通顺的问题。尽管我们编辑组尽了很大的努力，并特邀外国和行业专家进行审核，但仍可能存在疏漏。四、本书跨度十年，其间作者（发言人）所任职位、职称、所引数据皆有可能存在变化，如果一一修改，涉及跨国、跨境联系，很难在短时间内完成。故原则上入选文章一仍其旧，不做变更。对作者职位变动、数据引用年代凡已知悉的均在文末加注说明。五、部分领导参加论坛的致辞，考虑时移世易，一些提法有了新精神，故只存于书末索引中。六、国际非遗论坛举办十届来，收到大量各国政要、行业主管领导、使领馆负责人、社会名流的题辞、贺信、贺辞，许多贺信内涵丰富、文采飞扬，但限于篇幅只能选择刊发几位代表的内容，其余嘉宾只在本书卷首列出姓名、职务信息。七、在本书编辑的同时，第十届国际（上海）非遗保护论坛的文稿尚在征集过程中，个别优秀文稿因未赶上出版进度，难免有遗珠之憾。

本书由第一主编确定全书框架、体例、目录，编辑组成员协助遴选相关文章并一同进行节录文稿的编辑。在成书过程中，蒙上海辞书出版社史地编辑室主任王圣良、责任编辑杨丽萍提出了诸多宝贵意见；感谢辞书出版社领导决定此书的出版，我们深知，在追求经济效益的今天，支持出版一本学术类著作需要极大的勇气。

此书初稿完成后，分别送合作单位、本书编委审阅。为广纳善言，主编先后邀请上海、江苏、浙江、福建等省（市）非遗行业的负责人（包括非遗界的老领导），作为特邀编委进行评审。

感谢第十一届全国政协副主席厉无畏、第十届上海市政协副主席王荣华等领导一直以来的鼓励和呵护；感谢国家文化旅游部非物质文化遗产司司长王晨阳、原巡视员马盛德，全国人大教科文卫委员会文化室原主任朱兵、北京市博物馆学会理事长刘超英等长期给予的大力支持；感谢上海市文化和旅游局的历届领导、尤其是非遗处历任处长（副处长）杨庆红、胡恩同、陈平、葛永铭，上海市外事办公室副主任刘光勇、二级巡视员李春平、欧非处（友城处）一级调研员张奕和合作单位上海市工艺美术职业学院、上海市非遗保护中心的党政领导长期以来对我们工作的大力支持和信任。需要感谢的人还很多，对大家长期以来的帮助，我们永远铭记于心。

“文章千古事，得失寸心知。”尽管我们尽了很大的努力，但由于我们的水平有限，加之出版时间紧，书中的错误和疏漏定然不少，祈请各方专家指正！

胡木清

2022 年 3 月 24 日于新冠疫情困扰的上海

本书即将付梓时，再次通读全稿，笔者有一种莫名的感动。作为一本汇集多国非遗保护经验的文集，本书可谓包罗万象，举凡非遗理论的研究、经验总结、案例分析、个体体验、宏观文化交流……都有精篇佳构，真正体现了联合国教科文组织关于非物质文化遗产的定义。本书的作者除了来自世界各地，还遍布各行各业，从而为非遗研究提供了不同的视角，也很好体现了世界文化的多样性。

此书能如期出版，也让人百感交集。众所周知，近两个月来，上海人民经历了艰苦卓绝的抗疫大战。感谢编辑组同仁和出版社的合作伙伴在艰难的抗疫时日仍积极推进出版进程，从而确保了本书的如期出版。

疫情让人重新思考生命的意义。“人生寄一世，奄忽若飙尘。”如果能为这个社会留下些许印痕，亦不枉晨露般闪耀的精彩！

2022 年 6 月 6 日又及

主编简介

胡木清 上海艺术品博物馆理事长、上海市创意产业协会副会长、上海市文化创意产业基金评审专家。被上海市长宁区委、区政府评为行业“领军人才”，获省部级以上专项奖多项；因文化交流业绩突出，曾受美国费城议会、韩国驻上海总领事馆等表彰。长期从事非物质文化遗产的研究、展览、交流工作。曾受数十个国家的文化、外交主管部门和地方政府、著名高校、基金会等邀请，进行文化交流、学术讲演，足迹遍及全球60余个国家；受聘担任国内外多所大学兼职教授；系第一至十届“国际（上海）非物质文化保护论坛”总策划、运营委员会主任；推动成立了“一带一路上海友城非物质文化遗产保护联盟”等国际协作机构；出版书籍多部，发表各类文章300余万字。

唐廷强 上海工艺美术职业学院副院长、教授。国家一级美术师、江苏省国画院特聘画家、人民美术出版社艺术教育专家委员会副主任、中国工艺美术协会理事、中国工艺美术学会理事、中国工艺美术学会教育工作委员会常务副主任、中国工艺美术协会金属艺术专委会副主任、上海市工艺美术学会副会长、上海市非物质文化遗产保护工作专家委员会委员。作品多次在成都、北京、南京、杭州、天津、上海、西安、台北及加拿大等地展出并被收藏。作品及评论文章入选诸多作品集、文论集并出版个人画集。

图书在版编目(CIP)数据

国际非遗文典：第一至十届国际(上海)非物质文化遗产保护论坛文选 / 胡木清，唐廷强主编；上海艺术品博物馆，上海工艺美术职业学院编. —上海：上海辞书出版社，2022
ISBN 978-7-5326-5919-7

Ⅰ.①国… Ⅱ.①胡… ②唐… ③上… ④上… Ⅲ.①非物质文化遗产-保护-世界-文集 Ⅳ.①G112-53

中国版本图书馆 CIP 数据核字(2022)第 098299 号

GUOJI FEIYIWENDIAN——DIYIZHISHIJIE GUOJI (SHANGHAI) FEIWUZHI WENHUAYICHAN BAOHU LUNTAN WENXUAN

国际非遗文典——第一至十届国际(上海)非物质文化遗产保护论坛文选

胡木清　唐廷强　主编

上海艺术品博物馆　上海工艺美术职业学院　编

责任编辑　杨丽萍
装帧设计　韩　蓉
责任印制　王亭亭

出版发行　上海世纪出版集团
上海辞书出版社(www.cishu.com.cn)
地　　址　上海市闵行区号景路 159 弄 B 座(邮政编码：201101)
印　　刷　上海中华印刷有限公司
开　　本　787×1092 毫米　1/16
印　　张　18.5
字　　数　372 000
版　　次　2022 年 6 月第 1 版　2022 年 6 月第 1 次印刷
书　　号　ISBN 978-7-5326-5919-7/G・1118
定　　价　188.00 元